海洋科技出版工程
国家自然科学基金项目(51779109)资助

月池内流体运动
机理及波浪砰击特性

谷家扬　吕鸿冠　著

哈尔滨工程大学出版社
Harbin Engineering University Press

内容简介

月池对船舶与海洋工程水动力性能具有明显影响,因此对其水动力特性进行详细研究对浮式结构物的设计与研发具有重要意义。本书是对月池水动力性能进行综合性探讨的一本专著。本书以数值模拟和模型试验为切入点,系统地阐述了作者及其研究团队近年来在月池附加阻力、月池砰击效应、钻井船－月池耦合水动力性能、月池减阻制荡装置设计等方面的研究工作。

本书偏向于工程实践,所论述的内容对船舶与海洋工程结构物设计人员的研究工作具有较高的参考意义,同时也可作为水动力学领域研究人员和技术人员的参考用书。

图书在版编目(CIP)数据

月池内流体运动机理及波浪砰击特性/谷家扬,吕鸿冠著. －哈尔滨:哈尔滨工程大学出版社,2021.9
ISBN 978 － 7 － 5661 － 3265 － 9

Ⅰ.①月… Ⅱ.①谷… ②吕… Ⅲ.①船舶流体力学 －研究 Ⅳ.①U661.1

中国版本图书馆 CIP 数据核字(2021)第 184401 号

选题策划 史大伟　薛　力
责任编辑 张玮琪
封面设计 李海波

出版发行 哈尔滨工程大学出版社
社　　址 哈尔滨市南岗区南通大街 145 号
邮政编码 150001
发行电话 0451 － 82519328
传　　真 0451 － 82519699
经　　销 新华书店
印　　刷 北京中石油彩色印刷有限责任公司
开　　本 787 mm × 1 092 mm　1/16
印　　张 10.5
字　　数 266 千字
版　　次 2021 年 9 月第 1 版
印　　次 2021 年 9 月第 1 次印刷
定　　价 58.00 元

http://www.hrbeupress.com
E-mail:heupress@hrbeu.edu.cn

前　　言

月池(moonpool)是一种被广泛安装在钻井船或钻井平台上的结构,它对海洋结构物水动力性能有明显影响,如造成月池附加阻力(仅对钻井船而言)或恶化母体水动力性能等。月池这种特点使钻井船或钻井平台同其他海洋结构物的设计、研发与制造相比有明显区别。虽然月池水动力性能是海洋工程领域中一个相对小众的研究方向,但在现今国内大力发展深海资源勘探装备的大背景下,该研究课题具有很强的现实意义和工程需求。目前,国内外已开展较多关于月池水动力性能的研究工作,但总的来看,这些研究内容都较为分散,没有形成系统性的总结。此外,国内尚无相关专著出版。因此,撰写一本具有学术性、系统性的月池水动力性能专著对我国海洋工程装备的未来发展具有积极的指导意义。

本书系统地阐述了作者及其研究团队近年来在月池水动力性能领域的相关研究成果。内容涵盖了钻井船从航行过程到作业过程几个关键的水动力问题,主要包括三个部分的研究:

(1)航行状态下的月池增阻效应;

(2)作业状态下的钻井船－月池耦合水动力响应;

(3)月池内抑波装置的设计与研发。

第一部分研究内容(第2~3章)对应钻井船的第一种状态——自航状态。虽然钻井船大部分时间处于定点作业状态,但当钻井船在不同工作地点间转移时,仍需靠船上的推进系统进行自航。当钻井船处于航行状态时,月池的存在会使船体阻力出现大幅增长,且这种增阻效应与航速、吃水、月池形状有密切联系。因此,对月池增阻效应进行深入研究对提高钻井船经济性具有重要意义。第二部分研究内容(第4章)对应钻井船的另一种状态——作业状态。当钻井船处于作业状态时,虽然没有航速存在,但是月池水体可能会与外界波浪激励发生水动力耦合,导致钻井船水动力性能发生恶化,从而影响日常钻井作业甚至威胁工作人员安全,对这种水动力耦合效应进行深入研究对钻井作业的安全性和稳定性同样具有重要意义。第三部分研究内容(第5~7章)是对月池内抑波装置的工作性能进行模型试验研究。由于月池共振现象的存在会对日常钻井作业造成很大影响,故在月池内安装各种抑波装置是实际工程中减缓这种负面效应的有效方式。但不同抑波装置的设计原理和工作性能存在较大差别,难以通过理论分析法和数值模拟法对其进行深入研究,故通过模型试验法监测月池水体运动、捕捉局部流场图像以评估其工作性能是一种更为合理的途径。

从研究手段讲,全书研究内容可分为两大部分:数值模拟篇和模型试验篇,共计7章。第1章对月池水动力性能的研究背景与意义、月池基础理论及国内外研究现状进行了详细介绍;第2~4章从数值模拟角度对月池水动力性能进行深入分析;第5~7章从模型试验角度对月池水动力性能及各类抑波装置的工作性能进行详细讨论。其中,第 1 章重点介绍了月池基础理论及国内外关于月池水动力性能研究在理论分析法、数值模拟法及模型试验法中取得的重要成果;第 2 章重点讨论流激励下月池附加阻力的形成机理及其参数敏感性;第 3 章重点讨论波激励下月池水体共振行为及内部砰击效应;第 4 章重点讨论规则波作用下"钻井船 – 月池"耦合水动力性能;第 5 章以某实际工程项目为背景,对规则波作用下的矩形月池和阶梯形月池水动力性能进行了模型试验研究;最后两章在第 5 章的研究基础上分别对矩形月池和阶梯形月池内对各类抑波装置的工作性能进行了模型试验研究。

　　本书由中山大学吕鸿冠负责第 1~3 章的撰写,江苏科技大学谷家扬负责第 4~7 章的撰写以及全书的统稿和修订。本书的撰写和出版得到了国家自然科学基金项目(51779109)的资助,也得到了哈尔滨工程大学出版社和海洋工程领域各位专家学者的关心与支持,作者在此表示由衷的感谢。此外,特别感谢我的研究生陶延武、黄祥宏、毛沛盛等人对本书相关章节提供的帮助。

　　限于作者水平,本书若有任何遗漏或不妥之处,还望广大读者予以批评指正。

谷家扬

2020 年 12 月 20 日

于江苏科技大学海洋装备研究院

目　　录

第 1 章　绪　　论

1.1　研究背景及意义

在新一代能源革命到来前,石油资源仍是一个国家最重要的战略资源之一。随着陆上石油资源的日益枯竭,海洋石油资源开发的重要性越来越引人瞩目。21 世纪以来,世界各国在海上油气开采方面的投资只增不减,近年增长尤为迅速。我国海域蕴含着丰富的油气资源,而拥有先进的海洋石油资源勘探设备是获取这些工业血液的重要手段之一[1]。在该行业发展的早期,欧美国家长期垄断其核心技术。但从 20 世纪 70 年代至今,在国家科技战略的重视和引导下,我国海洋石油资源勘探设备已获得了迅猛的发展[2-4]。但是,随着浅海石油资源勘探装备的不断成熟及浅海石油资源的不断枯竭,世界各国逐渐将目光集中在深海石油资源勘探装备上。目前,能在深水区稳定工作的成熟装备包括深水半潜式平台和深水钻井船两种。于 2010 年建成的"海洋石油 981"深水半潜式钻井平台是我国在深海装备领域的重大突破和实力象征,而深水或超深水钻井船的设计与研发在深海工程中也同样具有举足轻重的地位。

深水钻井船是一种较为特殊的钻井装备。与传统的浮式钻井平台相比,深水钻井船具有良好的机动性和自航性,能适应不同的水深条件;而与传统的船舶相比,月池结构的存在使深水钻井船的水动力性能与众不同。深水钻井船的水动力性能在很大程度上与月池结构有关,因为这种特殊结构的存在,使得钻井船无论在自航状态还是作业状态,均存在一些特殊的水动力问题(如月池增阻效应、水动力耦合效应等)。总的来看,该领域主要研究方向可大致分为三类,即:

(1)月池水动力特性;

(2)月池与海洋结构物的水动力耦合效应;

(3)月池内各类减阻制荡装置的设计与研发。

月池水动力特性是该领域的研究要点之一,也是其他研究方向的理论基础。该研究方向专注于月池模态评估,也即月池固有频率和月池振型的计算。从已有的文献来看,目前国内外大部分研究工作均集中于此。月池与海洋结构物的水动力耦合效应按其影响结果分类,可分为积极效应和消极效应两大类。积极效应主要是利用月池来改善母体水动力性能,而消极效应主要有月池附加阻力、月池内壁砰击、月池平台上浪等。月池内各类减阻制荡装置的设计与研发则是以实际工程为主导的研究方向,旨在通过对月池结构进行合理优化,以减少各种消极效应带来的负面影响。

钻井船一般有两种状态,即自航状态和作业状态。研究钻井船自航时,一般认为钻井船在静水面上航行,以此评估钻井船的快速性。船舶快速性也即船舶阻力,是衡量船舶经济性最重要的指标之一。大量研究文献表明,在弗劳德数相同的条件下,钻井船航行阻力远大于相同尺度的其他类型船舶,其根本原因就是由于月池存在而引起的月池附加阻力。这部分附加阻力会使钻井船的总阻力相对于相同尺度的封闭船型有 10% ~30% 的提升,在极端条件下,这个提升甚至能达到100%[5]。过高的月池附加阻力会使钻井船的能源消耗大幅增加,从而大大降低钻井船的经济性。因此,对月池附加阻力形成机理及其参数敏感性进行深入研究对钻井船研发具有重要意义。

对于钻井船的作业状态,则重点关注其耐波性,即水动力响应。钻井船的水动力响应与传统船舶有很大不同。由于月池的存在,当外界波浪激励与月池固有频率相接近时,可能会引发强烈的月池共振。月池共振不仅会造成月池水体的大幅运动,严重时还可能引发月池砰击效应[6]。砰击是一种强非线性现象,广泛出现在船舶与海洋工程领域。典型砰击有船舶入水砰击、船首外飘砰击和甲板上浪等。月池砰击是月池对海洋结构物负面影响的一个重要组成部分,它与传统砰击既有联系又有区别。相同的地方在于它们都是强非线性现象,且砰击特征与传统砰击有很多相似之处。不同的地方在于传统砰击都是随机性较强的极端物理现象,这主要取决于外界激励条件和海洋结构物自身状态;而对月池砰击而言,除了取决于外界激励条件外,还与月池固有频率有关。此外,月池还可能与钻井船发生水动力耦合响应,这种水动力耦合可能导致钻井船的耐波性急剧下降,从而降低日常作业效率甚至危害工作人员安全。总而言之,对月池的水动力特性进行深入研究,并对不同作业海况下"钻井船 – 月池"系统的耦合水动力响应进行详细探讨是保证日常作业安全性和稳定性的重要手段。

月池共振会引发剧烈的水体运动,这种共振现象对钻井船而言往往是有害的,因为在这个过程中可能会产生月池增阻效应、月池砰击效应或耦合水动力响应。目前,已有大量月池抑波装置(作用是减阻制荡)的相关专利发表,但是这些专利往往从表观现象(即定性分析)去评判各类月池抑波装置的工作性能,而对这些装置的有效性和抑波效率进行定量分析的研究仍然很少。在笔者看来,对抑波装置的抑波效率进行定量分析是必需的,因为抑波装置具有一定的适用性,即在不同类型的月池中可能拥有不同的抑波效率,有时甚至起到负面作用[7]。因此,从量化角度对月池抑波装置进行研究探讨同样具有重要的工程指导意义。

本书基本涵盖了月池前期设计中涉及的几个最主要问题,即钻井船航行状态下的月池增阻效应、钻井船作业状态下的月池共振行为及其与钻井船的水动力耦合响应、月池内各类抑波装置的抑波效率评估。其中,抑波装置的抑波效率评估主要通过模型试验完成,而其余的研究内容则从数值模拟的角度进行探讨。本书的撰写目的更多地在于服务实际工程,为相关领域的设计人员提供理论依据与设计参考。

1.2 月池基础理论

本节将介绍月池水动力性能研究中的一些基本概念,从月池基本定义、月池水体运动、月池及其母体、月池模态评估和月池设计要点等几个方面展开阐述,以使读者对该领域有一个基本的认识,也为下文的研究内容预先引入一些重要定义。其中,月池基本定义介绍了广义上的月池系统及其特性;月池水体运动介绍了钻井船月池内部存在的主要运动模态;月池及其母体介绍了母体 – 月池系统的耦合水动力学效应及其实际工程意义;月池模态评估介绍了目前评估月池模态(即月池固有频率)的常规方法。

1.2.1　月池基本定义

狭义上的月池指钻井船或钻井平台上为日常作业而增设的、自上而下贯穿母体的开孔结构。本节将从更高的层面引入月池的定义,从广义上讲月池是一种水体受限系统(water-entrapped system)。定义中的"受限"指的是水体被某种边界所限定,从而在特定范围内形成一个独立或半独立的流动系统。这个流动系统除了拥有自己的力学特征(如运动模态)外,也会受到外界激励的影响。本书这样定义月池的原因是海洋工程中的许多系统都可以视为月池或特殊形式的月池,这些系统的力学特性可用相同的研究方法得到。总而言之,未满载的船舶液舱、近岸港口\湾系统、船 – 船旁靠系泊间隙、船 – 港系泊间隙、钻井船或钻井平台的月池等都属于这种水体受限系统,尺度从几米到几千米甚至几十千米。

下面介绍 3 个典型例子。如图 1.1(a)所示,首先以液舱晃荡为例(尺度通常为几米到几十米)。液舱中的水体由于受到舱壁的限制,不同装载率时流动系统会呈现出不一样的运动特性,且在特定装载工况下会出现强烈的共振现象。当液舱发生强烈的共振时(与装载率密切相关),不仅会对舱壁造成强烈的砰击损伤,还可能出现液舱与船体间的强耦合效应,从而恶化海洋结构物的水动力性能(如多液舱布局的养殖工船系统)。第二个例子是近岸港口\港湾系统(尺度通常为几千米到几十千米),近岸港口\港湾系统无论是人为修建的还是天然形成的,都属于典型的水体受限系统,且这个系统的边界通常为岸壁和海底。其中,岸壁可以是小岛或大陆边缘,甚至可以是人工建筑。在这种港口/港湾系统中,岸壁通常向内凹陷,形成一个小范围的区间。当该系统的开放边界的波浪激励满足特定条件时,会出现强烈的港湾共振现象[8 – 16]。这种共振现象不仅影响停靠船舶的水动力性能,还对港口作业产生潜在风险。最后一个典型例子是旁靠系泊问题。如图 1.1(b)(c)所示,无论是船 – 船旁靠系泊还是船 – 港系泊,均会在船体之间或船体与岸壁之间形成一条窄间隙(gap),这个窄间隙在特定的激励下也会发生强烈的共振,从而影响海洋结构物的水动力性能,这种共振现象也称为间隙共振(gap resonance)[17 – 30]。

从上述讨论可知,月池也具有"水体受限"和"水体运动受外界激励控制"这两个重要特征。换言之,月池是一种特殊的水体受限系统,在很多情况下,不同水体受限系统间拥有相似的力学特征,尤其是月池和旁靠问题。因此,在很多研究文献中这两者经常被同时提及。月池的"水体受限"显而易见,不做赘述。而月池的"水体运动受外界激励控制"主要体现在两方面:一是受钻井船航速控制;二是受外界波浪激励控制。大量研究表明,在相同航速下,钻井船总阻力通常比相同尺度的其他船舶大(即出现了月池附加阻力),且航速越高,这种附加阻力越大。因此,钻井船在航行过程中通常需要消耗更多的动力燃料,从而影响其经济性能。一般情况下,钻井船航速越高,所带来的月池附加阻力越大,对于月池附加阻力的形成机理和参数敏感性将在第 2 章进行详细讨论。此外,对于外界波浪激励,它对月池的影响主要体现在两方面:一是当外界波浪激励频率与月池固有频率接近时,可能会引发强烈的月池共振,月池共振可能会导致月池水体对月池内壁的强烈砰击,从而威胁月池的结构强度;二是当月池水体运动与钻井船运动发生耦合作用时,可能会恶化钻井船的水动力性能,不利于日常的钻井作业,这部分内容将在第 3 章和第 4 章进行详细讨论。

(a) 船舶液舱晃荡

(b) 船-船旁靠系泊

(c) 船-港系泊

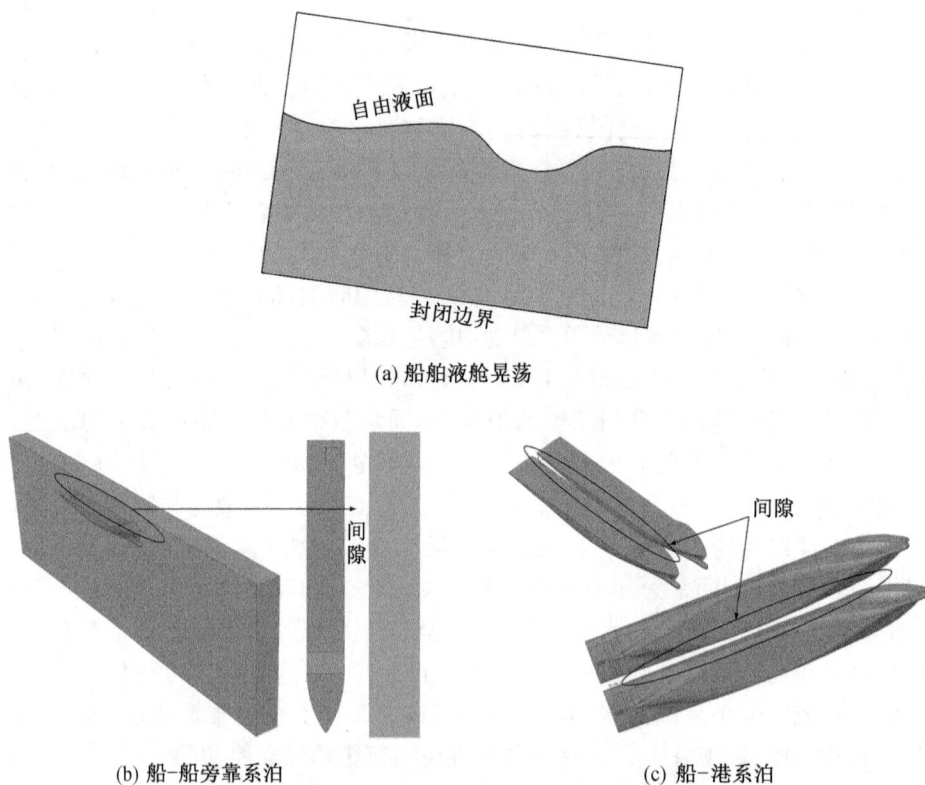

图1.1　海洋工程中的水体受限系统

1.2.2　月池水体运动

月池水体运动在文献中一般称为月池模态。月池模态的本质跟结构动力学中的结构模态是一样的。在结构动力学中,结构模态是结构系统的固有振动特性。线性系统的固有振动可以解耦为 N 个正交的单自由度振动,即分别对应结构系统的 N 个结构模态。每个结构模态都拥有特定的固有频率、振型及阻尼比。对于月池水体而言,由于其活动被月池内壁限制,其运动特性与月池形状和月池吃水有关,即月池可看作一个特殊的振动系统,这个系统的振动特性由月池本身决定(形状与吃水)。简而言之,月池模态是月池的固有振动特性,它决定了月池水体的运动方式。如图 1.2 所示,月池水体运动的表观状态主要有两种,一种体现为垂向的活塞运动,另一种体现为纵向的晃荡运动[31]。通常情况下,这两种运动模式同时存在于月池内部。但是,受月池形状和吃水的影响,其表观状态将呈现出不同的特点。

月池的长宽比越小,则表观状态越呈现活塞运动的特点;反之,则越呈现晃荡运动的特点。但在复杂条件下(如钻井船在波浪中航行),其表观状态不再具有明显的规律性,而是呈现一种杂糅的状态(如自由液面卷曲甚至破碎等)。在这种条件下,其表观状态是多模态耦合,即月池水体在运动过程中受多个模态成分的控制。相关研究表明,钻井船航速对月池水体的运动模态有较大影响,当钻井船航速发生变化时,月池水体运动会在不同模态之间发生转移,从而改变月池水体的运动形式[6]。此外,波浪激励也对月池水体运动有较大影响,这点将在第5章进行详细讨论。

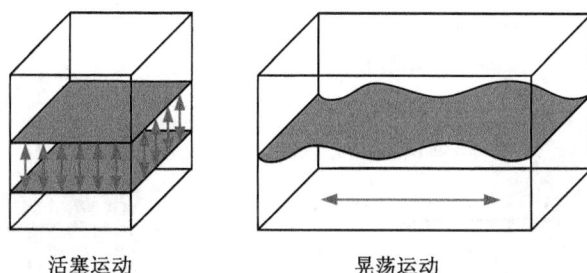

活塞运动　　　　　　　　　　晃荡运动

图 1.2　月池水体运动的两种表观状态

1.2.3　月池及其母体

从前文的介绍可知,月池一般不独立存在,而是作为一种附体与某更大尺度的海洋结构物相连接。换言之,月池水体运动不是孤立系统,很多情况下会与母体发生水动力耦合,此时母体的水动力性能可能会发生剧烈变化。由于月池水体可以自由运动,当外界波浪激励频率与月池固有频率接近时,还可能会出现月池共振现象。月池共振的典型特征是月池水体的运动响应明显大于外部激励。一般情况下,月池共振是一种负面效应,因为共振状态下月池水体的运动响应会被剧烈放大,不仅增加了钻井船的航行阻力,还可能诱导强烈的砰击效应从而损伤月池内部结构甚至威胁工作人员安全。对于钻井船 – 月池系统而言,这种共振应尽量避免。但是,共振只是一种物理现象,而任何物理现象对人类活动的利弊很大程度上取决于人类的思维模式,月池共振也不例外,实际工程中也有利用月池共振对各类海洋工程装备进行巧妙改造或设计的应用,下面介绍一些典型的案例。

已有相关研究表明,月池对母体的垂荡运动响应的影响不是单向的,当月池形状和底部开口面积满足一定条件时,母体的垂荡运动响应可能因此变小,也即可以利用月池来改善母体的水动力性能。天津大学唐友刚、刘利琴等人对海洋平台 – 月池结构系统的耦合水动力性能做过大量相关研究,他们从理论研究法和模型试验法的角度探讨了月池底部开口面积对海洋平台 – 月池结构系统耦合水动力性能的影响,并认为月池底部开口有一个最优值[32 – 37]。如果月池底部开口满足这个最优值,可让海洋平台的垂荡响应达到最小,从而实现更加良好的作业性能,感兴趣的读者请参阅文献[32 – 37]。此外,实际工程中还有一种月池式波浪能转换装置[38 – 40],其基本结构形式如图1.3所示。这种发电装置的结构特点是以一定厚度的圆筒为主体,圆筒内部设有一套可自由上下运动的阻尼板或浮体(统称波浪能吸收体),当波浪能吸收体受外界波浪激励时,会产生垂向运动,从而通过机械能 – 电能转换系统实现发电。这种发电装置的最大特点就是通过对圆筒参数进行设计,让圆筒内的水体在预期波浪工作频率范围内达到共振状态,使波浪能吸收体的垂荡响应增大,从而提高发电装置的转换效率。这种设计思路就是利用了月池共振的特点。

总而言之,本小节主要讲述月池不是一种孤立的流动系统,而是跟其母体有密切关联的附属结构。在实际作业环境中,由于海洋环境非常复杂,月池受到波浪或水流的激励后,可能会与母体发生水动力耦合,此时无论是月池水体还是母体本身的运动特性都会受到很大影响。无论是尽量避开还是合理利用这种水动力耦合效应,都要求设计人员对月池力学特征有较为深刻的认识。

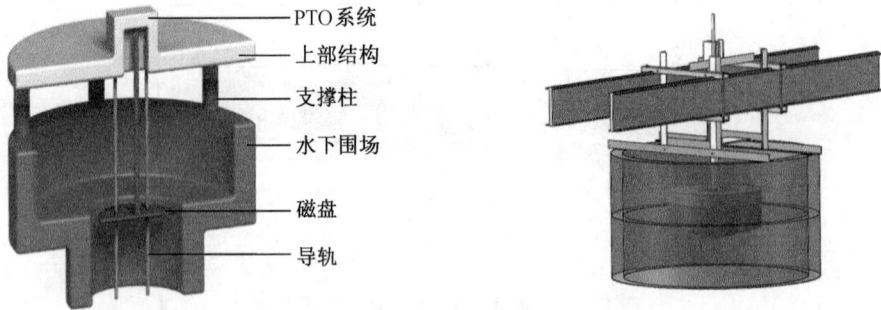

图 1.3　月池式波浪能转换装置

1.2.4　月池模态评估

　　从第 1.2.2 和 1.2.3 小节可知,月池水体运动存在不同模态,且当外界激励频率与月池固有频率接近时,还会出现月池共振现象,这种共振现象可能会导致月池与母体发生水动力耦合响应,从而造成一系列负面后果,因此如何对月池模态(月池固有频率)进行准确评估是月池水动力性能研究中的核心内容。目前,月池模态评估主要是在势流理论的框架内进行,且已有较为成熟的解决方案。这些解决方案主要包括基于解析或半解析的估算公式和基于边界元法的数值模拟,在月池前期设计过程中具有较高的可行性。本小节介绍月池模态评估中比较常用的方案,这些方案经过了工程界和学术界的大量验证,具有较高的参考价值。下面先介绍解析或半解析估算公式。

　　首先,本小节定义一个完整的月池由月池内壁及月池水体构成。为了便于后文叙述,本小节对月池各类构成统一采用一套命名方案和符号记法,如图 1.4 所示。对无平台月池,约定月池内壁由月池前壁、月池后壁及月池侧壁组成;而对有平台月池(即带阶梯的月池),月池内壁除了月池前壁、月池后壁及月池侧壁外,还应包括月池平台水平板和月池平台垂直板。对无平台月池,约定月池长度为 l,月池宽度为 b,月池吃水为 d;而对有平台月池,除了月池长度、月池宽度及月池吃水采用与无平台月池相同的符号记法外,另规定月池平台水平板长度为 l_1,月池平台垂直板至月池后壁距离为 l_2,月池平台水平板至静水面的距离为 d_1,月池平台垂直板高度为 d_2。此外,如图 1.4 标记的 A 点和 B 所示,月池入流边(A)称为月池导边,而月池出流边(B)称为月池随边。图 1.4(b)所示的有平台月池是月池问题近年来在学术界和工程界的研究热点,也是本书的主要研究对象之一。

1.2.4.1　无平台长方体月池固有频率

　　Molin[31]认为,对于三维无平台月池,其活塞固有频率和晃荡固有频率可分别通过式(1.1)和式(1.3)进行估算。活塞固有频率的估算公式为

$$\omega_{00} \approx \sqrt{\dfrac{g}{d + bf_3(R)}} \tag{1.1}$$

月池侧视图（中纵剖面）　　　　　　　月池侧视图（中纵剖面）

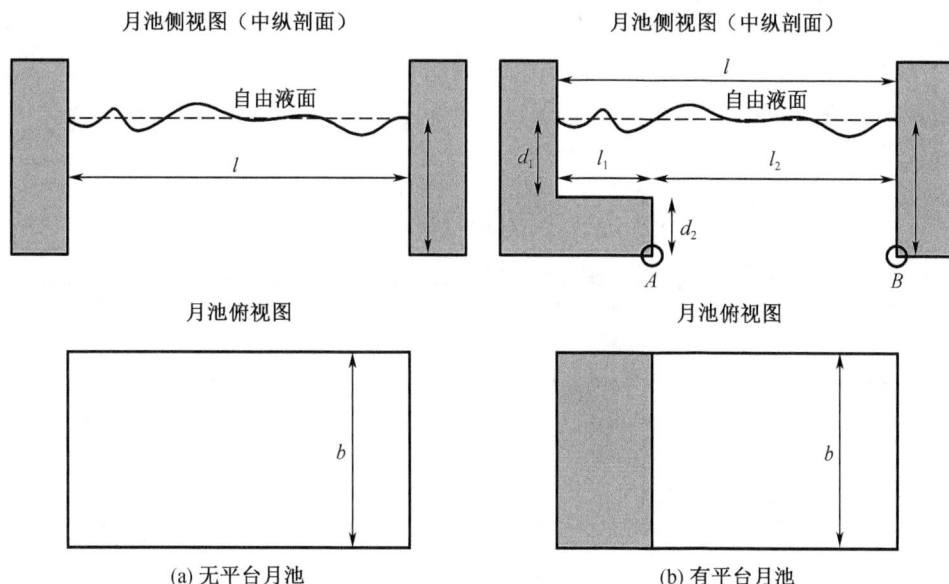

(a) 无平台月池　　　　　　　　　　　(b) 有平台月池

图 1.4　月池符号记法

式中　ω_{00}——活塞固有频率，rad/s；

　　　g——重力加速度，m/s^2；

　　　d——月池吃水，m；

　　　R——月池长宽比 l/b。

f_3 是一个关于 R 的函数，其表达式为

$$f_3 = \frac{1}{\pi}\left[\sin h^{-1}R + R\sin h^{-1}R^{-1} + \frac{1}{3}(R^{-1} + R^2) - \frac{1}{3}(1 + R^2)\sqrt{R^{-2} + 1}\right] \quad (1.2)$$

晃荡固有频率的估算公式为

$$\omega_{n0}^2 \approx g\lambda_n \frac{1 + J_{n0}\tan h\,(\lambda_n d)}{J_{n0} + \tan h\,(\lambda_n d)} \quad (1.3)$$

J_{n0} 是一个积分函数，其表达式为

$$J_{n0} = \frac{n}{bl^2}\int_0^b dy \int_0^b dy' \int_0^l dx \int_0^l dx' \frac{\cos\lambda_n x\cos\lambda_n x'}{\sqrt{(x - x')^2 + (y - y')^2}} = \frac{n}{bl^2}I_{nn00} \quad (1.4)$$

Molin 给出了式 (1.4) 的另一种表达方法为

$$J_{n0} = \frac{2}{n\pi^2 R^{-1}}\left\{\int_0^1 \frac{R^{-2}}{u^2\sqrt{u^2 + R^{-2}}}\left[1 + (u - 1)\cos(n\pi u) - \frac{\sin(n\pi u)}{n\pi}\right]du + \frac{1}{\sin\theta_0} - 1\right\}$$

$$(1.5)$$

式中　R——见式 (1.1)；

　　　$\theta_0 = \arctan R$。

可知，对于无平台长方体月池，活塞固有频率可通过式 (1.1) 和式 (1.2) 直接得到，而晃荡固有频率可通过式 (1.3) 和式 (1.5) 间接得到。关于 Molin-2001 公式的数学细节，读者可参阅文献 [31]。

1.2.4.2　有平台长方体月池固有频率

对于三维有平台月池,Molin[41]认为其活塞固有频率可通过 FRA 法(frozen restriction approximation)进行估算。如图 1.5 所示,FRA 法认为在月池 Restriction 区内的水体可视为做活塞运动的刚体,从而得到如下数学模型:

$$[\rho l_2 b d_2 + M_{al} + M_{au}(\omega)]X + \rho g \frac{b l_2^2}{l}X = 0 \tag{1.6}$$

式中,M_{al} 和 $M_{au}(\omega)$ 分别为域 $1(z < 0)$ 和域 $3(0 < z < d_2)$ 的附加质量,M_{al} 和 $M_{au}(\omega)$ 分别由式(1.7)和(1.8)给出

$$M_{al} = \rho b^2 l_2 \frac{1}{\pi}\Big[\sin h^{-1}R + R\sin h^{-1}R^{-1} + \frac{1}{3}(R^{-1} + R^2) - \frac{1}{3}(1 + R^2)\sqrt{R^{-2} + 1}\Big] \tag{1.7}$$

其中,$R = l_2/b$。

$$M_{au}(\omega) = \rho \frac{b l_2^2 d_1}{l} + 2\rho \frac{b}{l}\sum_{n=1}^{\infty} \frac{[\sin \lambda_n l - \sin \lambda_n l_1]^2}{\lambda_n^3} \frac{g\lambda_n - \omega^2 \tan h \lambda_n d_1}{g\lambda_n \tan h \lambda_n d_1 - \omega^2} \tag{1.8}$$

式中,$\lambda_n = n\pi/l$。

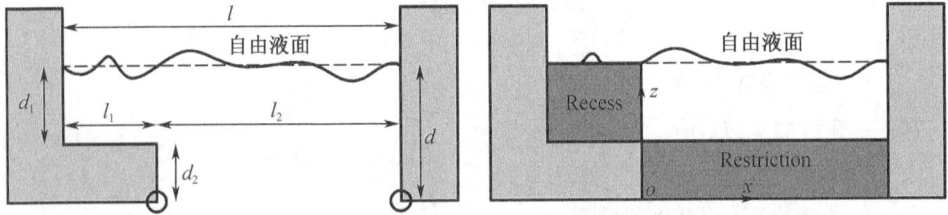

图 1.5　Molin - 2017 公式坐标系

通过两个函数曲线 $y = \omega$ 和 $y(\omega) = \sqrt{\rho g b l_2^2/[l(\rho l_2 b d_2 + M_{al} + M_{au}(\omega))]}$ 的交点,即可得到一系列固有频率点。需要注意的是,Molin 认为 $\omega = 0$ 时式(1.8)具有较高的估算精度,其估算误差与模型试验值对比仅差 6% 左右。本节按 Molin 的研究结论在式(1.8)中取 $\omega = 0$,则式(1.8)变为(下文简称 Molin - 2017 公式):

$$M_{au}(\omega) = \rho \frac{b l_2^2 d_1}{l} + 2\rho \frac{b}{l}\sum_{n=1}^{\infty} \frac{[\sin \lambda_n l - \sin \lambda_n l_1]^2}{\lambda_n^3 \tan h \lambda_n d_1} \tag{1.9}$$

通过自编程序的计算结果发现,式(1.9)所表示的无穷级数收敛速度很快,仅需取前 8 项即可接近收敛值,在月池前期设计过程中具有很强的实用性。

Newman[42]在 Molin 的研究基础上,也对有平台月池进行了详细研究。Newman 指出,估算活塞固有频率和第一阶晃荡固有频率有两种可行的方案。一种方案是基于绕射 - 辐射法,也称为直接计算法,诸如 WAMIT、SESAM 及 AQWA 等基于边界元法的商业程序均可采用。需要注意的是,Newman 在其研究工作中仅采用 WAMIT 作为计算工具,虽然 Newman 认为 WAMIT 的计算结果和试验结果基本吻合,但是他并未对其他商业程序的估算精度进行对比论证。另一种方案是基于势流理论的 DD(domain decomposition)。该方案以势流理论的基本假设为出发点,把计算域划分为月池内域和月池外域两部分,并通过月池底部入口的匹配条件得到定解方程组,求得月池固有频率。而对于高阶晃荡固有频率(二阶及以

上),Newman 推荐采用他所提出的驻波法。驻波法的基本思想是假设月池长度 l 为半波长的整数倍,从而得到如下关系:

$$\omega_n = \sqrt{\frac{\pi n g}{l}} = \sqrt{g k_n} \tag{1.10}$$

式中,$k_n = n\pi/l$。

对于有平台月池,式(1.10)需要利用关系式 $\omega = \sqrt{gk\tan\ \mathrm{h} k d_1}$ 进行修正。从关系式可看出,对于有平台月池,式(1.10)所得到的估算值实际上是偏大的。利用关系式修正过后的表达式变为(下文简称 Newman – 2018 公式):

$$\omega_n = \frac{l_2 \sqrt{g k_n} + l_1 \sqrt{g k_n \tan\ \mathrm{h}\ k_n d_1}}{l} \tag{1.11}$$

1.3 国内外月池研究现状

目前,月池研究方法无外乎理论分析法、数值模拟法及模型试验法三种。理论分析法又称为半解析法(semi-analytical method),该方法主要集中在线性势流理论体系内,即以无黏、无旋及不可压流体为基本假设,以流体速度势所满足的 Laplace 方程为基本控制方程,采用域分解法将流域划分为不同子域,并根据子域交界面上所满足的物理量连续条件求解月池性态特征如月池模态等。理论分析法是一种重要的研究方法,它通过对复杂问题进行合理简化,找出各类流动现象最本质的特征,而这些特征往往也是其他研究方法建立和发展的重要依据。但是,由于线性势流理论采用了线性化假设,导致传统的半解析法对于很多存在非线性效应的问题并不能给出令人满意的结果,最典型的例子就是边界层分离和自由液面非线性无法被考虑。边界层分离是指月池内尖锐角落处(如月池导边和月池平台边角)的涡脱落(vortex shedding),这些持续脱落的涡不仅对月池性态特征产生较大影响,还增大了船体纵向压力梯度,从而导致明显的月池附加阻力。而自由液面非线性是指在线性势流理论中,对自由液面采用线性化假设,忽略了各种非线性效应(如 Duffing 运动等)的影响。

从上面的讨论可看出,线性势流理论由于自身的缺陷,在处理月池这类非线性效应占很大影响的问题上还存在着明显的不足。因此,采用基于非线性黏流理论的数值模拟法[①]自然成为解决该缺陷的关键渠道之一。狭义上的数值模拟法是指计算流体动力学(computational fluid dynamics, CFD)。传统意义上的 CFD 计算是以求解完全非线性的 Navier – Stokes 方程为基础的,故对月池非线性效应可进行相对准确的预报。CFD 计算还可对月池流动细节进行基于场量的可视化,从而可观测到理论分析法及模型试验法均无法察觉的现象如涡的脱落及输运、流线的时间演化过程等,而这些现象也同样对实际工程具有重要的指导意义。

除了理论分析法和数值模拟法,模型试验法也在该研究领域扮演着重要角色。目前,

---

① 本书所提及的数值模拟法,如无特殊强调,均指基于 Navier – Stokes 方程的数值模拟法,不包括基于势流理论的边界元法(boundary element method, BEM)、基于无网格的光滑粒子流体动力学(smoothed particle hydrodynamics, SPH)及移动粒子半隐式法(moving particle semi-lmplicit method, MPS)、基于介观尺度的格子玻尔兹曼法(lattice boltzmann method, LBM)等,下文不再赘述。

模型试验法仍然是大部分工程领域最重要也是最可靠的研究方法,且理论分析法和数值模拟法也经常需要模型试验法提供准确性验证。模型试验法是将缩尺过的研究对象置于合适尺度的人造水池并按预设方案模拟工作性能,最后通过各类换算和修正工作来反推研究对象实际作业能力的研究方法。在模型试验法中,通过人为控制造风系统、造浪系统、造流系统的参数来模拟风、浪、流等工作环境,再辅之以各类物理量传感器收集各类关键参数(如自由液面运动响应、海洋结构物六自由度运动等),最后通过相似准则换算和尺度效应修正等工作得到研究对象的实际作业能力。理论解析法很大程度上依赖于数学理论的发展水平,例如很多基于线性势流理论推导的月池数学模型实际上是难以求出解析解的,最终也只能采用数值方法求其近似解,这是理论分析法也被称为半解析法的原因。数值模拟法则受限于所研究问题在 CFD 计算中的成熟度。例如,对于船舶阻力这类问题,目前在 CFD 计算中已有相对成熟的解决方案,而对于湍流这类问题,以目前 CFD 计算发展水平也远不足以解决,对基于时均 Reynolds 方程(Reynolds average Navier – Stokes,RANS)的湍流求解方案尤甚。此外,硬件成本和时间成本也在一定程度上制约了 CFD 计算在实际工程中的大规模应用。但是,模型试验法也存在着很大的不足,高昂的试验成本及无法避免的尺度效应是其最明显的两大缺陷。综合上述三种研究方法各自的优缺点,影响因素较少且结果相对可靠的模型试验法仍是目前解决月池问题最有效的研究方法。

1.3.1　理论分析法

理论分析法的最大优势在于月池前期设计过程中的参数评估。理论分析法通过合理的条件简化后,能得到形式相对简洁的半解析解。有了半解析解公式后,将各类关键设计参数(如月池长度、月池宽度及月池吃水等)代入,即可迅速得到月池模态。理论分析法最大的缺点在于线性势流理论无法考虑月池水体边界层分离和自由液面非线性带来的影响,往往使月池响应峰值被高估,这一缺点已经被很多研究所证实,且不断有新的研究尝试克服它。值得指出的是,理论分析法虽然高估了月池响应峰值,但对月池固有频率仍有较高的估算精度,是一种重要且相对简洁的研究方法。

Molin[31]假设在无限水深的自由液面上放置着一块无限大的方形驳体,且驳体中间开有一长方体月池。Molin 以 DD 为基础,将流域划分为不同子域,并根据子域交界面上所满足的物理量连续条件分别得到了二维和三维月池定解方程,再根据分离变量法求得了月池性态特征。最后,Molin 提出一套可用于快速评估月池固有频率的估算公式。Molin[43]将文献[31]的研究结论进一步扩展,又提出一套可用于评估有限水深条件下月池固有频率的估算公式,并对三个实例,即圆柱体月池、长方体月池及双驳体窄间隙(narrow gap)流动系统的模态进行了研究。需要重点指出的是,文献[31]和文献[43]的研究结论只适用于无平台月池,也即传统的长方体月池。近年来,有平台月池受到越来越多来自学术界和工程界的关注。Molin[41]基于文献[31]的 DD,结合 Guo[44]的模型试验结果,将之前研究工作也即文献[31]的研究结论进行了扩展。Molin 在文献[41]提出的新公式可用于计算有平台月池性态特征,并重点指出自由液面响应峰值会出现在有平台一侧的月池内壁上。此外,Molin 还在文献[41]中指出 Guo 错误地将文献[31]的研究结论应用于有平台月池,导致文献[44]的某些研究结论不够严谨。

Newman[42]基于文献[41]的 DD 和文献[44]的模型试验结果,研究了有平台月池性态特征。首先,Newman 基于传统辐射 – 绕射理论,利用商业势流软件 WAMIT 计算了不同外界激励条件下自由液面响应峰值。通过与文献[44]的模型试验结果进行对比分析后，Newman 认为"辐射 – 绕射"理论虽可精确地估算月池固有频率，但对自由液面响应峰值的预报结果偏大，并指出这种现象是由于线性势流理论忽略了黏性效应所导致的。接着，Newman 又利用附加质量会在月池固有频率处出现奇点这一重要数学性质，通过计算月池在纵荡和垂荡自由度上的附加质量来估算固有频率，但这种方法无法提供任何与振型或响应峰值相关的信息。此外，Newman 还提出了一种预报晃荡固有频率的驻波估算法（standing – wave approximation），并对其进行了考虑月池平台的修正。Newman 指出，修正驻波估算法在计算第二阶和第三阶晃荡固有频率时拥有较高的估算精度，因为高阶晃荡固有频率所对应的波长较小且对月池外部的流动状态不敏感。最后，Newman 还根据文献[41]的研究思路和研究方法，采用了基于勒让德多项式（Legendre polynomial）的 DD，并对月池附加质量进行了深入分析。Newman 最终总结道：计算有平台月池活塞固有频率或第一阶晃荡固有频率时可使用"辐射 – 绕射"理论或 DD；计算更高阶的晃荡固有频率时，可使用修正驻波估算法。需要注意的是，当 $d_1/d > 0.273$ 时（符号见图 1.5），第一阶晃荡固有频率似乎可采用未修正驻波估算法进行预报，但 Newman 认为这种现象缺乏合理的物理解释，使用时需特别注意其适用条件，具体公式见 1.2.4 小节。

Faltinsen[45]基于理论分析法和模型试验法，对二维矩形月池"活塞式"晃荡进行了研究。为了考虑月池导边处的速度势奇点及涡脱落带来的非线性效应，Faltinsen 在研究中引入了 Graham[46]的离散涡法（discrete – vortex method）。研究结果表明，活塞固有频率的计算结果与模型试验结果高度吻合，但稳态波浪响应的理论值却远大于模型试验结果。Faltinsen 认为，涡脱落对月池阻尼系数和外传波的波幅影响很小，真正造成线性势流理论和模型试验结果差异的原因可能是自由液面非线性。

Kristiansen[47]认为黏性效应和自由液面非线性可能会导致月池水体振荡在不同模态间发生能量转移，故线性势流理论求得的响应峰值总是存在误差的。他们在线性势流理论体系内，基于格林第二定理和一种无黏涡追踪方法（inviscid vortex tracking method）建立了一个完全非线性的数值波浪水池，并对受迫做简谐运动的月池进行了深入研究，最后还与模型试验结果进行了对比讨论。Kristiansen[18]又将文献[47]建立的数值波浪水池应用于某船体与月池间的水动力耦合效应研究。Kristiansen 等认为，自由液面非线性对月池活塞模态影响很小，且月池导边处和月池随边处的边界层状态对月池影响几乎可以忽略，但流动分离带来的涡脱落影响很大，是造成模型试验结果和基于线性势流理论预报结果差异的主要原因。需要注意的是，Kristiansen 的研究结论与 Faltinsen[45]的研究结论存在某些偏差。

Kristiansen[19]提出了一种新 DD 将线性势流理论和非线性黏流理论在月池问题中的各自优势进行结合。传统 DD 采用线性势流理论，将流域划分为不同子域，并根据子域交界面上所满足的物理量连续条件求解月池性态特征。但这种 DD 无法考虑非线性效应，如涡脱落的影响。Kristiansen 在月池区建立一个黏性域，全局流场上仍然采用基于线性势流理论的 DD，仅对月池局部流场求解 NS 方程以考虑各种非线性效应的影响。从他们的数值计算结果和模型试验结果的对比分析来看，新 DD 在求解速度和求解精度上令人满意。然后，Kristiansen[48]又将该方法应用于某三维月池计算，并与模型试验结果进行了对比。研究结果表明，他们所提出的新 DD 在月池前期设计中具有较高的可行性。

文献[18 – 19,47]仅研究了纯波激励下的月池性态特征，为了考虑波流耦合效应带来的影响，Fredriksen[49]基于 Kristiansen[18 – 19,47]的研究工作，通过非旋转坐标系中的非线性自由液面条件,结合摄动法 3F3F① 提出了一种新的混合数值方法。在该混合数值方法中,物面条件得到了实际满足,并引入了更为复杂的自由液面条件,即求解矩阵需要在每个时间步上更新以求解实际的自由液面位置。为了克服计算耗时的缺点,Fredriksen[50] 又将 HPC4F4F②[51-52] 引入他们的数值模型中,对低航速状态下月池活塞模态进行了数值计算,并与模型试验结果进行了对比。研究结果表明,HPC 法具有良好的计算效率和求解精度且低流速对月池活塞模态有一定程度的影响。

Faltinsen[53] 认为线性势流理论虽然可以精确预报月池固有频率,但对自由液面响应峰值的预报存在着较大的误差。文献[18,47]已指出,由流动分离带来的涡脱落是造成线性势流理论和模型试验结果误差的主要原因,虽可采用非线性黏流理论对其进行修正,但整个计算周期却非常耗时。此外,还可通过月池内的压降条件对线性势流理论进行修正[54],但这种修正需要经过一系列复杂的模型试验。如果仅为了月池前期设计过程中的参数评估,这种模型试验既不经济又耗时。为了获取月池压降系数以及避免复杂的模型试验,Faltinsen 对文献[45]的研究工作进行了完善和补充。Faltinsen 通过改变自由液面动力学条件,考虑了涡激阻尼对月池影响,建立了一套快速评估月池模态的方法。从与其他文献的研究结论和模型试验结果的对比可看出,该方法具有令人满意的估算精度。

Ravinthrakumar[55] 等基于线性势流理论和 Kristiansen[19] 提出的数值方法,对二维有平台月池活塞模态和第一阶晃荡模态进行了研究。Ravinthrakumar 指出,在受迫简谐垂荡激励条件下,月池活塞模态振型及自由液面响应峰值出现的位置与 Molin[41] 和 Newman[42] 等人的研究结论十分吻合,且月池导边和月池平台边角处流动分离带来的黏性效应对活塞模态具有很大的影响。Ravinthrakumar 还指出,数值模拟结果与模型试验结果吻合程度良好,但线性势流理论仍然严重高估了响应峰值。当受迫简谐激励变为纵荡时,月池平台边角的流动分离仍对第一阶晃荡模态有较大的影响,而月池导边和月池随边处的流动分离则是次要因素。

Tan 等[56] 认为通过基于经验数据的人工黏性系数来修正线性势流理论虽然在某些条件下是合理的,但是当设计参数范围超过已有的经验数据时,这种修正的准确性则有待商榷。为此,他们提出了针对月池活塞模态的、计及流动分离和壁面摩擦的非线性黏性模型。他们非线性黏性模型由两部分组成:月池水体边界层分离与基于经验公式的摩擦系数。通过把非线性黏性模型引入传统的线性势流理论内,他们提出了一套改进线性势流理论模型。改进线性势流理论模型的研究结果表明,月池几何参数对月池模态有明显影响,且当月池底部由尖锐型向圆滑型转变时,自由液面响应峰值明显增大。Tan 等的工作还表明,Faltinsen[53] 的研究工作在已知压降系数时,也能较为准确地评估月池性态特征,并认为这两种方法在月池问题中都是值得推荐的方案。

1.3.2　模型试验法

模型试验法的主要目的有两个:一是为理论分析法和数值模拟法提供准确性验证依

---

① 摄动法(perturbation method)又称小参数展开法。该方法通常将定解方程和定解条件无量纲化,在无量纲方程中选择一个能反映物理特征的无量纲小参数作为摄动量,然后假设解可以按小参数展成幂级数,将这一形式级数代入无量纲方程后,可得各级近似方程。然后,再依据这些方程逐步确定幂级数的系数,对级数进行截断后,便可得到原方程的渐进解。

② HPC(harmonic polynomial cell)是 Shao 和 Faltinsen 于 2012 年新提出的一种高精度、高效率求解 Laplace 方程的数值方法。

据;二是为大型海工装备提供设计、研发、建造依据。目前,月池模型试验主要可细分为两类:一类是单纯研究月池性态特征,这类试验一般让月池保持静止或强迫其在简谐激励下做周期性运动,以此观测月池水体运动规律,其关注点更多地集中在月池水体流动行为上;另一类则是研究海洋结构物在与月池发生水动力耦合时的响应特征,其关注点更多地集中在母体响应上,如六自由度运动、月池附加阻力等,有强烈的实际工程需求。需要指出的是,这种水动力耦合效应带来的不一定是负面影响,实际工程中也有利用这种特性来设计各类海工装备的,如升沉补偿装置、月池类的波浪发电装置等。

1.3.2.1 关注月池水体流动行为的模型试验

Fukuda[57]基于模型试验法,研究了带圆柱体月池钻井船在均匀流中的运动响应特性。Fukuda 的模型试验有两种工况:工况一是将钻井船固定在均匀流中以观测月池性态特征;工况二则是对钻井船进行拖航以观测月池对钻井船运动的影响。首先,他认为月池水体流动行为可视为刚性水柱在柔性弹簧支撑下的简谐振动,并以此为基础推导出月池固有频率的理论公式。接着,Fukuda 基于模型试验工况一研究了月池内水柱垂荡运动的规律,并将模型试验结果与他提出的理论公式计算结果进行对比,发现两者有较高的吻合度。然后,Fukuda 又基于模型试验工况二研究了月池对钻井船运动的影响,并指出这种影响主要体现在月池附加阻力上。此外,Fukuda 还指出月池性态特征与均匀流速度和月池几何参数有密切联系,可通过控制均匀流速度或在月池内设置阻尼装置来降低水柱运动的剧烈程度。Fukuda 的理论依据虽较为简单,但对月池活塞模态仍然能做出相对合理的解释,至今仍具有一定的参考意义。此外,Fukuda 提出的在月池内设置阻尼装置以抑制水柱运动的思路至今仍在实际工程中被广泛采用。

Molin[54]指出线性势流理论在研究月池时由于自身的缺陷,无法考虑非线性效应的影响,故将线性势流理论应用于实际工程中时,需对其进行修正。Molin 认为,基于线性势流理论得到的响应峰值之所以比实际结果偏大,是因为月池导边处涡脱落带来的能量耗散未被计及,为了研究这部分能量耗散,Molin 设计了一个模型试验。Molin 假设涡脱落带来的黏性效应可通过切片理论把局部垂向速度转为阻力(阻力系数)。Molin 指出,只要测得转化公式中相应的物理量,即可测出最终的阻力(阻力系数)。需要注意的是,由于模型试验的缩尺比过大,导致摩擦耗散带来的黏性效应不可忽略,Molin 通过估算,认为摩擦耗散在总能量耗散中所占的比值约为 15%。Molin 还指出,由于缩尺效应的存在,实际上摩擦耗散比值不可能达到 15%,该比值应该会随着缩尺比的减小而减小。经过修正后,Molin 认为阻力系数 5F5F①的取值应该为 0.5 左右。

Kang[58]认为在流激励、波激励及波流激励下都有可能出现月池共振。Kang 基于模型试验法,对不同拖航速度、不同波浪参数下圆柱体月池和长方体月池模态、声学特征及压力分布进行了研究。Kang 指出,当静水拖航速度为 0.4~2.0 m/s 时,月池固有频率集中在 0.7 Hz 左右,而当月池处于波流激励时,月池固有频率在 0.6~0.9 Hz 间浮动;在 0°、15°及 30°攻角条件下,圆柱体月池在拖航速度为 0.4~0.6 m/s 时出现共振,而长方体月池在拖航速度为 0.4~0.8 m/s 时出现共振,但攻角变为 45°之后,出现共振的拖航速度变为 0.4~1.0 m/s;无论月池处于流激励还是波流激励,其内部同时存在活塞模态和晃荡模态。

① 不同研究工作中对阻力系数的定义存在差别,应用时要按实际情况进行转化。

Yang[59]考虑了波浪入射角的影响,对月池模态进行模型试验研究。Yang 所研究的月池采用了两种不同的隔离舱①:一种是方体式隔离舱,如图 1.6(b)所示;另一种是组合式隔离舱,如图 1.6(c,d)所示。组合式隔离舱由一个方体和一个三角体组合而成,根据三角体斜面的朝向位置又分为两种,一种是如图 1.6(c)所示的斜面朝左,一种是如图 1.6(d)所示的斜面朝右。Yang 指出,在月池中布置隔离舱对晃荡模态有明显影响,而对活塞模态的影响却很小;图 1.6(c)所示的布置方案可降低月池共振响应,而图 1.6(d)所示的布置方案却会加剧月池共振响应;迎浪状态下的月池活塞共振比横浪状态更为明显,斜浪状态下月池晃荡共振比迎浪状态更为明显。此外,Yang 还将模型试验结果与 Molin[31]公式的计算结果进行对比,认为 Molin 公式具有很高的估算精度,在实际工程中具有重要的参考意义。

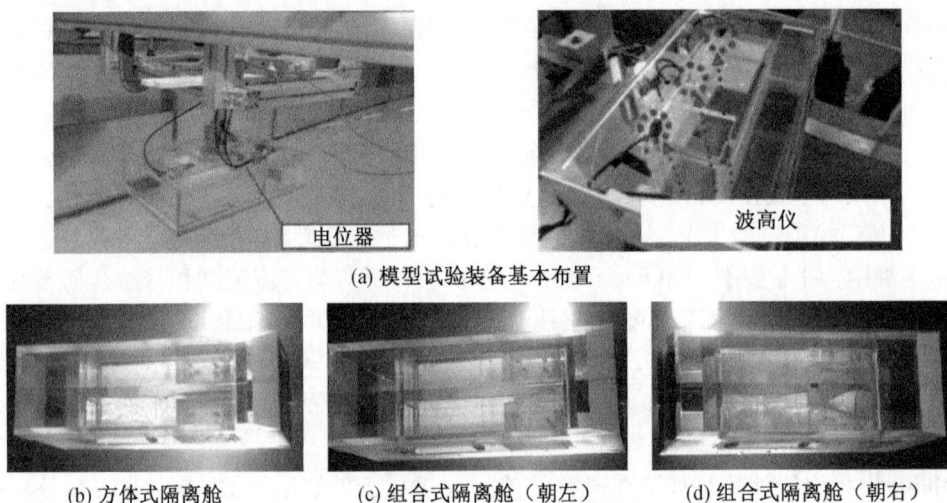

(a) 模型试验装备基本布置

(b) 方体式隔离舱　　　　(c) 组合式隔离舱（朝左）　　　　(d) 组合式隔离舱（朝右）

图 1.6　Yang 的模型试验

Abeil[60]对某装有长方体月池钻井船进行波浪角度为 180°迎浪和 45°首斜浪,航速为 0 kn 和 10 kn 的规则波模型试验。研究结果表明,所研究月池活塞固有频率约为 0.77 rad/s,第一阶晃荡固有频率为 1.15 rad/s(图 1.7)。Abeil 还指出,模型试验结果总体上与 Fukuda[57]公式和 Molin[31]公式的估算结果吻合程度很高。激励波的波幅越小,自由液面运动响应越大;有航速条件下,活塞模态比无航速条件更为明显;活塞模态在 45°首斜浪条件下比迎浪条件更为明显,其增幅约为 25%。

Guo[44]对某有平台月池钻井船按 1∶50 的缩尺比进行了模型试验研究,并辅之以数值模拟(图 1.8)。首先,Guo 根据 Molin[31]公式,对月池固有频率进行估算,然后根据估算结果结合规则波和白噪声模型试验结果,对共振状态下月池性态特征进行了详细研究。研究结果表明,月池处于共振状态时,前后内壁处的自由液面运动响应比外界波浪大了两倍左右,且远大于中部区域的测量值,其原因可能是波浪沿月池内壁爬升带来的非线性效应。此外,Guo 还认为月池平台可视为一个微型人工海床,即可将月池平台上部视为一个存在浅水效应的有限水深流动系统。月池平台的存在主要会带来两方面影响,一方面是影响月池固

---

① 原文是 Cofferdam,本文按照单词原意直译为隔离舱。隔离舱实际上就是所谓的月池平台。

有频率,另一方面是可能会将系统内的活塞模态转化为晃荡模态。Guo 还对自由液面运动响应进行了频谱分析,得到了不同规则波频率下的振幅谱。从频谱分析的结果来看,振幅谱有 3 个明显的能量谱峰。其中,第一个能量谱峰来源于外界波浪激励作用,大约占总能量的 60%,而第二个和第三个能量谱峰能量则来源于月池晃荡运动。需要注意的是,Guo 错误地将 Molin[31] 公式用于有平台月池。Guo 把 Restriction 区域和 Restriction 区域上部分别单独估算,并认为所研究对象存在两套月池固有频率。Guo 把模型试验结果和 Molin[31] 公式估算结果之间的差异解释为月池内存在着未知的水动力耦合效应的原因。而 Molin[41] 认为 Guo 的讨论前提是错误的,因此某些研究结论并不具备说服力,更详细的讨论见文献[41]。

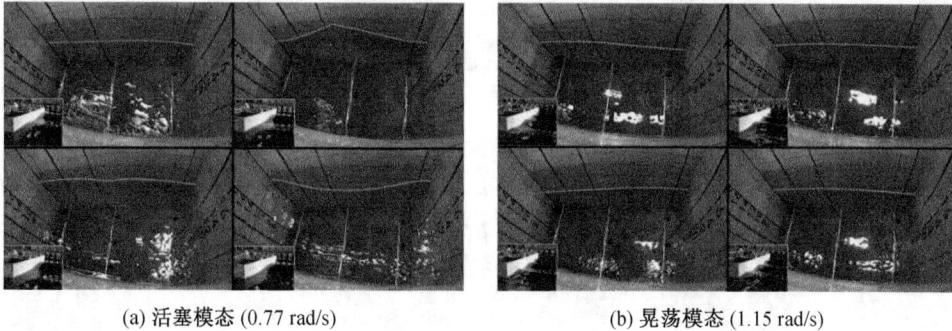

(a) 活塞模态 (0.77 rad/s)　　　　　　　(b) 晃荡模态 (1.15 rad/s)

图 1.7 Abeil 的模型试验

1.3.2.2 关注月池与母体水动力耦合效应的模型试验

Aalbers[61] 为了探讨月池与钻井船间的水动力耦合效应,开展了相关的模型试验研究。Aalbers 首先将月池水体运动视为无摩擦的活塞运动,然后基于势流理论推导出月池与钻井船间的耦合运动方程,并将运动方程的计算结果和模型试验数据进行对比,发现两者具有较高的吻合度。此外,Aalbers 还指出,在月池内设置阻尼装置对自由液面运动响应有明显影响,但由于线性势流理论无法考虑各类非线性效应,故 Aalbers 没有给出进一步的解释。

Sphaier[62] 对圆柱体月池与单柱结构垂荡运动间的水动力耦合效应进行模型试验研究,旨在找出月池底部开口面积的最佳值,以对单柱结构水动力性能进行优化(图 1.9)。研究结果表明,圆柱体月池对单柱结构垂荡运动响应具有明显的抑制作用,且抑制效果与月池底部开口面积有密切关系。从模型试验结果可明显看出,在到达某个临界点之前,月池底部开口面积越小,月池水体垂荡运动响应也越小,但运动周期也随之变大。此外,Sphaier 还指出,月池通过改变耦合系统的附加质量和阻尼系数实现对单柱结构垂荡运动响应的抑制,故月池底部开口面积存在一个最优值使单柱结构垂荡运动响应达到最小值。

Veer[5] 基于不同长方体月池长宽比、不同 Strouhal 数及 Fukuda[57] 和 Molin 等[31] 的固有频率估算公式,对月池附加阻力进行了模型试验研究(图 1.10)。研究结果表明,即使活塞模态对应的固有频率减小,但随着月池长宽比增加,晃荡模态的能量占比仍会逐渐超过活塞模态。模型试验测出的月池固有频率与 Fukuda 和 Molin 等的估算公式虽然存在些许差异,但总体上吻合程度良好。模型试验过程中还观测到了锁频现象(phase locking),意味着在相当大的来流速度范围内共振现象一直存在。Veer 还指出,Strouhal 数是一个评估月池模态的有效参数,当 Strouhal 数倒数为 0.35 ~ 0.85 时,共振现象明显。共振状态下月池附加阻力非常明显,低速工况下阻力增幅约 30%,而高速工况下阻力增幅高达 100%。

(a) 模型试验过程

(b) 共振状态下月池在一个周期内的自由液面运动响应

图 1.8　Guo 的模型试验

图 1.9　Sphaier 的模型试验

(a) 航速为 17 kn，月池长宽比为 1.5 时的活塞模态

(b) 航速为 17 kn，月池长宽比为 2 时的晃荡模态

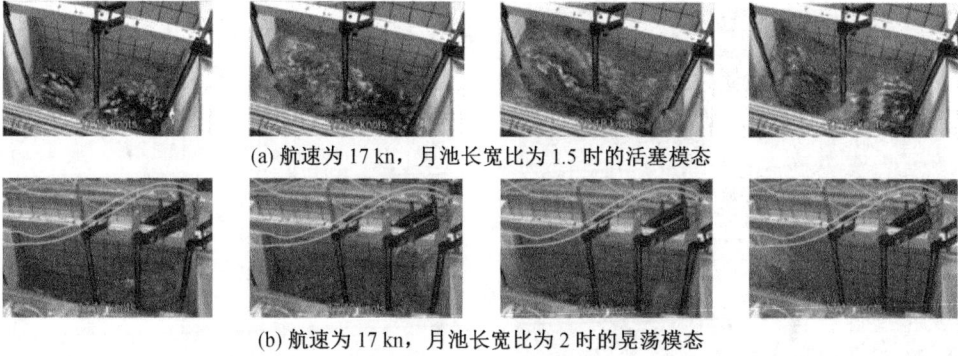

图 1.10 Veer 的模型试验

Liu 等[33]对底部开口率分别为 0%、30%、70% 的月池（图 1.11）与 Truss Spar 平台主体间的水动力耦合效应进行了模型试验研究。Liu 指出，相较完全封闭工况而言，半封闭工况的月池－平台耦合系统的垂荡运动响应明显降低，且受底部开口面积大小的影响。模型试验结果表明，当底部开口率为 30% 时，Truss Spar 平台主体的垂荡运动响应达到最低值。此外，他们还指出当外界波浪激励频率接近月池固有频率时，自由液面响应峰值明显增大，且部分能量向 Truss Spar 平台主体转移，即发生了强烈的动力耦合现象，在实际工程中需要引起特别关注。Liu 还指出，月池性态特征主要受耦合质量系数和耦合水动力系数的影响。此外，当底部开口面积较大时，这种影响会向 Truss Spar 平台主体的垂荡运动响应转移。

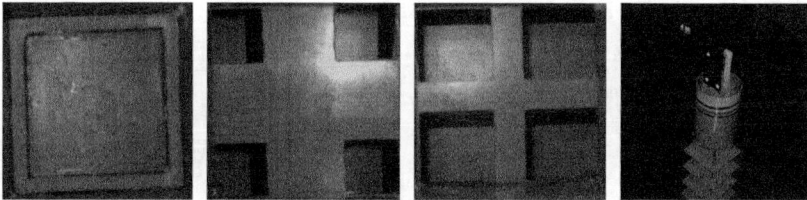

图 1.11 Liu 的模型试验

Ravinthrakumar 等[63]对钻井船－月池系统耦合水动力响应进行了数值模拟和模型试验研究（图 1.12）。他们采用了 1/20（MP1）、1/10（MP2）和 1/2（MP3）船长的月池，且前两者为方形月池（安装在船首），后者为矩形月池（安装在船中部）。研究结果表明，WAMIT 计算得到的月池水体响应在固有频率附近被过度放大，说明波浪辐射阻尼在这类问题中基本可以忽略，真正有重要影响的是黏性阻尼，即月池底边处的涡脱落。他们还指出，当月池尺度较小时，水动力耦合效应基本可以忽略，但大尺度月池对水动力耦合响应有重要影响。在 MP3 工况下，活塞固有频率附近的钻井船垂荡响应比封闭船型大了 10 倍左右。此外，研究结果还表明第二阶晃荡固有频率对此类问题有重要影响，对于大尺度月池尤为如此。

1.3.3 数值模拟法

广义的数值模拟法概念范围十分广泛，即使是通过理论分析法推导得到的月池数学模型很多时候也需采用数值手段求其近似解。本条所提及的数值模拟法均指基于商业 CFD 软件所进行的研究工作。

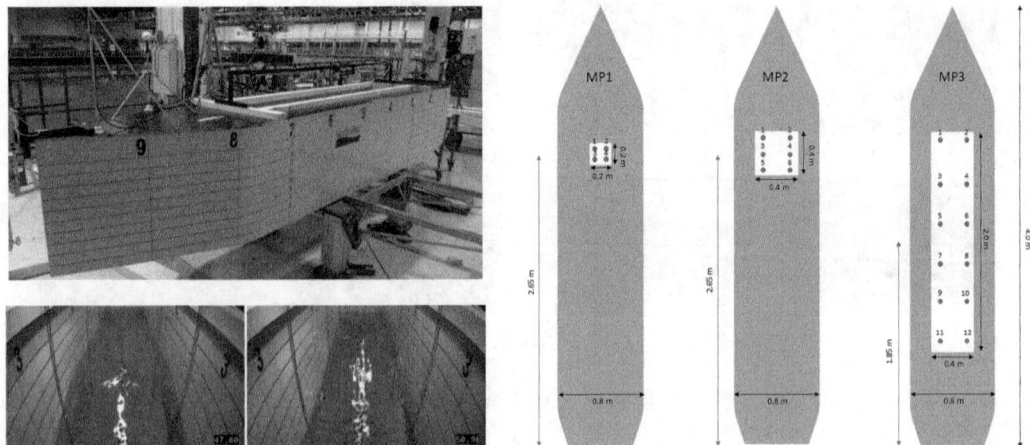

图 1.12　Ravinthrakumar 的模型试验

Krijger 等[64]利用商业 CFD 软件 STAR – CCM + 对 GustoMSC 公司设计的 Magellan 钻井船进行快速性评估及总阻力优化,并通过模型试验结果对数值模拟结果进行对比修正(图 1.13)。Krijger 等通过艏部形状优化,使钻井船总阻力减低了 12%。此外,Krijger 还针对月池几何参数进行了优化,使月池附加阻力相对于修改前的月池降低了大约 37%。Krijger 指出,钻井船阻力和螺旋桨推进效率的数值模拟结果与模型试验结果非常吻合,商业 CFD 软件在钻井船前期设计中应该被给予足够的重视。此外,Krijger 还认为 Magellan 钻井船的推进效率超过 60%,具有良好的推进性能。当采用三桨推进时,Magellan 钻井船航速可达 12.8 kn;当采用四桨推进时,Magellan 钻井船航速可达 13.9 kn;而当推进器数量增加到 8 个时,Magellan 钻井船航速甚至可达 16.3 kn。

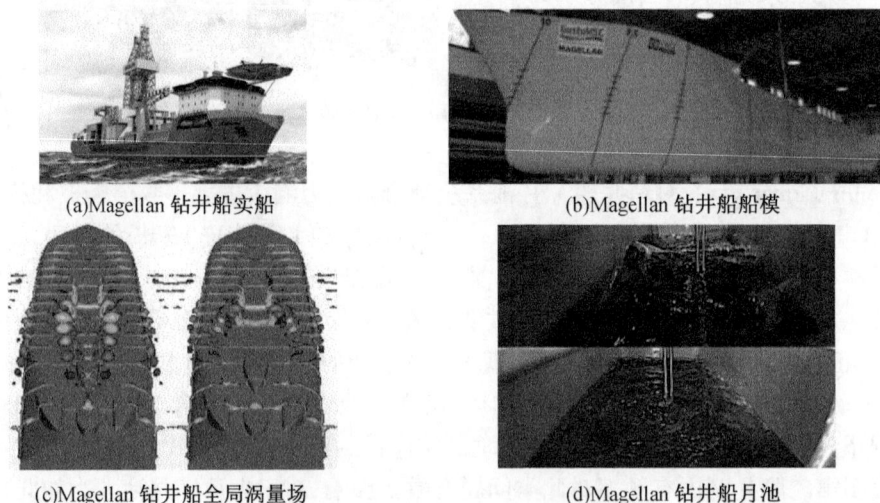

(a)Magellan 钻井船实船　　　　　　　　　(b)Magellan 钻井船船模

(c)Magellan 钻井船全局涡量场　　　　　　　(d)Magellan 钻井船月池

图 1.13　Krijger 的数值模拟

Chalkias 等[65]提出了一种快速计算自由液面运动响应的方法(图 1.14)。Chalkias 基于线性势流理论,将自由液面用一刚性平板代替,然后用广义模态来描述月池模态,而阻尼系数通过利用商业 CFD 软件 STAR – CCM + 进行数值自由衰减试验来获取。Chalkias 利用所提出的方法对 Magellan 钻井船月池进行实例应用。Chalkias 通过与模型试验结果进行对比,认为其所提的方法具有较高的精确性和较强的可行性。

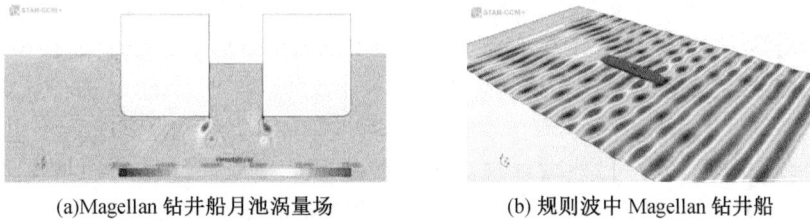

(a)Magellan 钻井船月池涡量场 (b) 规则波中 Magellan 钻井船

图 1.14　Chalkias 的数值模拟

Lohrmann 等[66]在静水条件和波浪条件下利用数值阻尼代替制荡装置阻尼,对某月池进行数值模拟,并将计算结果与模型试验进行对比分析(图 1.15)。研究结果表明,在月池内部安装阻尼装置可有效降低自由液面响应峰值及涡脱落,在实际工程中其是一个较为优秀的方案。

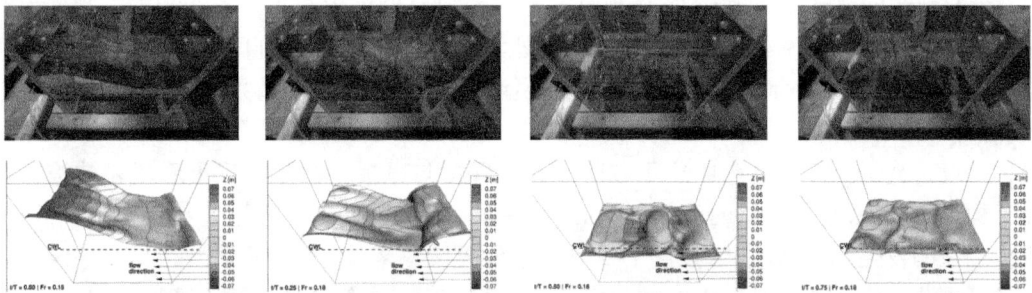

(a) 模型试验结果与数值模拟结果的对比

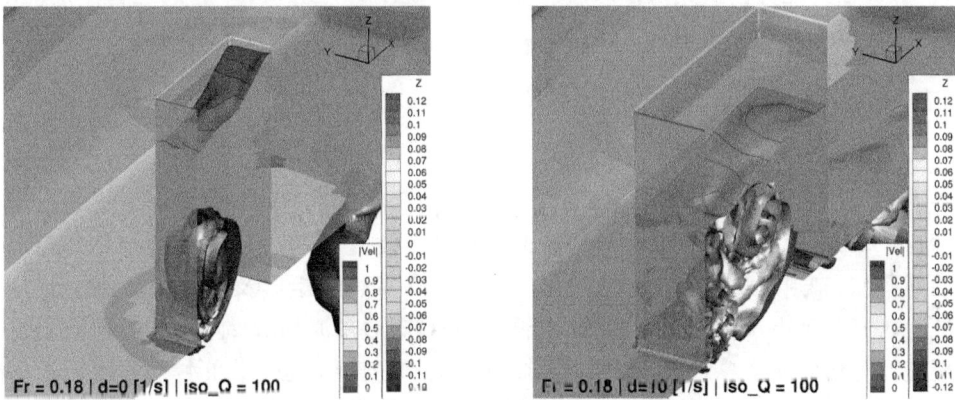

(b) 无阻尼装置和有阻尼装置的数值模拟结果对比

图 1.15　Lohrmann 的数值模拟

1.3.4　月池砰击研究现状

砰击(slamming)是船舶与海洋工程领域最常见的强非线性现象之一。砰击从诱导机理来看,主要可分为内域砰击和外域砰击两种。典型的内域砰击有 LNG 船液舱晃荡、钻井船月池振荡等。内域砰击最明显的特点即砰击与流动系统固有频率密切相关。当外界激励频率与流动系统固有频率明显错开时,流动系统自由液面响应很小,基本不会出现砰击。然而,当外界激励与流动系统固有频率接近或相同时,会出现强烈的水动力耦合效应,流动系统自由液面响应急剧增大,导致流体质点动量的剧烈变化,从而引发自由液面破碎、爬升、翻转等强非线性现象,最终形成封闭水域固体边界处的剧烈砰击,从而造成结构强度损伤。典型的外域砰击有船舶入水砰击、船首外飘砰击、甲板上浪及浮式平台下甲板、立柱砰击等。与内域砰击明显不同,外域砰击与环境载荷参数及海洋结构物的结构形式密切相关。例如,对于船首外飘砰击而言,其关键参数主要有弗劳德数、波流作用方向等;而对于半潜式平台砰击而言,其关键参数主要有气隙高度、波浪参数等。无论是内域砰击还是外域砰击,这种强非线性现象均会恶化海洋结构物水动力性能及弱化结构强度,在实际工程中需要引起密切关注。

月池砰击可看作月池模态评估的一种扩展与延伸,它并不总是存在于月池内,只有满足一定的外界激励条件时才会出现。但是,当这种砰击出现后,便会对钻井船水动力性能及月池结构强度造成明显的负面影响,严重时甚至会威胁工作人员的生命安全。根据第1.2 节的阐述可看出,月池性态特征与月池几何参数及外界激励条件密切相关。当外界激励频率与月池固有频率相接近时,会出现强烈的水动力耦合效应,自由液面响应峰值急剧增大,导致流体质点动量剧烈变化,此时可能会出现剧烈的砰击。特别地,如果存在月池平台,这种砰击可能会被月池平台带来的非线性效应(浅水效应)加剧[44],从而对月池平台上的钻井设备甚至工作人员造成严重威胁。月池砰击与甲板上浪从宏观上均是波浪主动对结构进行砰击,且有相似的流体行为,看似是同一种物理现象,实际上却存在很大区别。甲板上浪的发生几乎是随机的,且主要取决于外界波浪环境,而月池砰击是具有一定规律性且可预测。因为当月池几何参数确定后,月池模态已被确定,只要能得到共振状态下的模态,即可评估月池砰击及其负面影响。在这种情况下,月池砰击可近似地看作是确定的。目前,国内外对月池砰击的研究工作很少。

1.4　本书内容安排

本书剩余章节的内容安排如下。第2 章讨论流激励下月池附加阻力形成机理及其参数敏感性;第3 章讨论波激励下月池性态特征及其砰击效应;第4 章讨论月池与钻井船耦合水动力性能研究;剩余三章采用递进式编排方式。第5 章讨论矩形及阶梯形月池水动力性能模型试验研究。余下章节在第5 章的研究基础上对矩形月池和阶梯形月池内抑波装置的抑波效率进行量化研究。总之,第2~3 章对应钻井船的航行状态,即在不考虑钻井船六自由度运动的前提下对流激励、波激励进行详细探讨,侧重研究月池附加阻力形成机理和月池内部砰击效应。第4 章则对应钻井船的工作状态,考虑了钻井船 – 月池系统的耦合水动力响应,探究其在规则波激励下的力学机制,使本书内容更加贴近实际工程。第5~7章则关注月池抑波装置的设计思路和有效性验证,为实际工程提供指导意见。

第2章 流激励下月池附加阻力
形成机理及其参数敏感性

2.1 钻井船阻力评估数值模型

2.1.1 几何参数和相似准则

如图2.1所示,本章研究对象为某超深水钻井船,长方体月池(有平台)位于钻井船舯部区域。在船舶与海洋工程领域CFD计算中需要考虑近壁流动和湍流模型之间的影响,但通常不考虑实船计算方案。因为模型和实船之间的Reynolds数值相差大约两个数量级,若采用实船模拟,为了满足第一层边界层网格节点的y^+值,需要分辨率非常高的棱柱层网格,加之要保证棱柱层网格和外围网格之间的均匀过渡,这便极大地增加了计算资源的开销。因此,本章采用1:54的缩尺比进行数值模拟,本章所研究的钻井船及其月池基本尺度信息如表2.1所示(Recess和Restriction的含义见图1.5)。

表2.1 本章所研究的钻井船及其月池基本尺度信息

项目	符号	单位	实船	模型	项目	符号	单位	实船	模型
垂线间长	L_{pp}	m	231.0	4.277 8	Recess 长	l_1	m	11.2	0.207 4
船宽	B_{WL}	m	42.0	0.777 8	Recess 高	d_1	m	2.5	0.046 3
型深	D	m	19.0	0.351 9	Restriction 长	l_2	m	26.4	0.488 9
吃水	d	m	9.5	0.175 9	Restriction 高	d_2	m	7.0	0.129 6
月池长	l	m	37.6	0.696 3					
月池宽	b	m	12.8	0.237 0					

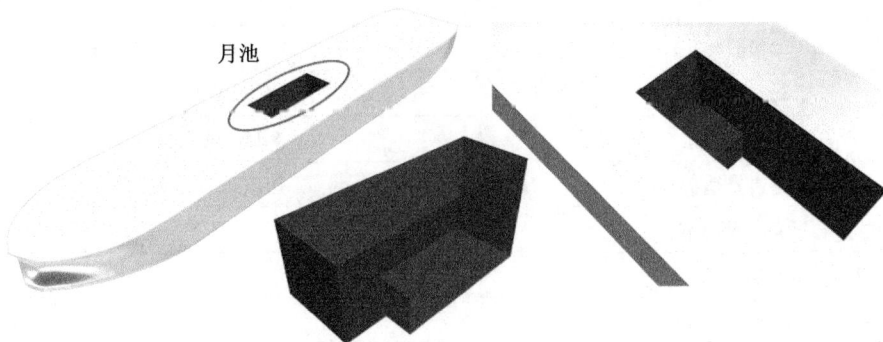

月池

图2.1 钻井船及其月池三维模型

采用缩尺模型计算时,需要考虑模型与实船之间的物理量换算。在采用缩尺模型的数值模拟和模型试验中,因为 Reynolds 准则和 Froude 准则是一对矛盾体,所以二者不可能同时满足。由于 Froude 准则仅与缩尺比有关,故海洋工程中一般遵循 Froude 准则。需要注意的是,在某些流动问题中黏性效应占有较大的影响,若忽略黏性效应会给结果带来较大的误差。解决这种问题的主流方法是单独对黏性效应进行修正。基于 Froude 准则的物理量换算关系如表 2.2 所示,且本章各类数值模拟工况设计及参数换算均基于表 2.2 进行,下文不再赘述。

表 2.2　各类物理量在模型与实体间的转换系数

项目	符号	转换系数	项目	符号	转换系数
长度	L_s/L_m	λ	周期	T_s/T_m	$\lambda^{\frac{1}{2}}$
面积	A_s/A_m	λ^2	频率	f_s/f_m	$\lambda^{-\frac{1}{2}}$
体积	∇_s/∇_m	λ^3	密度	ρ_s/ρ_m	γ
线速度	V_s/V_m	$\lambda^{\frac{1}{2}}$	质量	Δ_s/Δ_m	$\gamma\lambda^3$
线加速度	a_s/a_m	1	力	F_s/F_m	$\gamma\lambda^3$
角度	φ_s/φ_m	1	力矩	M_s/M_m	$\gamma\lambda^4$
角速度	φ_s/φ_m	$\lambda^{-\frac{1}{2}}$	惯性矩	I_s/I_m	$\gamma\lambda^5$

2.1.2　数值模型和网格信息

本章采用 STAR－CCM＋内置的切割体网格模块(trimmed cell mesher)生成 FVM 模型。切割体网格是一种介于结构网格和非结构网格之间的混合网格,在均匀区域可生成高质量结构网格块,而在复杂区域则采用非结构网格块,这种网格类型最适用于求解带自由液面问题。FVM 模型重点加密区域主要有自由液面、开尔文波系、船体近场、月池内部等。本章最终选定的数值模拟方案如表 2.3 所示。离散方程算法采用 SIMPLE,上游边界造波采用输入式造波,下游边界消波采用 EOM(Euler overlay method),自由液面捕捉采用 VOF(volume of fluid),Reynolds 应力模化采用 SSTKO(shear－stress transport k－omega),近壁流动处理采用壁面函数。

表 2.3　钻井船－月池耦合系统数值求解方案

参数	设置
控制方程离散	FVM
离散方程算法	SIMPLE 系列
上游边界造波	速度入口造波
下游边界消波	EOM
自由液面捕捉	VOF
Reynolds 应力模化	SSTKO
近壁流动处理	壁面函数

　　本章考虑的计算工况分为纯流激励、纯波激励和波流激励三种①。其中,纯流激励需要考虑涡脱落等空间尺度不均匀的强非线性现象,此种工况下应采用三维模型。对于纯波激励和波流激励,由于本书重点关注月池水体共振行为,而所研究的月池长度远大于宽度,此种工况下可采用二维或半三维模型。需要重点强调的是,月池问题不能采用传统的对称半模法,因为月池性态特征在空间尺度上均具有强烈的非均匀性,不关乎船体的中纵剖面对称。最终建立的 2 个钻井船 – 月池耦合系统数值模型如图 2.2 所示。图 2.3 给出了耦合数值模型的网格细节。图 2.4 给出了纯流激励下的波高仪布置方案。

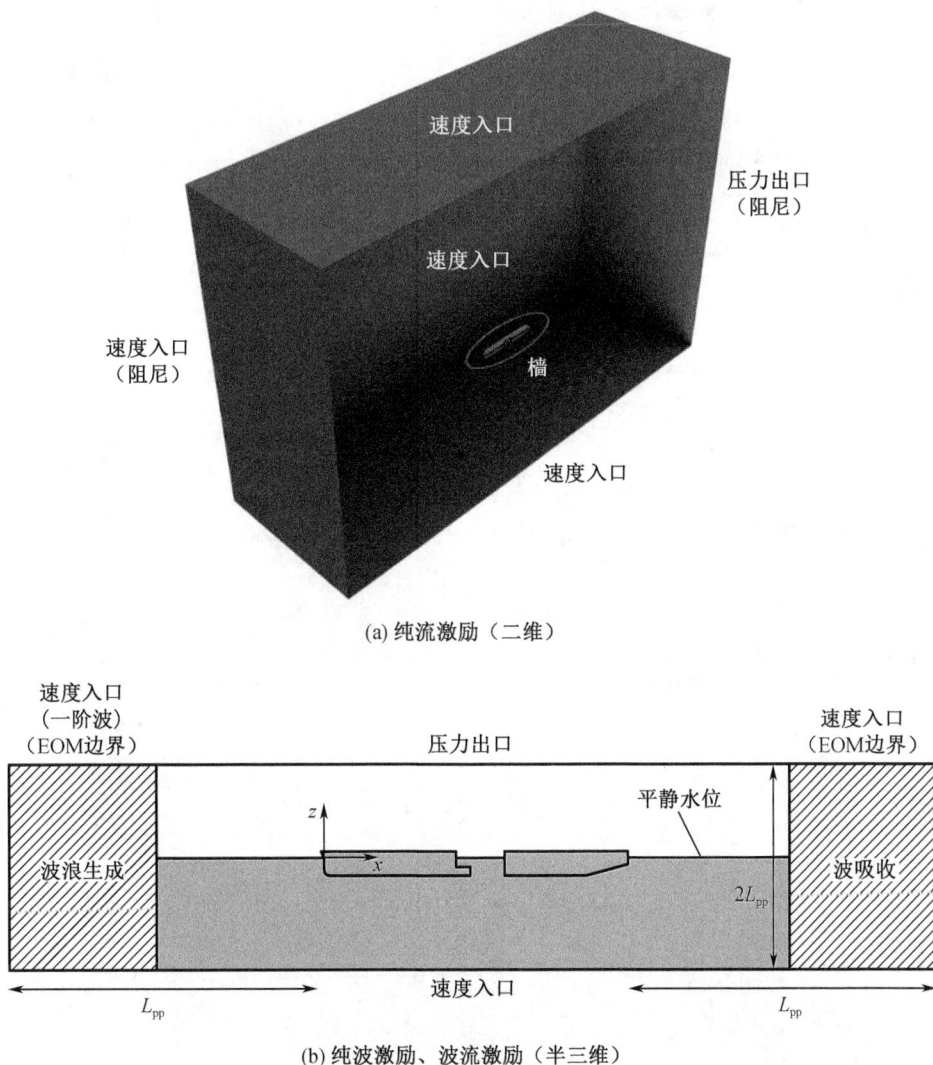

(a) 纯流激励（二维）

(b) 纯波激励、波流激励（半三维）

图 2.2　钻井船 – 月池耦合系统数值模型

---

①　本章所提及的流激励不是表面流(surface current),而是指钻井船的前进速度(forward speed)。从坐标变化角度来看,钻井船的前进速度可转换为船不动而水动问题,这里的水动是本章所提及的流激励,下文不再赘述。

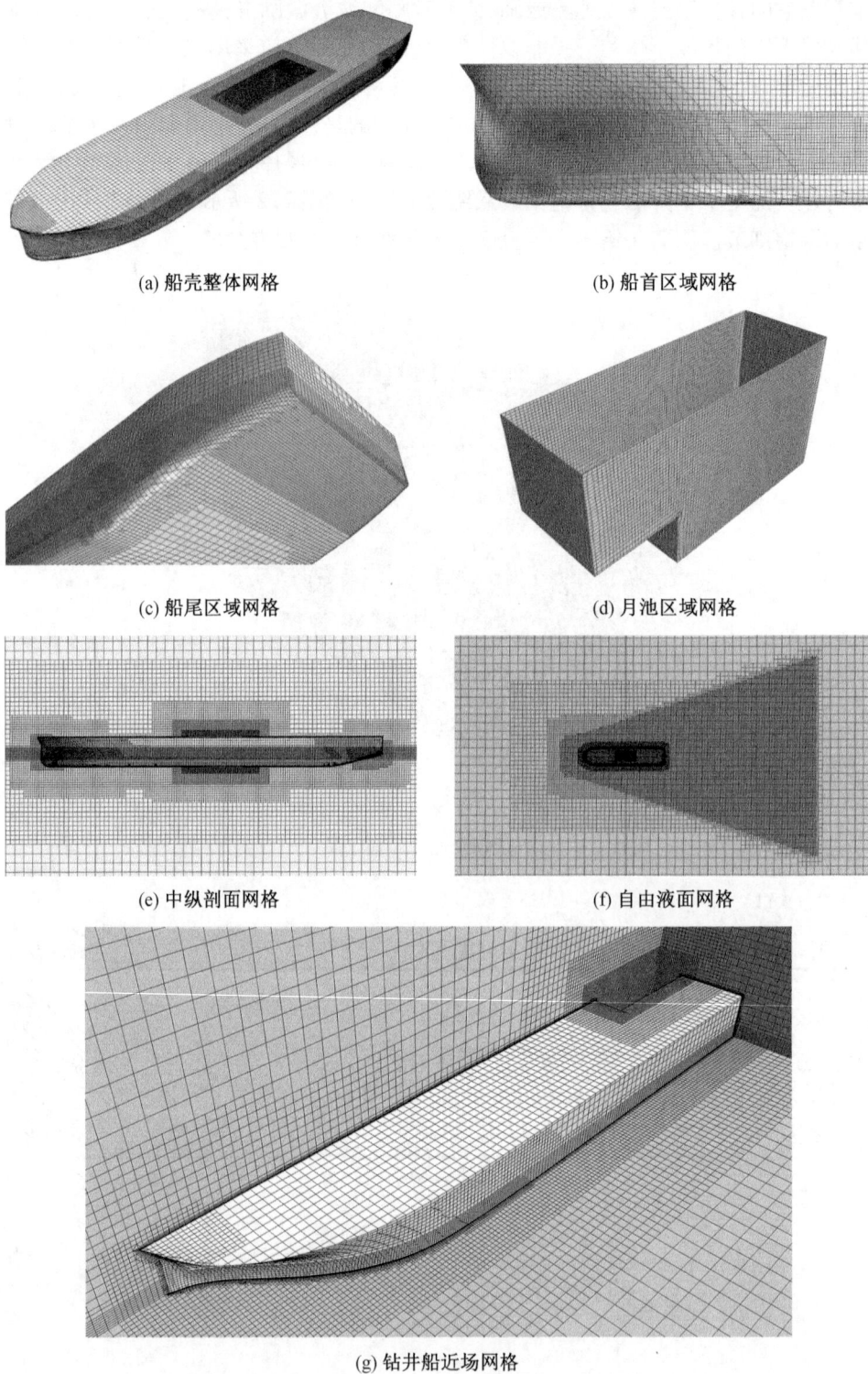

(a) 船壳整体网格

(b) 船首区域网格

(c) 船尾区域网格

(d) 月池区域网格

(e) 中纵剖面网格

(f) 自由液面网格

(g) 钻井船近场网格

图 2.3　数值模型的网格细节

月池俯视图

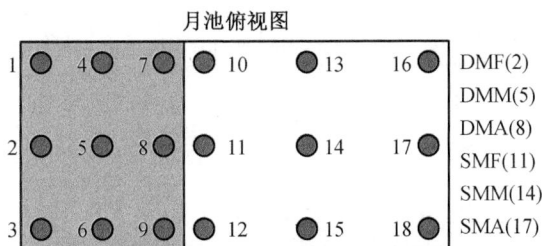

图 2.4　波高仪布置方案（纯流激励）

2.1.3　月池固有频率估算

根据 1.2.4 节的讨论结果，本章所研究阶梯形月池的固有频率如表 2.4 和图 2.5 所示。

表 2.4　本章所研究月池的固有频率

	圆频率（实船）/（rad/s）	频率（模型）/Hz	周期（模型）/s
活塞	0.431 6	0.504 8	1.980 8
第一阶晃荡	0.758 0	0.886 6	1.128 0
第二阶晃荡	1.138 7	1.331 7	0.750 9
第三阶晃荡	1.449 2	1.694 9	0.590 0

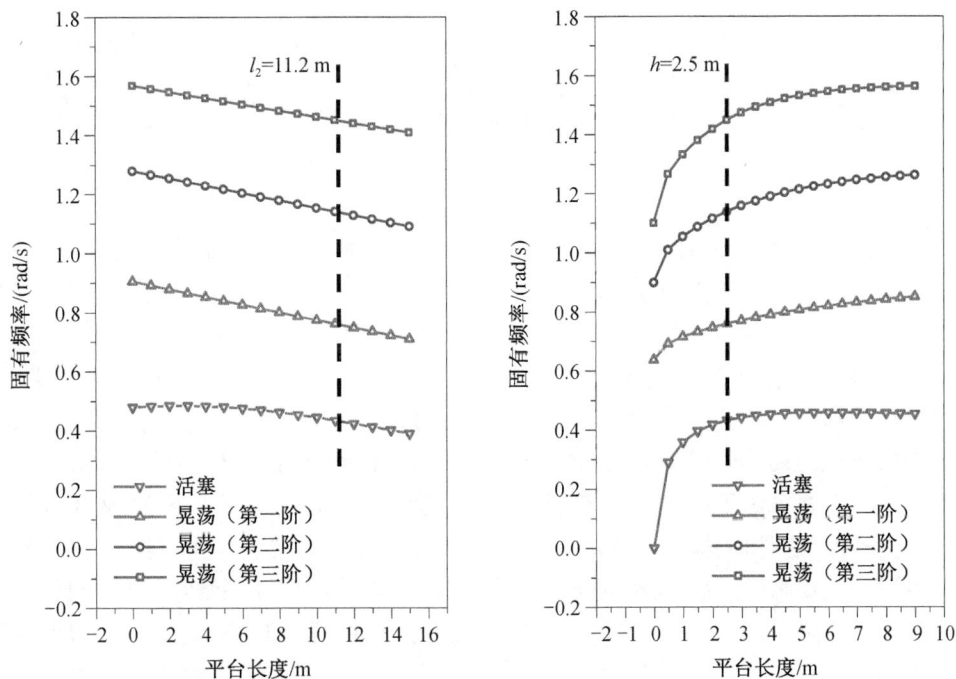

图 2.5　本章所研究月池固有频率

2.2　传统船舶阻力回顾

2.2.1　船舶阻力一般分类

　　传统船舶阻力按流体介质的不同可分为空气阻力(air resistance)和水阻力(water resistance)。空气阻力是指空气对船体水上部分的反作用力,而水阻力是指水对船体水下部分的反作用力。水阻力可进一步分为静水中航行时的静水阻力(calm water resistance)和波浪中航行时的汹涛阻力(wave resistance)。其中,静水阻力又可分为裸船体阻力(hull resistance)和附体阻力(appendage resistance)两部分。根据上述分类思想,可把船舶在水中航行时受到的阻力分为两大类,即裸船体阻力和附加阻力(added resistance)。其中,附加阻力包括空气阻力、汹涛阻力和附体阻力三部分。船舶阻力分类如图2.6所示。

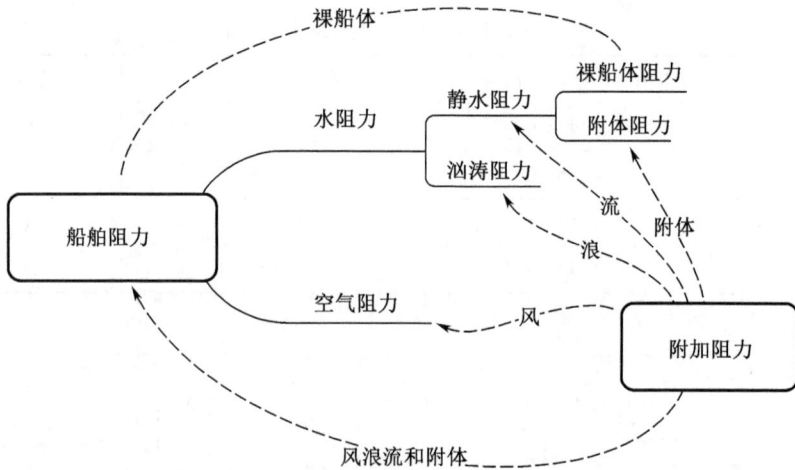

图 2.6　船舶阻力分类

　　实际工程中,一般将船舶阻力分为裸船体阻力和附加阻力进行研究。其中,裸船体阻力是船舶阻力最重要的研究对象,本章也只讨论裸船体阻力。为了便于叙述,实际工程中通常将"裸船体阻力"简称为"船体阻力",本章同样沿用该简称。船体阻力的形成原因相当复杂,从不同研究角度出发可对船体阻力进行不同的分类。从产生阻力的物理现象看,其成分主要可归结为三部分,即摩擦阻力、黏压阻力和兴波阻力。其中,摩擦阻力主要来源于船体壁面边界层的黏性底层,其存在使船体运动过程中受到黏性切应力的作用,即摩擦阻力。黏压阻力主要来源于边界层分离带来的涡脱落,涡脱落处水压力下降,从而改变了船体纵向压力梯度,这种由边界层分离引起船体纵向压力梯度差而产生的阻力称为黏压阻力。兴波阻力主要来源于船体运动过程中的兴波,船首的波峰使艏部压力增加,船尾的波谷使艉部压力下降,从而导致了船体首尾的压力差,这种由兴波引起的压力分布的改变而产生的阻力称为兴波阻力。从阻力的作用方向看,摩擦阻力为船体壁面沿切线方向的成分,而黏压阻力和兴波阻力均为沿船体壁面法向方向的成分,故船体阻力又可分为摩擦阻力(切向)和压阻力(法向)两部分。从流体性质看,流体可分为理想流体和黏性流体两类,而摩擦阻力和黏压阻力只在黏性流体中存在,故船体阻力又可分为黏性阻力和兴波阻力两部分。Froude 阻力分类法是曾经被广泛应用的船舶阻力分类法,这种分类法将船体阻力分成摩擦阻力(frictional resistance)和剩余阻力(residual resistance)两部分,并认为摩擦阻力等于相当平板的摩擦阻力。所谓剩余阻力是指船体总阻力中扣除相当平板的摩擦阻力所剩部分的阻力,其本质是将黏压阻力和兴波阻力合并在一起,称为剩余阻力。弗劳德数分类法最大的缺陷在于把船体的摩擦阻力等同于相同湿表面积平板的摩擦阻力,这种做法忽略了船体外表面曲率的影响,在很多情况下对计算结果会产生较大的影响。船体阻力分类如图 2.7 所示。

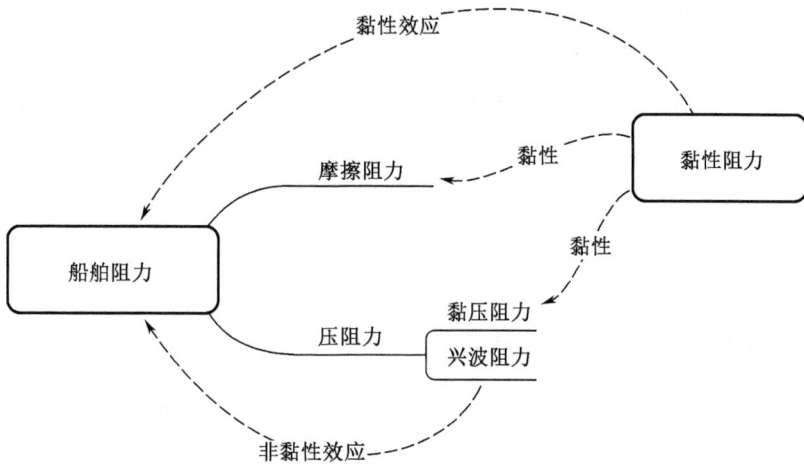

图 2.7　船体阻力分类

2.2.2　船舶阻力形成原因

(1)摩擦阻力成因

船体摩擦阻力的讨论一般采用"相当平板"假设进行。当水和空气流经船体外表面时,由于流体黏性的作用,在船体外表面附近区域(船壳)形成边界层,虽然边界层厚度 δ 很小,但是边界层内流体的速度梯度 $\partial u/\partial y$ 非常大,由牛顿剪切定律可知,船体外表面受到的摩擦切应力为

$$\tau = \mu \frac{\partial u}{\partial y} \tag{2.1}$$

式中　μ——流体的动力黏度;

$\partial u/\partial y$——边界层内流体的速度梯度。

虽然海水的动力黏度系数 μ 很小,但是边界层内流体的速度梯度 $\partial u/\partial y$ 很大,所以船体外表面受到的摩擦切应力 τ 不能忽略,这便是船体摩擦阻力的由来。

(2)黏压阻力成因

船体边界层内的流体在某些情况下,会被迫向边界层外流动,这种现象在流体力学中称为边界层分离,边界层分离是船体黏压阻力的重要成因。由于边界层理论在月池附加阻力分析中占有重要地位,现基于能量观点,对其进行详细介绍。将船体边界层流动按时间变化分为三个过程,如图 2.8 所示。

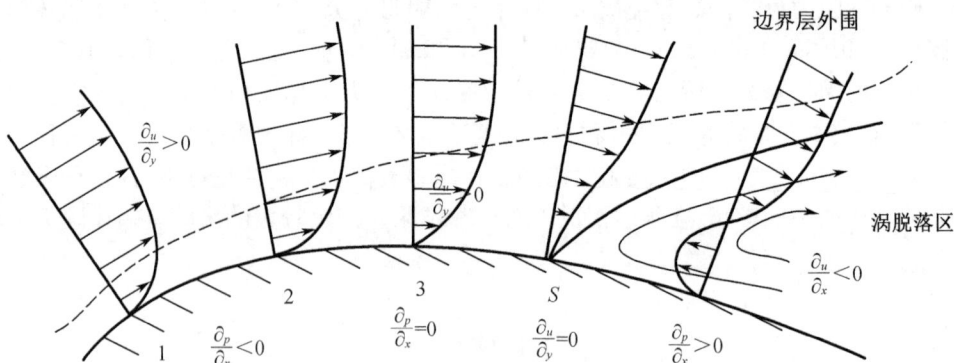

图 2.8　边界层分离

第一个过程：从 1 到 3。该区域内边界层外流体微元的速度逐渐变大，压力逐渐变小，此区域称为顺压梯度区。当流体运动到 3 时，压能全部转化为动能，此时速度达到最大值 U_{max}，压力达到最小值 P_{min}。

第二个过程：从 3 到 S。超过 3 后，压力沿着流动方向逐渐变大，流体开始进入逆压梯度区。在顺压梯度区时，流体微元虽然受到黏性切应力的作用，但是在正压梯度的作用下，流体微元仍拥有足够的动能顺利前进，在 3 达到最大速度 U_{max}。当流体微元经过 3 后，便进入逆压梯度区，此时流体微元的动能不仅要转化为压能，而且还要提供部分能量克服黏性阻力做功，在这双重阻碍下，流体微元的动能不断降低。

第三个过程：当流体到达 S 点后方某处时，动能被消耗殆尽，速度降为 0，此时在逆压梯度的作用下，流体开始出现回流，迫使边界层外移，出现边界层分离。边界层分离后，在物体的尾部出现许多涡，与水流一起被冲向后方。涡的产生导致物体尾部压力下降，从而产生了纵向压力梯度差。这种由黏性消耗流体质点动能而形成纵向压力梯度差导致的阻力叫作黏压阻力。

（3）兴波阻力成因

船体在水面航行时，都会发生船体兴波现象。船体兴波分为两种：一种是在船舶驶过后，留在船体后方并不断向外传播的波浪，称为船行波；另一种是被船体兴起后很快破碎的波浪，称为破波。船舶兴波的原因主要在于水流流经弯曲的船体时，沿船体外表面的压力分布不一样，导致船体周围的水面升高或下降，在重力和惯性力的作用下，在船后形成实际的船波，这部分兴起的波浪运动的能量必须由船体提供，表现在宏观上即为兴波阻力。

2.2.3　船舶阻力研究方法

（1）理论分析法

理论分析法是最古典也是最重要的研究方法之一，上述的船舶阻力理论、边界层理论等均是理论分析法的成果。理论分析法为事物提供了一种数学抽象，客观描述了物质世界的本质。但是，理论分析法经常会遇到难以突破的瓶颈，这些瓶颈大部分是由于所用数学工具的不成熟。尽管如此，理论分析法仍然是模型试验法和数值模拟法的理论根基，在船舶阻力研究中具有不可代替的作用。

（2）模型试验法

模型试验是研究船舶快速性最普遍，同时也是最有效的方法。目前船舶设计中所用的优良船型数据、阻力估算公式和各类设计图谱等绝大部分资料都是由模型试验法得到的。近些年来，虽然计算机技术的高速发展带动了数值模拟法的蓬勃发展，但理论分析法和数值模拟法的结果仍需和模型试验法进行对比验证。总的来说，模型试验法仍然是研究船舶性能最重要的方法。

（3）数值模拟法

近年来，随着计算机技术的高速发展和各类数值理论的完善，CFD 计算越来越成熟，且在各个工程领域均被广泛应用。在船舶工程中，CFD 计算同样也得到了广泛推广。需要注意的是，船舶工程中的船型复杂多样，船体外流场极其复杂，数值模拟法由于数值计算理论的局限和计算机资源的限制，目前只能解决部分船舶流场问题，对于真正的船舶性能研究，主要还是依靠模型试验法。但是，得益于计算机技术的高速发展，CFD 计算将在船舶前期设计中逐渐占据不可代替的地位，因为 CFD 计算具有其他研究方法所不具有的直观性（相对理论分析）、经济性（相对模型试验），设计者可以通过 CFD 计算对船舶性能有一个定性的把握，并可根据数值模拟结果对理论分析和模型试验进行相应的改进和完善。

总的来讲，在今后船舶性能的研究工作中，理论分析法、模型试验法和数值模拟法均扮演着重要的角色。

2.3　月池附加阻力分类

本书根据 Froude 阻力分类法的基本思想，将月池附加阻力分为月池附加摩擦阻力和月池附加剩余阻力两部分，见图 2.9。其中，月池附加剩余阻力又可分为月池附加黏压阻力和月池附加兴波阻力两部分。月池附加摩擦阻力的成因比较简单。如第 2.2.2 条所述，月池水体对月池内壁有纵向剪切作用，从而导致了月池附加摩擦阻力。月池附加黏压阻力主要来源于月池导边处边界层分离引起的涡脱落，涡的产生改变了船体纵向压力梯度差，从而导致了月池附加黏压阻力。月池附加兴波阻力则主要来源于自由液面振荡行为，即流激励下的月池兴波，而兴波能量主要来源于钻井船主机功率，即月池附加兴波阻力。

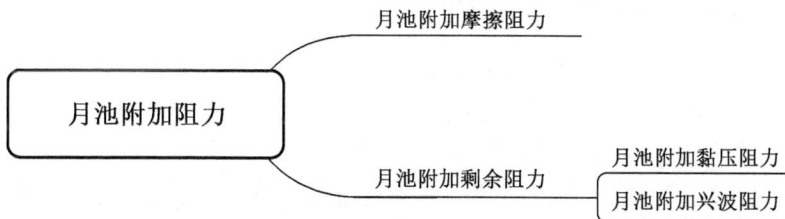

图 2.9　月池附加阻力分类

2.4 月池附加阻力形成机理

2.4.1 月池附加摩擦阻力形成机理

如图2.10所示,假设图示平板为任意月池内壁,且计算坐标系与船体坐标系保持一致,即迎流方向为x轴,月池内壁法向为y轴。根据边界层理论,月池内壁边界层的黏性底层由于分子黏性会对月池内壁产生一个剪切应力。由于月池内壁上的流体满足不滑移条件,故剪切速度为零,即流体质点相对月池内壁静止。但是,边界层外缘的流体速度接近边界层外部的流体速度(来流速度)。此时,由于月池内壁和边界层外缘的流体速度存在差异,会在月池内壁边界层的法向方向上形成一个大小十分明显的速度梯度$\partial u/\partial y$。由于黏性底层的速度梯度$\partial u/\partial y$非常大,即使在流体介质即海水的黏性系数μ很小的情况下仍能产生可观的摩擦阻力,这就是月池附加摩擦阻力的本质来源。月池附加摩擦阻力几乎不可避免,其大小主要与钻井船航速、月池湿表面积和Reynolds数有关。其中,影响程度最大的是钻井船航速。

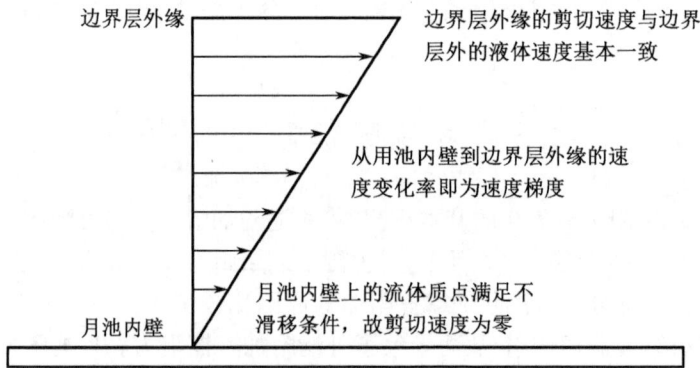

图2.10 月池附加摩擦阻力

2.4.2 月池附加黏压阻力形成机理

月池导边处边界层分离会带来剧烈的涡脱落,是月池附加黏压阻力产生的根本原因。总的来讲,月池附加黏压阻力形成过程可分为三个阶段,其具体过程如下:

(1)第一阶段——涡生成阶段

钻井船航行过程中,流经船体底部的海水经过月池导边后,由于边界层附着壁面的形状发生突变,引发了边界层垂向压力梯度的突变,导致边界层在月池导边处立刻发生分离,从而源源不断地产生涡并迅速脱落。这个过程称为第一阶段即涡生成阶段(generate stage)。月池导边处边界层分离如图2.11所示(涡量图)。

根据边界层理论,边界层分离不仅与绕流物体的几何形状有关,还和来流速度矢量与绕流物体壁面法向矢量的相对位置有关。当来流速度矢量与绕流物体壁面法向矢量相互垂直时,边界层内各点的压强等于边界层外流体的压强,此时边界层内的纵向压力梯度大致满足$\partial p/\partial x \approx 0$,因而边界层不会发生分离或分离速度非常缓慢。当来流速度矢量与绕流物体壁面法向矢量不相互垂直时,边界层内的纵向压力梯度 $\partial p/\partial x$ 会逐渐变化,此时 $\partial p/\partial x>0$,边界层在绕流物体壁面的后方区域会逐渐发生分离。第一阶段可用二维边界层的数学模型进行解释。假设钻井船底部为平滑的水平板,简称船底水平板。用一系列与中纵剖面平行的截面对船底水平板进行裁切,可得一系列船底水平板切片。假设这些切片的物理场在 y 轴方向上的梯度满足 $\partial/\partial y=0$,则可用二维模型来描述系列切片壁面的边界层行为。切片壁面二维边界层的动量方程可写为

$$v_x \frac{\partial \overline{v_x}}{\partial x} + v_y \frac{\partial \overline{v_y}}{\partial y} = -\frac{1}{\rho}\frac{\partial \overline{p}}{\partial x} + \frac{\mu}{\rho}\left(\frac{\partial^2 \overline{v_x}}{\partial x^2} + \frac{\partial^2 \overline{v_x}}{\partial y^2}\right) - \frac{\partial \overline{v_x'^2}}{\partial x} - \frac{\partial \overline{v_x'v_y'}}{\partial y} \tag{2.2}$$

$$v_x \frac{\partial \overline{v_x}}{\partial x} + v_y \frac{\partial \overline{v_y}}{\partial y} = -\frac{1}{\rho}\frac{\partial \overline{p}}{\partial y} + \frac{\mu}{\rho}\left(\frac{\partial^2 \overline{v_y}}{\partial x^2} + \frac{\partial^2 \overline{v_y}}{\partial y^2}\right) - \frac{\partial \overline{v_y'^2}}{\partial y} - \frac{\partial \overline{v_x'v_y'}}{\partial x} \tag{2.3}$$

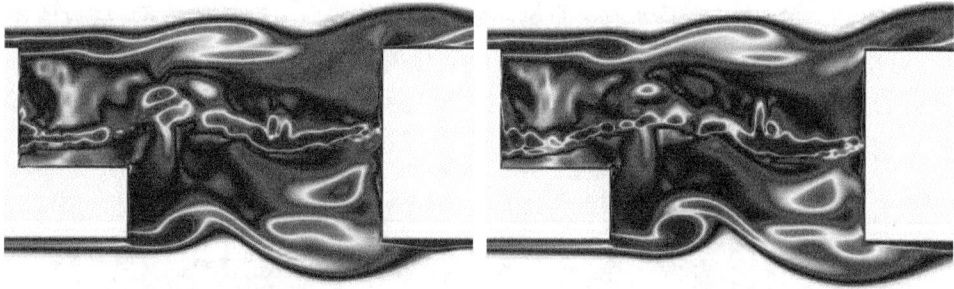

图 2.11　月池附加黏压阻力(第一阶段作用过程)

切片壁面二维边界层内部在船体坐标系下显然满足如下关系:

$$\overline{v_x} \gg \overline{v_y} \quad 且 \quad x \gg y \tag{2.4}$$

$$\Delta x \gg \Delta y \quad 且 \quad \frac{\partial}{\partial x} \ll \frac{\partial}{\partial y} \tag{2.5}$$

根据式(2.4)和式(2.5)所提供的数学关系,对式(2.2)和式(2.3)进行量纲分析后(忽略方程中的高阶项),可得:

$$v_x \frac{\partial \overline{v_x}}{\partial x} + v_y \frac{\partial \overline{v_y}}{\partial y} = -\frac{1}{\rho}\frac{\partial \overline{p}}{\partial x} + \frac{\mu}{\rho}\frac{\partial}{\partial y}\left(\frac{\partial \overline{v_x}}{\partial y}\right) - \frac{\partial \overline{v_x'^2}}{\partial x} - \frac{\partial \overline{v_x'v_y'}}{\partial y} \tag{2.6}$$

$$\frac{1}{\rho}\frac{\partial \overline{p}}{\partial y} = -\frac{\partial \overline{v_y'^2}}{\partial y} \tag{2.7}$$

式中的速度梯度项 $\partial \overline{v_x}/\partial y$ 和纵向压力梯度项 $\partial \overline{p}/\partial x$ 便是月池内边界层分离的主控因素,其物理机制在第 2.2.2 节已进行过详细分析,这里不再赘述。结合第 2.2.2 节的分析,月池内边界层分离的理论机制可总结为月池导边处来流速度矢量与月池前壁法向矢量相互平行,边界层附着壁面的形状发生突变,引发了边界层内垂向压力梯度的突变,导致 $\partial \overline{p}/\partial x \approx 0$ 平衡条件被破坏,边界层在月池导边处立刻发生分离。边界层分离后源源不断地产生涡并迅速脱落,这些涡的产生和脱落需要钻井船持续不断地提供能量来源,宏观上便表现为钻井船主机功率的额外消耗,即月池附加黏压阻力。一般情况下,第一阶段是不可避免的,因为当满足一定的物理条件后,边界层分离是一种固有的物理现象,即月池内的减阻制荡装置基本上无法从该阶段入手。按照目前钻井船月池结构形式,月池导边处会发生明显的固

体场间断,边界层纵向梯度在此发生突变,一定会发生剧烈的边界层分离,从而导致涡的产生和脱落。按目前已有的方案来看,想直接抑制第一阶段只有一种方法,即直接给月池底部入口安装一个可调节的底盖,当钻井船进行生产作业时,打开底盖以满足日常的作业需求。而当钻井船航行时,直接将底盖完全关闭,把月池内部与外部彻底隔开,这样船底固体场不出现间断,也就不会发生边界层分离。

(2)第二阶段——涡输运阶段

从月池导边处生成的涡沿着来流不断向后输运,当到达月池后壁时,固体场又一次发生突变,涡立刻发生二次分离,具体过程如图2.12所示。受到月池后壁阻挡的涡发生二次分离后,产生了两种不同去向的涡:一部分涡沿着月池后壁迅速爬升,到达自由液面后由于外界压力条件的突变发生破碎,混入月池中部的大涡;另一部分涡则沿着钻井船底部向后输运,最终进入钻井船尾部流场。这个过程称为第二阶段,也即涡输运阶段(transport stage)。需要注意的是,并不是所有来自第一阶段的涡都会向月池后壁输运,从数值模拟结果来看,有小部分涡直接进入月池中部,并逐渐演化为月池中部大涡,这个大涡是月池附加黏压阻力的核心部分,通过不同途径补充自身能量。此外,还有小部分涡直接排出月池外部且能量被迅速耗散,全程不参与月池内部流动,即这小部分涡不对月池附加黏压阻力产生贡献。

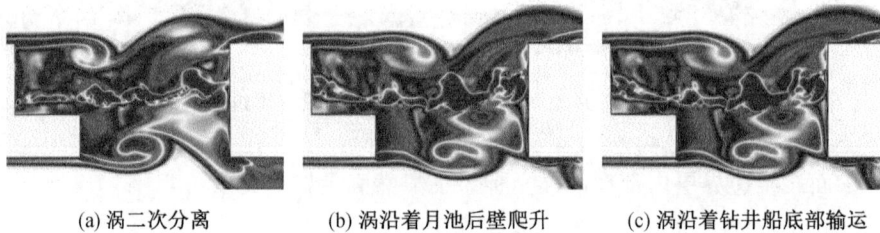

(a)涡二次分离　　　　　(b)涡沿着月池后壁爬升　　　　　(c)涡沿着钻井船底部输运

图2.12　月池附加黏压阻力(第二阶段作用过程)

(3)第三阶段——涡作用阶段

沿着月池后壁爬升的涡到达自由液面后由于外界压力条件的突变发生破碎,混入月池中部的大涡,为大涡源源不断地提供能量来源。而向钻井船尾部输运的涡到达艉流场后与原有的艉涡相互混合,加剧了艉流场的复杂性。这个过程称为第三阶段,即涡作用阶段(action stage)。由于月池中部大涡的存在,改变了钻井船纵向压力梯度,宏观上表现为月池附加黏压阻力。此外,由于向钻井船尾部输运的涡加剧了艉流场的复杂性,从而对钻井船尾艉压力梯度有少量贡献,在一定程度上加剧了月池附加黏压阻力。第三阶段具体的过程如图2.13所示。图2.13(a)展示了涡从月池导边处输运到月池随边后发生二次分离并在自由液面破碎的过程,图2.13(b)展示了涡二次分离后沿钻井船底部向艉部流场输运并混入艉涡的过程。

第三阶段之所以被称为作用阶段,是因为第三阶段是月池附加黏压阻力的直接体现,也即船体纵向压力梯度的改变。从因果关系看,第三阶段是第一阶段和第二阶段综合作用的结果。第一阶段边界层分离导致涡的产生和脱落,为第二阶段和第三阶段提供了能量来源;第二阶段负责将这些能量进行输运,使整个流动过程构成一个循环体系,保证月池中部大涡的能量和艉流场的能量不被"断供";而第三阶段则是月池附加黏压阻力的宏观表现。

总的来看,上述三个阶段环环相扣,构成了月池附加黏压阻力的一般运行机制。

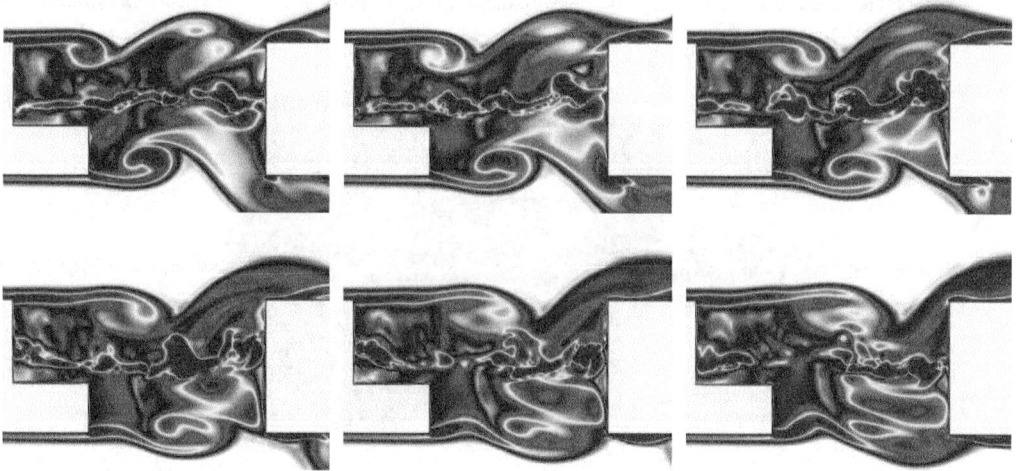

(a) 涡沿着月池后壁爬升并在自由液面破碎后混入月池中部大涡的过程

(b) 涡沿着钻井船底部输运并被不断耗散能量的过程

图 2.13　月池附加黏压阻力(第三阶段作用过程)

从前面的分析可知,月池导边处脱落的涡有一部分直接进入月池中部,且在随边处沿月池后壁爬升的涡在自由液面破碎后也进入月池中部,由此推断月池内部一定存在着明显的大涡,且这些大涡的能量通过上述两种途径进行补充。如图 2.14 所示,从钻井船的中纵剖面处做切面,并采用流线描述月池内流场。从图 2.14 可看出,月池内流场存在着两个明显的大涡,一个位于月池中部,另一个位于月池平台上方。月池中部的大涡规模最大,而在月池平台上方的大涡次之。大涡的存在为前面分析过程和分析结果的正确性提供了有力证明。进一步分析这两个大涡可发现,若从钻井船左舷处向船体中纵剖面看,月池中部大涡的旋转方向为逆时针方向,依照右手螺旋定则,该大涡的矢量方向沿着 y 轴朝向纸外,从而可判定该大涡的能量来源于月池导边处边界层分离引发的涡脱落。此外,月池平台上方大涡的矢量方向与月池中部保持一致,即可判定该大涡的能量来源于月池平台垂直板顶端由边界层分离引发的涡脱落。月池平台垂直板顶端边界层分离产生的涡在月池水体振荡的作用下向月池平台前部输运,从而形成了如图 2.14 所示的流场。从图 2.14 还可看出,月池内的大涡是随着时间的推进而动态演化的,特别是月池中部的大涡。但总的来讲,这些大涡在动态演化过程中又保持着一定的稳定性,源源不断地消耗钻井船主机功率,从而导致了月池附加黏压阻力。图 2.15 对月池附加黏压阻力形成机制进行了详细的归纳,可为钻井船月池前期设计工作提供一定的理论参考。

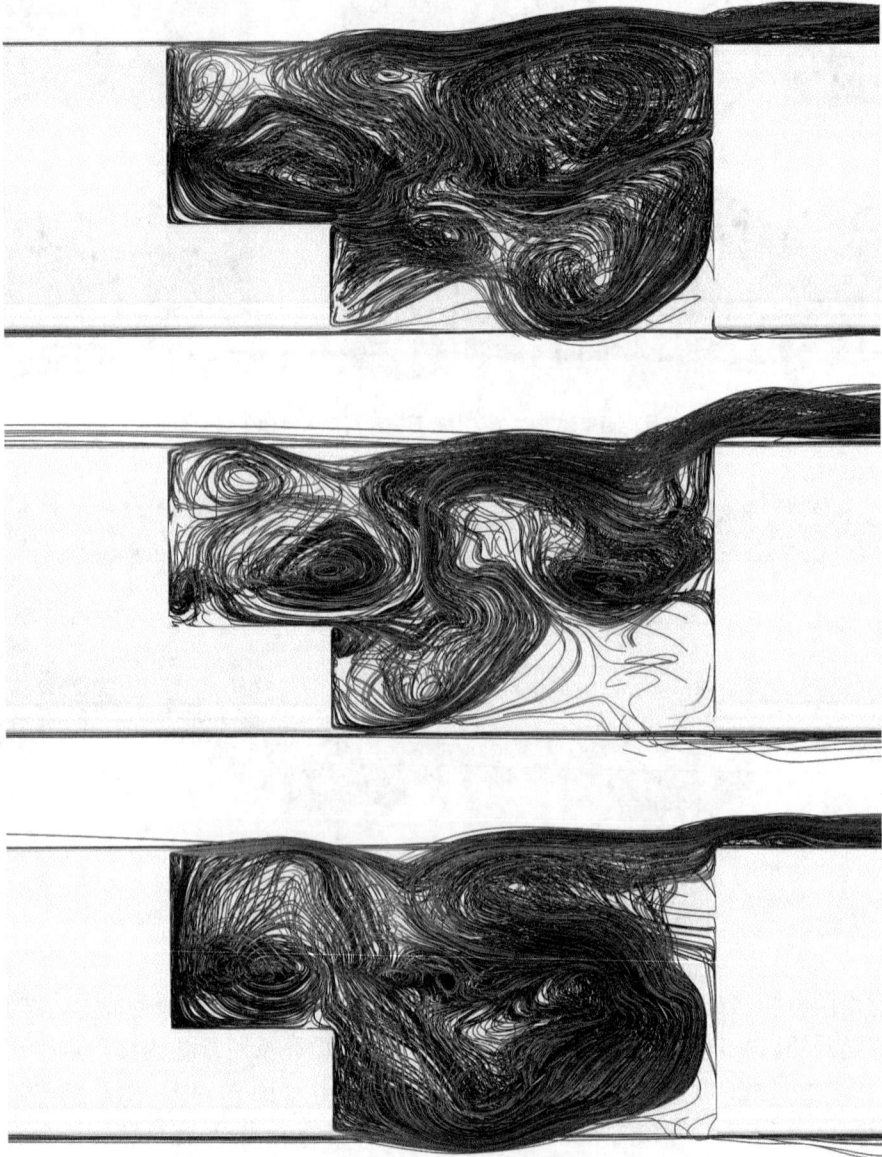

图 2.14　月池中部流线行为

　　图 2.16 展示了不同钻井船航速下涡场时间演化过程(涡量云图色条范围保持一致)。从图 2.16 可看出,钻井船航速对涡脱落强度有明显影响。如图 2.16(a)所示,当钻井船处于低速航行状态时,涡脱落现象并不明显,此时月池附加黏压阻力较低。如图 2.16(b)所示,当钻井船航速来到设计航速时,涡脱落现象变得更为剧烈,此时月池附加黏压阻力相对于低速航行状态有明显提高。如图 2.16(c)所示,当钻井船处于高速航行状态时,涡脱落现象十分剧烈,此时月池附加黏压阻力急剧增加。

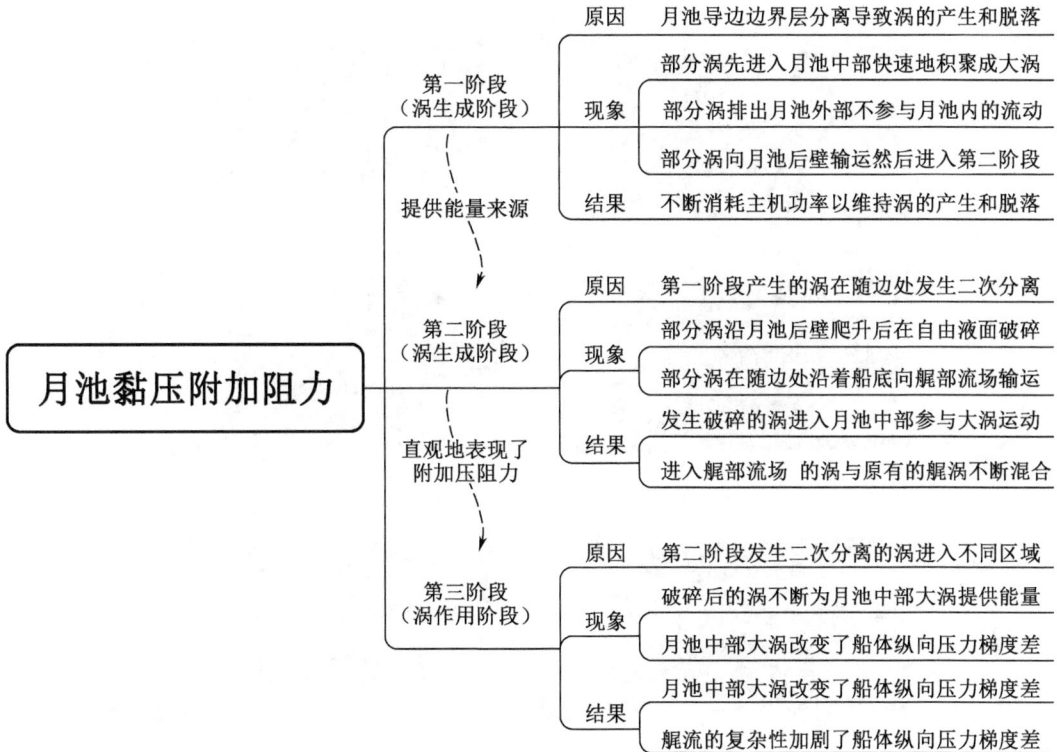

图 2.15　月池附加黏压阻力总结

2.4.3　月池附加兴波阻力形成机理

月池附加兴波阻力主要来源于流激励下月池水体运动。由于月池水体运动需要动能,而动能不可能自发地产生,故只能由外界(钻井船主机)提供。这部分钻井船主机所提供的额外能量,宏观上便表现为月池附加兴波阻力。波激励带来的流体运动主要与波频和波长有关(更详细的讨论见第 3 章)。与波激励不同,流激励所引发的活塞与晃荡效应主要与钻井船航速有关。由于理论水平和数值方法的限制,目前尚无法将月池附加黏压阻力和月池附加兴波阻力进行单独计算,即无法对月池附加兴波阻力进行定量研究,故本节只将两者合并为月池附加剩余阻力处理。尽管如此,我们仍可以从月池水体运动规律对得到一些定性结论。

图 2.17 展示了不同钻井船航速下月池水体振荡行为,图 2.18 展示了钻井船航速分别为 9 kn、12 kn、15 kn 时[①],月池内中剖面上虚拟波高仪监测数据时历曲线(符号见图 2.4)。从图 2.18(a)可看出,流激励下月池水体运动响应幅值随弗劳德数的增大而明显增大,且具有强烈的波动特征。当钻井船航速为 15 kn 时,自由液面振荡现象十分明显,其运动幅值远大于其他两个较低航速的工况,说明在高航速条件下,月池附加兴波阻力相比低航速条件会急剧增加。为使第 2.3 节中对月池附加阻力的三种分类更具说服力,对图 2.18(a)所示时历曲线进行频谱分析。图 2.18(b)~图 2.18(d)为频谱分析的最终结果。

----

① 为了论述方便,本节讨论时采用实船航速,实际数值模拟仍按 1∶54 缩尺比进行。

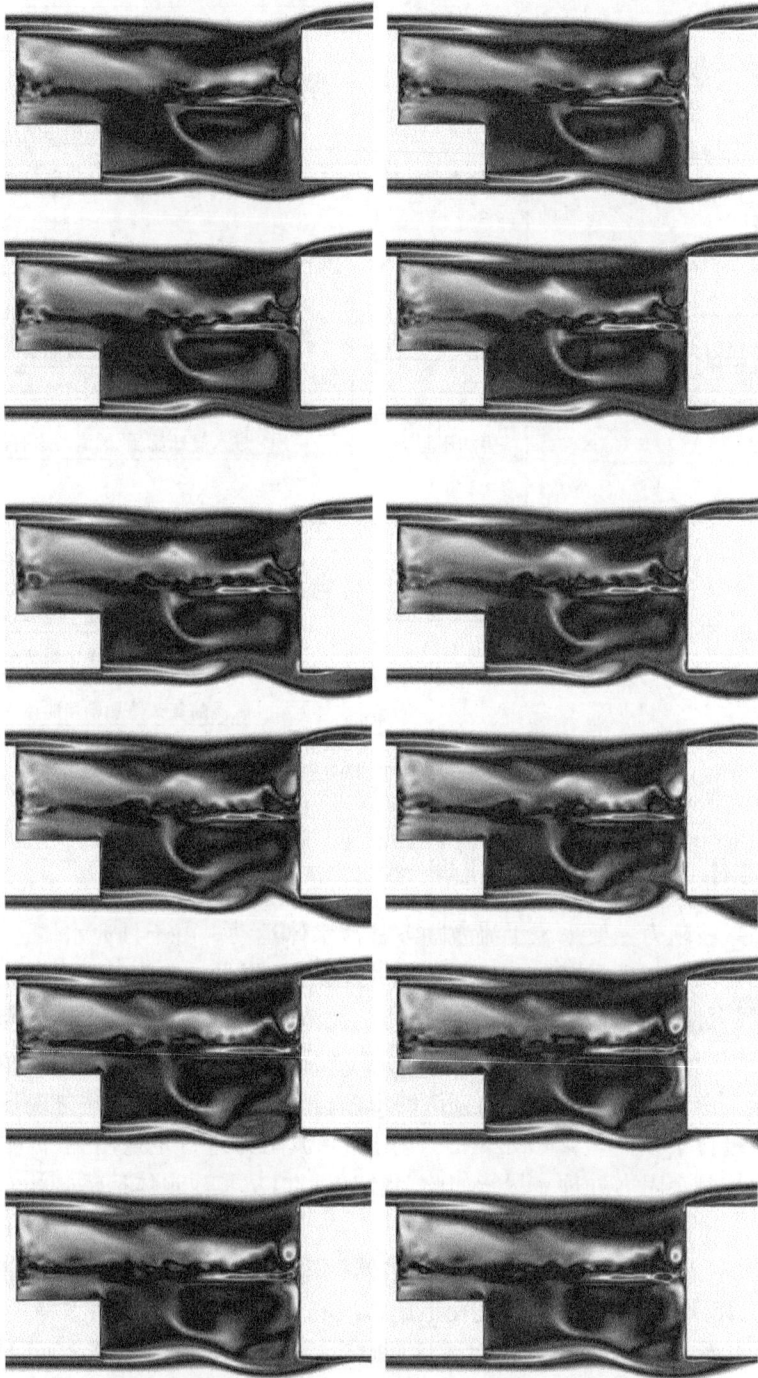

图 2.16　不同钻井船航速下涡场时间演化过程

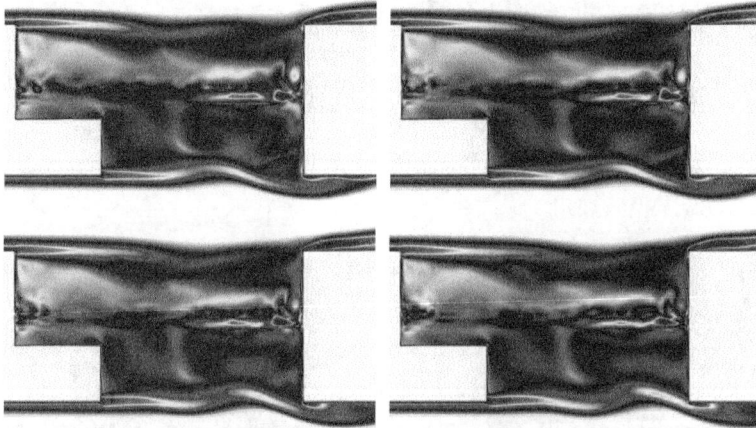

(a) 钻井船航速为 9 kn 时涡场时间演化过程

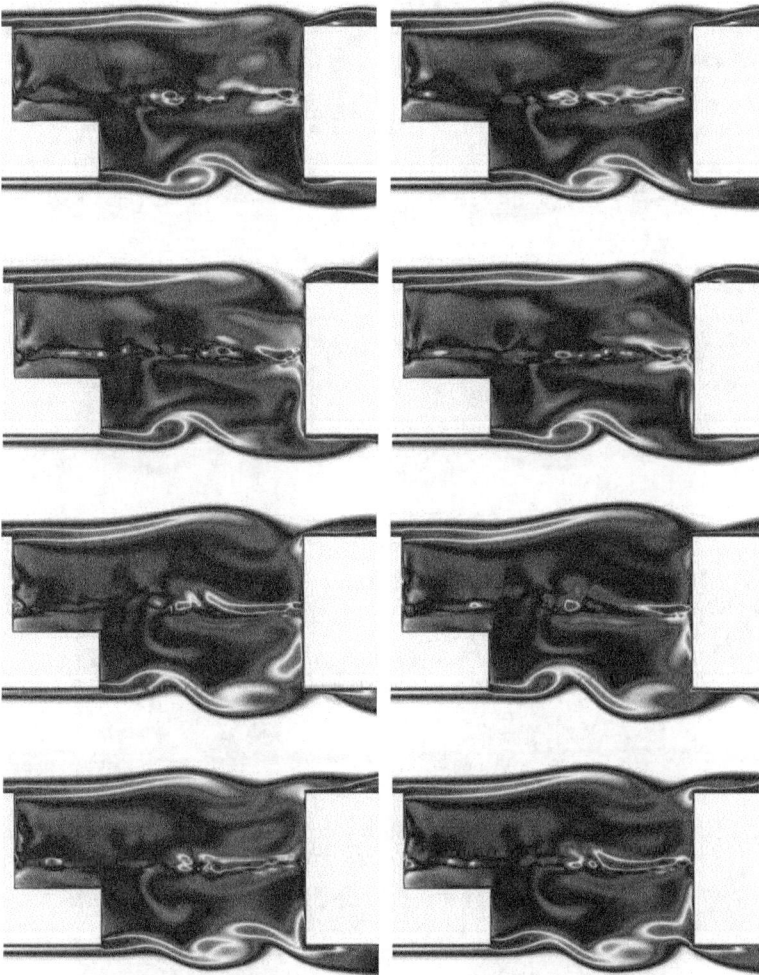

图 2.16(续 1)

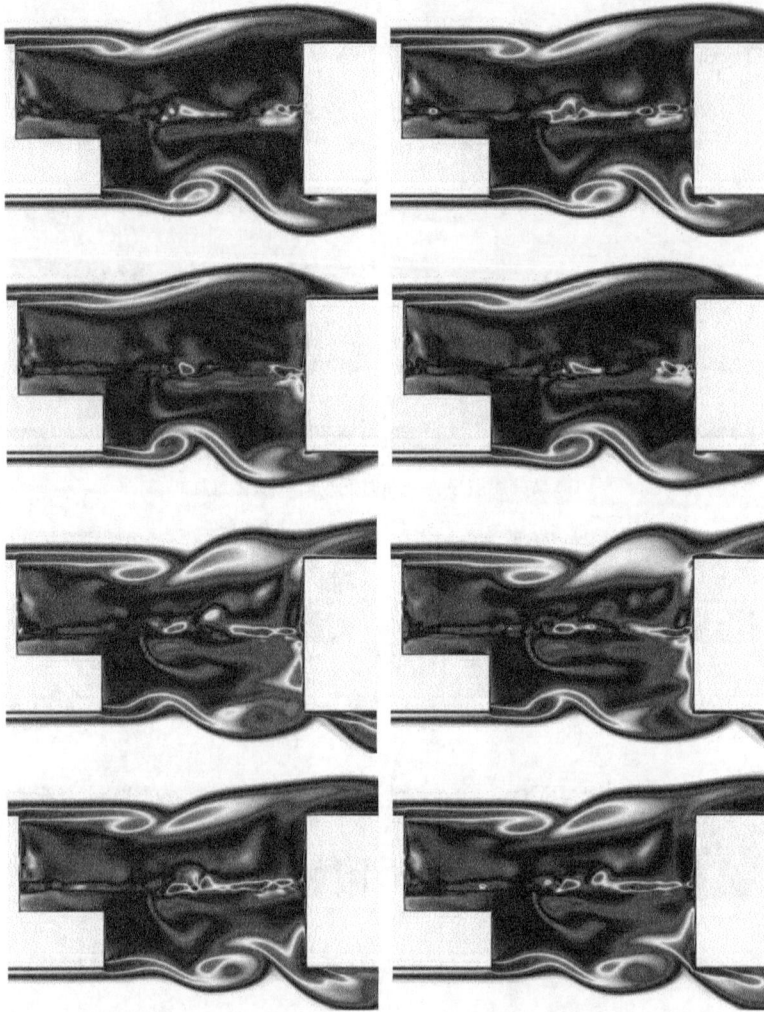

(b) 钻井船航速为 12 kn 时涡场时间演化过程

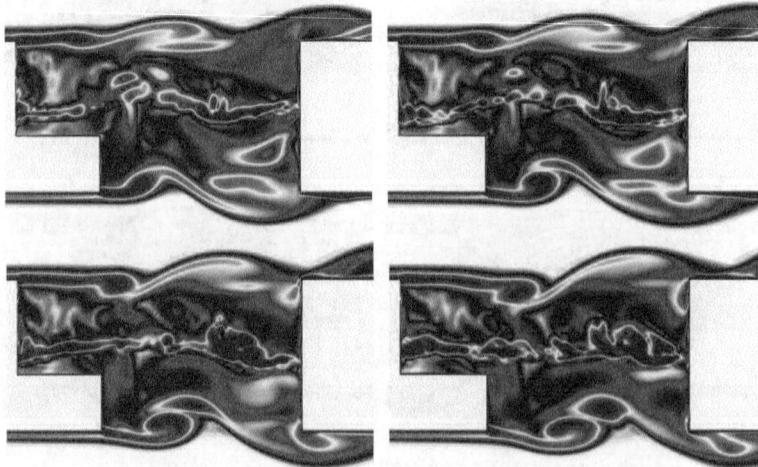

图 2.16(续 2)

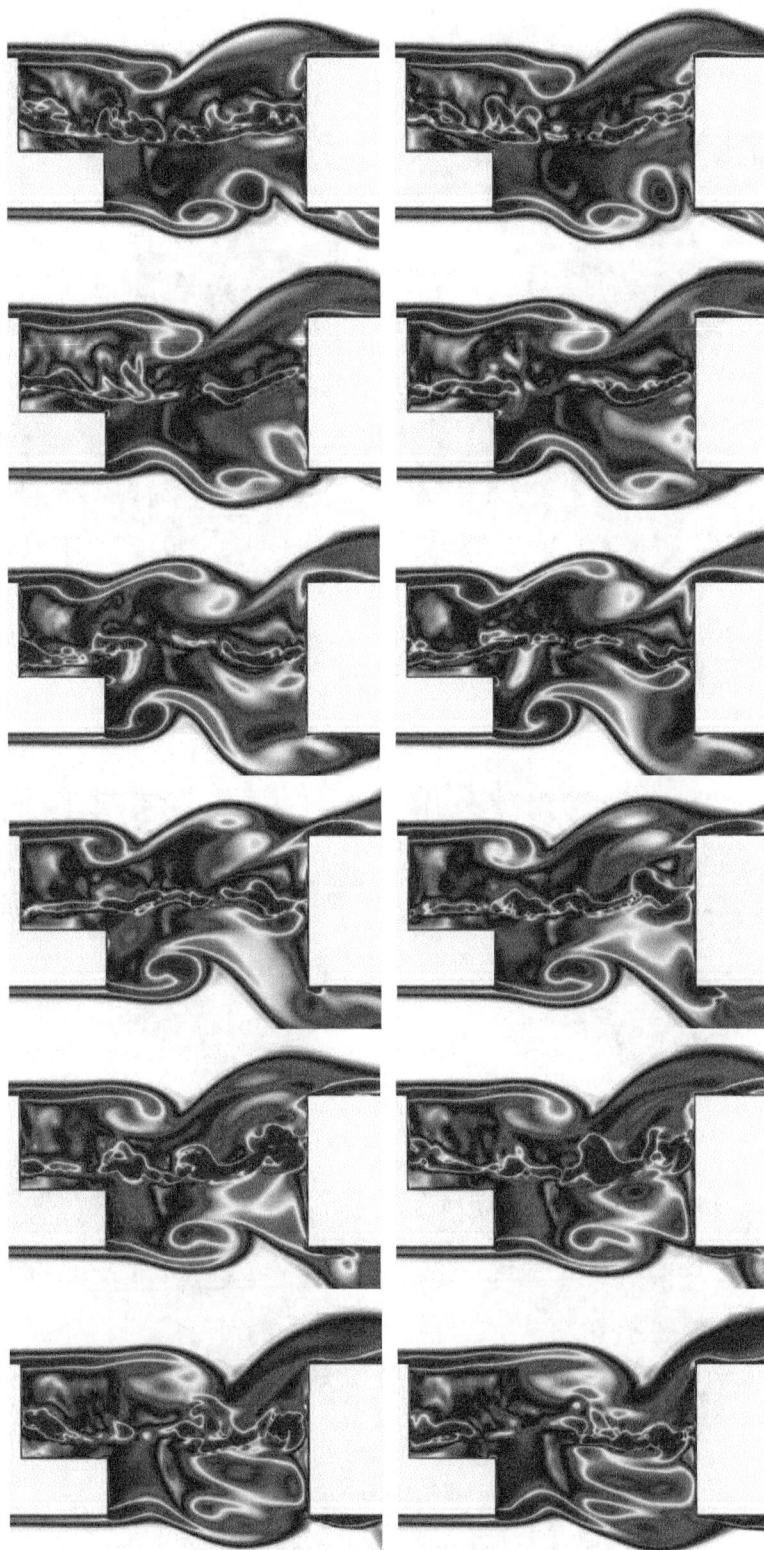

(b) 钻井船航速为 15 kn 时涡场时间演化过程

图 2.16　（续 3）

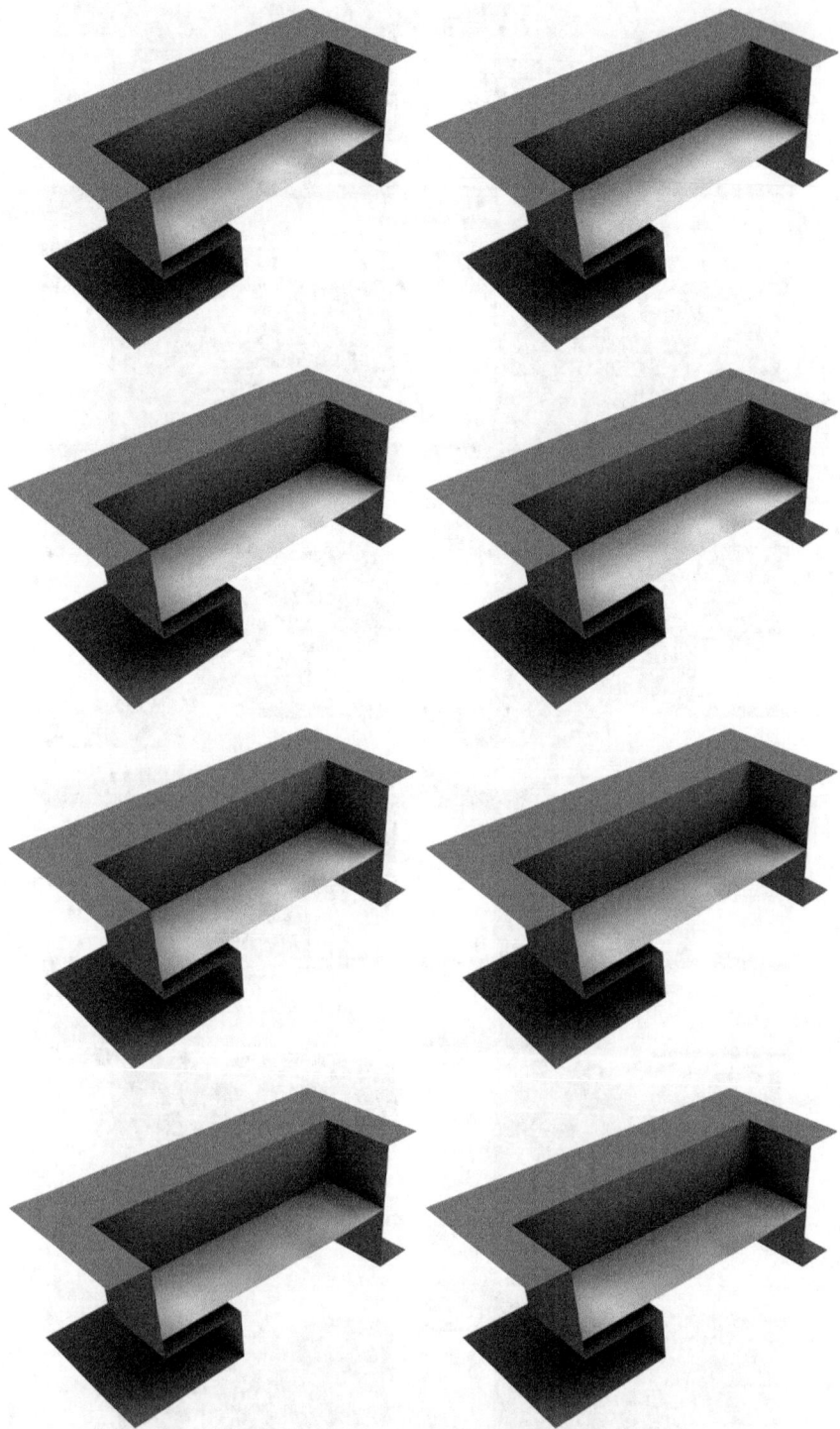

(a) 钻井船航速为 9 kn 时月池水体振荡行为

图 2.17　不同钻井船航速下月池水体振荡行为

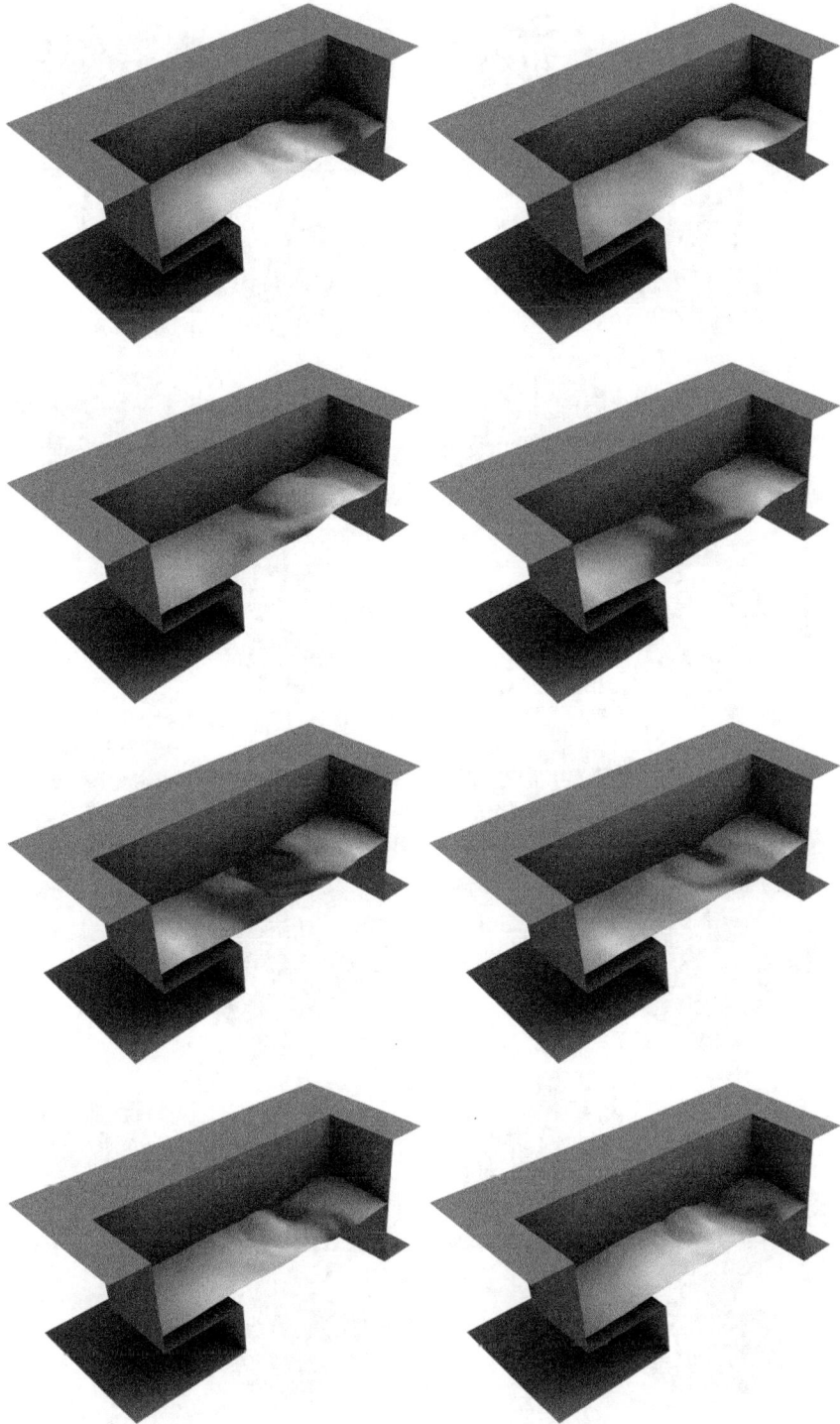

(b) 钻井船航速为 12 kn时月池水体振荡行为

图 2.17(续 1)

(c) 钻井船航速为 15 kn时月池水体振荡行为

图 2.17(续 2)

从图 2.18(b)可看出,当钻井船航速较低时(9 kn),频谱图有两个明显的能量谱峰。第一个能量谱峰出现在第一阶晃荡固有频率附近,而第二个能量谱峰出现在第二阶晃荡固有频率上,且这两个能量谱峰(第二个尤甚)与前二阶晃荡固有频率的匹配度较高。此外,有一个较小的能量谱峰虽然出现在第三阶晃荡固有频率附近,却仍存在较大的匹配度偏差,说明该能量谱峰很可能不是由第三阶晃荡模态而是由其他未知的水动力耦合效应引起的。从图 2.18(b)还可看出,对于月池两端而言,主要以第二阶晃荡模态为主导;对于月池中部和月池平台中部而言,则以第一阶晃荡模态为主导;而对于剩下的区域而言,前二阶晃荡模态占有相同的重要贡献。以上研究结果表明,Newman 所提出的驻波法虽然前提条件较为严格,但仍能对第一阶晃荡固有频率进行较为精确的估算。对于高阶晃荡固有频率估算公式,虽然在第三阶晃荡固有频率上与频谱分析结果出现了一定的偏差,也能得到较为准确的估算结果。出现偏差的原因是低航速状态下所研究的月池内可能存在另一种未知的水动力耦合效应导致该能量谱峰的出现。

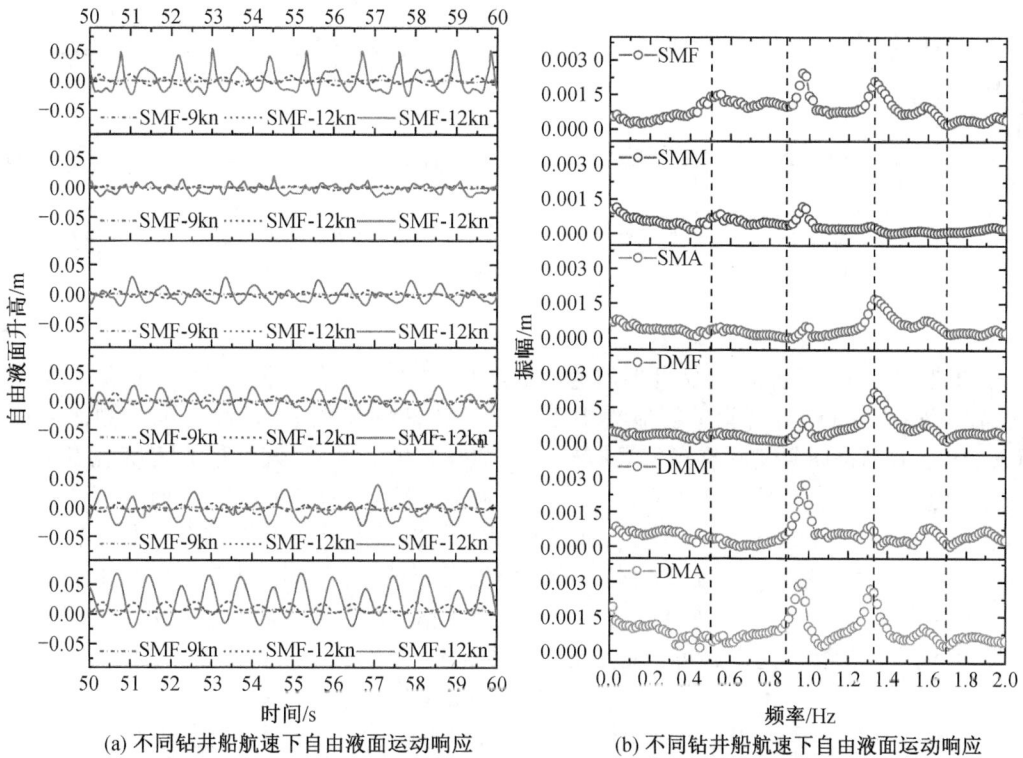

(a) 不同钻井船航速下自由液面运动响应　　(b) 不同钻井船航速下自由液面运动响应

图 2.18　不同钻井船航速下自由液面运动响应及其频谱分析结果

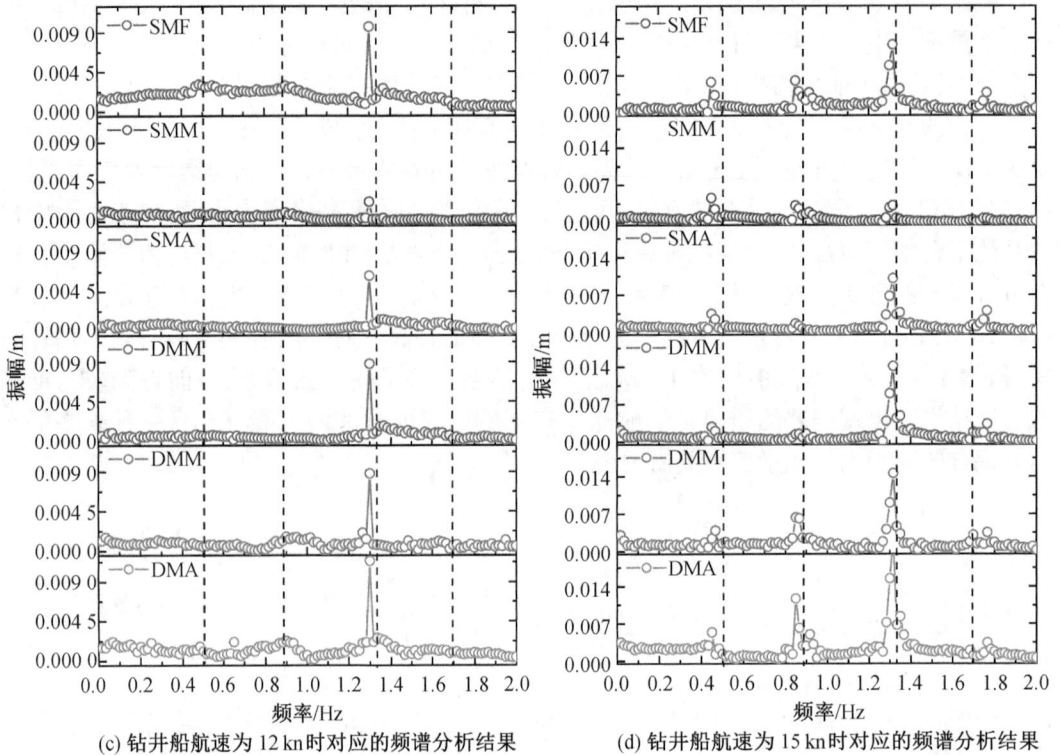

(c) 钻井船航速为 12 kn 时对应的频谱分析结果　　　　(d) 钻井船航速为 15 kn 时对应的频谱分析结果

图 2.18(续)

　　如图 2.18(c)所示,随着钻井船航速的增加,大约在设计航速附近时(一般钻井船设计航速为 12 ~ 13 kn),频谱能量明显集中于第二阶晃荡固有频率附近,这也从侧面验证了 Newman 公式对高阶晃荡固有频率具有较高的估算精度。此外,该结果与传统观点也有所不同。传统观点认为,月池模态应以活塞模态和第一阶晃荡模态为主导,而本节的频谱分析结果认为,在钻井船设计航速附近(纯流激励),第二阶晃荡模态起完全主导作用。由于图 2.18(c)是钻井船在设计航速状态下的自由液面频谱分析结果,故其对实际工程具有较为重要的指导意义。图 2.18(c)说明目前绝大部分钻井船月池在航行过程中以晃荡模态为主导,月池水体的整体运动趋势为水平方向上的剧烈振荡,故有可能出现月池内壁砰击、月池平台上浪等强非线性现象,在实际工程中需要引起特别关注。

　　如图 2.18(d)所示,当钻井船处于高速航行状态时(目前普通钻井船的设计航速一般达不到 15 kn),能量谱峰分布点除了第三阶晃荡固有频率外,与各阶月池固有频率匹配度较高。从图 2.18(d)可看出,高速航行状态下频谱能量比较分散,说明在该状态下月池水体存在着复杂的类活塞 – 晃荡耦合运动,且此时月池水体运动幅度远远超过低速航行状态。虽然目前钻井船的设计航速一般达不到 15 kn,但是处于设计航速条件下的钻井船如果暴露于具有海洋来流的载荷环境中时,其与海水的相对速度是完全有可能达到 15 kn 的,故图 2.18(d)所示的研究结论在实际工程中同样具有一定的指导意义。对于偏离月池固有频率的能量谱峰,可能是剧烈的涡脱落而引发的激励信号。因为高速航行状态下,月池导边处边界层分离比低速航行状态激烈。第 2.4.2 条的研究工作已经表明,沿着月池后壁爬升的涡会在自由液面处破碎,这个过程中可能会对整个自由液面运动行为起到明显的影响,从而导致了图 2.18(d)中偏离月池固有频率的能量谱峰。但是,对于这些能量谱峰是由涡脱落导致的说法,目前仍无确切的方法加以证明。

　　图 2.18 说明无论钻井船处于低速航行状态还是高速航行状态,月池水体均存在着流致兴波现象,且流致兴波运动以活塞固有频率和前二阶晃荡固有频率为主。高速航行状态下,月池水体运动幅度最大,此时月池附加兴波阻力也达到最大。此外,从图 2.18 还可看出,流致兴波不是以单模态而是以复杂的多模态进行振荡。从图 2.17 也可直观地发现,自由液面不是典型的活塞(上下往复)或晃荡(前后往复)状态,而是一种更为复杂的状态。总的来看,图 2.17 和图 2.18 具有很高的吻合度。抑制月池附加兴波阻力的典型方案是在月池内安装阻尼装置,通过让兴波与阻尼装置接触过程中产生的非线性能量消耗来抑制兴波程度,从而降低月池附加兴波阻力。

2.4.4　月池涡的时间演化特征

　　从第 2.4.2 节和第 2.4.3 节所述的研究工作可看出,涡在月池流激励过程中占有相当重要的地位,因此有必要对月池内的涡进行详细讨论。在第 2.4.2 节中,研究月池附加黏压阻力时采用涡量(vorticity)来跟踪月池内边界层分离过程,而实际上,涡量并不能准确地表示涡一定存在。目前,学术界对涡的定义仍然存在很大的分歧。主流观点认为,涡量并不能区别出流体的纯剪切运动和旋转运动,因为这两种运动均会导致涡量不为零的情况出现。但是,在纯剪切运动条件下,流场是没有涡的,因而如果认为涡量不为零的地方有涡,此时就会引起误判。关于涡量误判涡最典型的例子就是流体边界层。根据流体力学可知,流体边界层内由于剪切速度梯度非常大,导致涡量大小非常可观(近壁区域尤甚),但是边界层内是没有涡的。为了解决这个问题,很多学者对此进行了大量的研究,并提出很多新的涡判定准则。目前,较为流行的涡判定准则主要有 Q 判定准则[70]、Δ 判定准则[71] 和 λ_2 判定准则[72],对这些涡判定准则更详细的讨论见文献[73]。

　　在众多涡判定准则中,Q 判定准则是实际工程中应用最为广泛的方案之一。Q 判定准则最大的优势在于通过数学处理把剪切效应从结果中剔除,并认为只要流场某处满足 $Q>0$,即可认为流场该处有涡。把剪切效应从结果中剔除很好地解决了壁面区域剪切速度梯度过大而导致涡量非常明显等问题。下文以涡量判定准则和 Q 判定准则为基础,研究月池内涡场的时间演化规律,分析并讨论这两套判定准则的异同点及其在月池问题中的适用性。

　　图 2.19 展示了 Q 判定准则条件下,月池内涡场的时间演化过程(一个涡脱落周期)。在刚开始阶段(第一阶段),由于边界层分离,涡从月池导边处开始形成,并逐渐扩大。当月池内的压力梯度无法维持月池导边处形成的涡时,该处的涡便开始大量脱落,并源源不断地向月池后壁输运(第二阶段)。当涡到达月池后壁时,由于受到月池后壁的阻挡作用,涡开始出现二次分离。一部分涡沿着月池后壁向上运动直至自由液面,另一部分涡则沿着钻井船底部向后输运,最终进入钻井船尾部流场。当沿着月池后壁爬升的涡到达自由液面时,由于压力条件的突变,涡迅速破碎,然后散开到自由液面和月池内的大涡区(第三阶段)。从上述过程似乎可看出,在 Q 判定准则条件下,涡场的时间演化规律总体上与涡量判定准则的分析结果相差无异(更详细的讨论见第 2.4.2 节),实则不然。

　　为了准确解释涡量判定准则和 Q 判定准则间的差异,图 2.20 分别给出涡量判定准则和 Q 判定准则下涡场结构的对比。从图 2.20(a)可看出,当采用涡量判定准则时,钻井船底部和月池内壁处均存在很强的涡(如果认为涡量不为零的地方有涡)。而在 Q 判定准则下,如图 2.20(b)所示,钻井船底部和月池内壁基本上不存在涡(Q 判定准则把剪切效应剔除了)。总的来看,Q 判定准则要比涡量判定准则更为合理和准确。但是,对于月池内的涡场而言,如果忽略月池内壁上的涡,其余地方的涡场分布也能较为准确地用涡量判定准则进行表达。

图 2.19　一个脱落周期内 Q 准则涡场时间演化过程($Q=30$)

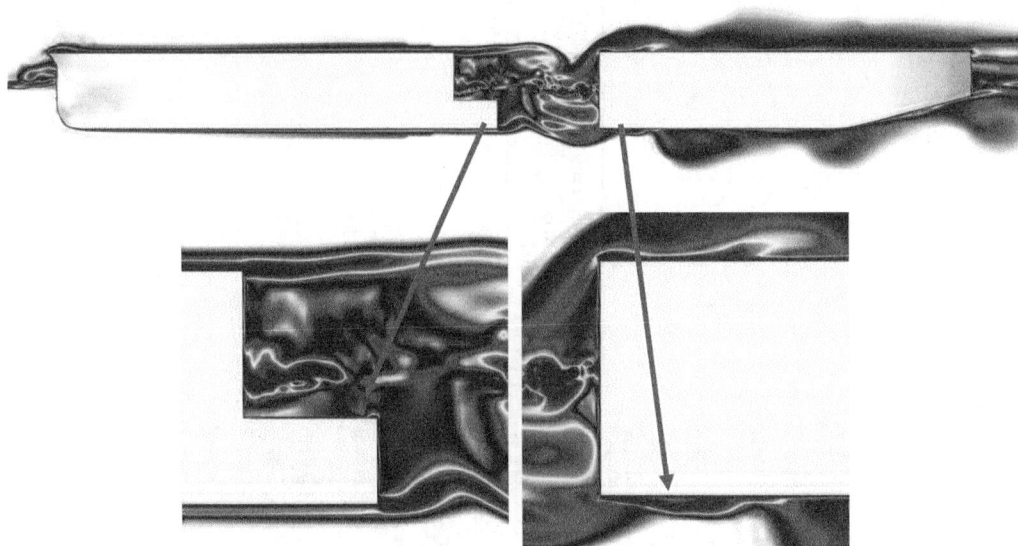

(a) 涡量判定准则下某一瞬时的涡场

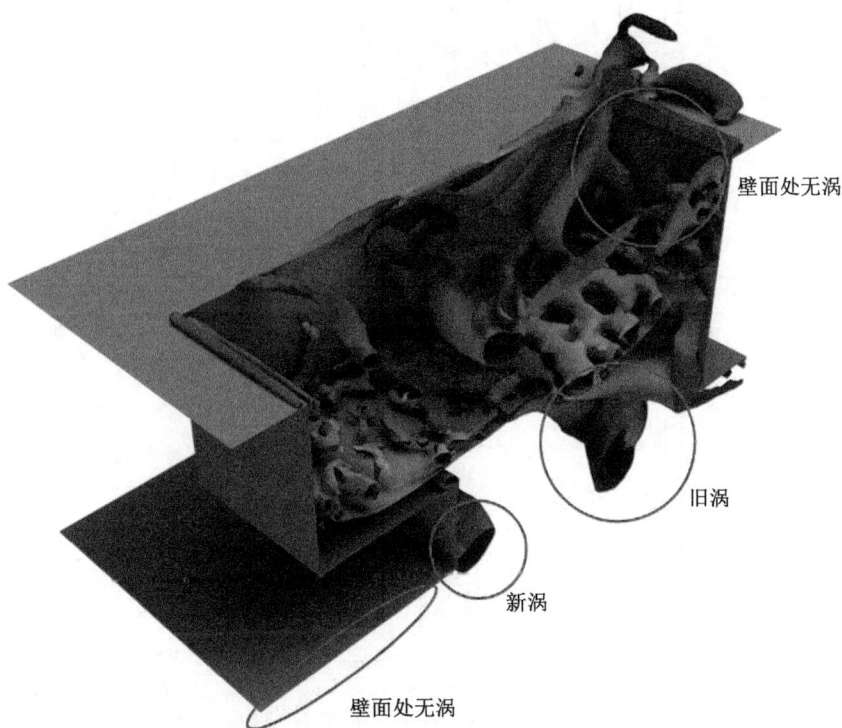

壁面处无涡

旧涡

新涡

壁面处无涡

(b)Q判定准则下某一瞬时的涡场 (Q=30)

图 2.20　涡量判定准则和 Q 判定准则下涡场结构的对比

　　本节把月池附加阻力分为月池附加摩擦阻力和月池附加剩余阻力,又把月池附加剩余阻力细分为月池附加黏压阻力和月池附加兴波阻力,并对每个月池附加阻力成分的形成机理进行了详细的分析和讨论。图 2.21 为月池附加阻力形成机理的总结,可为钻井船月池前期设计工作提供一定的理论参考。

月池附加阻力

附加摩擦阻力 ── 边界层剪切速度 / 月池湿表面积 / Reynolds数

附加黏压阻力

　　第一阶段（涡生成阶段）
　　　　原因：月池导致边界层分离导致涡的产生和脱落
　　　　现象：部分涡先进入月池中部快速地积聚成大涡
　　　　　　　部分涡排出月池外部不参与月池内的流动
　　　　结果：部分涡流向月池后壁输运后进入第二阶段

　　提供能量来源

　　第二阶段（涡输运阶段）
　　　　原因：不断消耗涡主机功率以维持涡的产生和脱落
　　　　现象：第一阶段产生的涡在随边壁处发生二次分离
　　　　　　　部分涡沿月池后壁爬升后在自由液面破碎
　　　　　　　部分涡在随边沿着船底向艉部流场输运
　　　　结果：发生破碎的涡进入月池中部参与大涡运动

　　直观地表现了附加黏压阻力

　　第三阶段（涡作用阶段）
　　　　原因：进入艉部流场的涡与原有的艉涡不断混合
　　　　现象：第二阶段发生二次分离的涡进入月池中部区域
　　　　　　　破碎后的涡不断为月池中部大涡提供能量
　　　　结果：进入艉部流场的涡加剧艉部流场的复杂性

附加兴波阻力

　　相互耦合

　　活塞兴波阻力（肥窄型月池为主）

　　晃荡兴波阻力（长条型月池）
　　　　月池中部大涡改变了船体纵向压力梯度差
　　　　艉流的复杂性回避了船体纵向压力梯度差

三种附加阻力成分是同时存在的，但在不同激励条件下各附加阻力成分的占比可能不同。

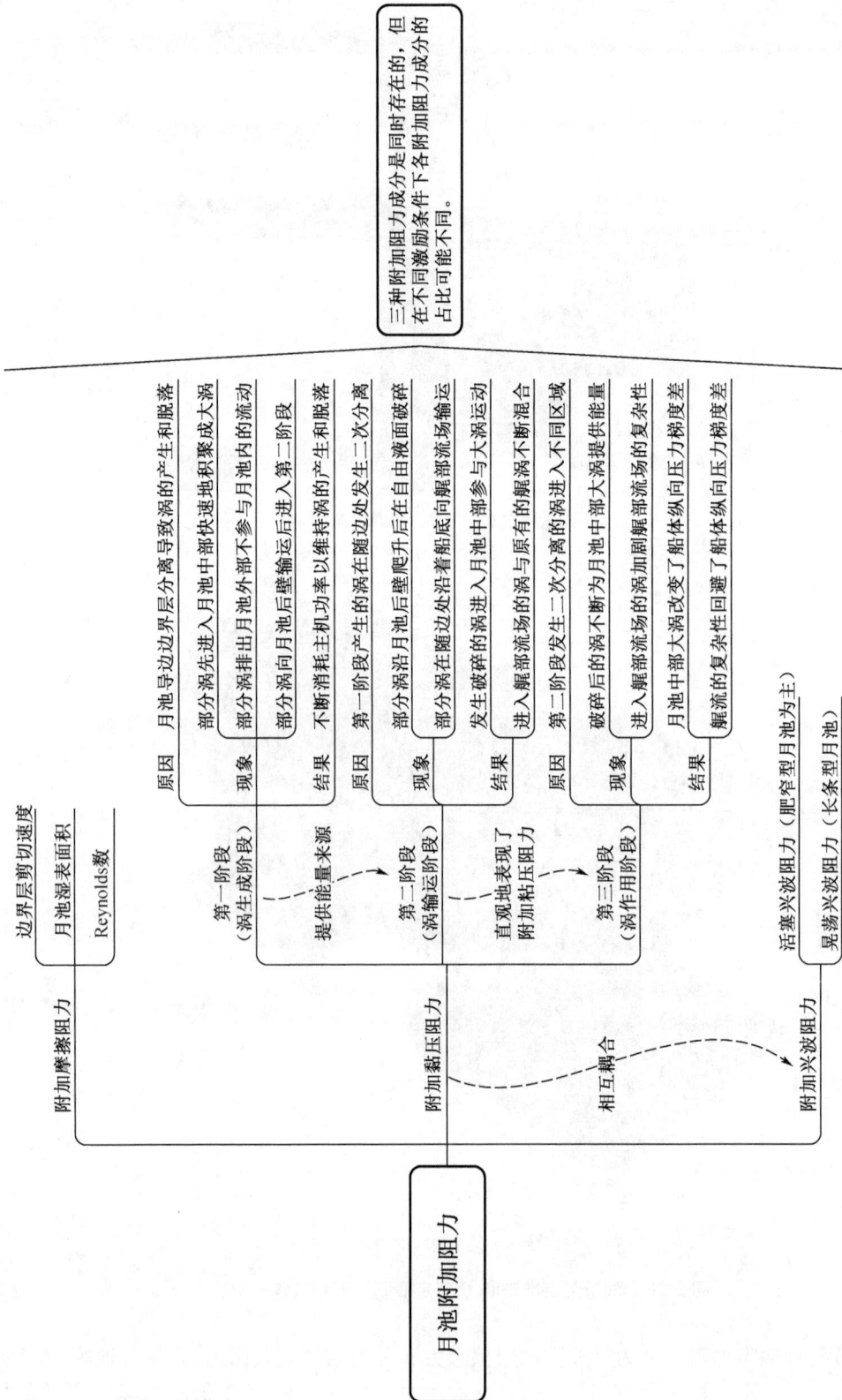

图2.21　月池附加阻力总结

2.5　月池附加阻力参数敏感性

2.5.1　弗劳德数敏感性

图 2.22 展示了不同弗劳德数下,钻井船总阻力与封闭船型总阻力的对比,图中阴影面积大小表征月池附加阻力。从图 2.22 可看出,月池附加阻力随弗劳德数的增大而明显增大。在低弗劳德数时,钻井船总阻力比封闭船型大约有 25% 的提升,而在高弗劳德数时,这个提升甚至达到了 50% ,即钻井船在高速航行状态下,月池附加阻力相当明显。此外,从图 2.22 还可看出,月池附加阻力增长率随着弗劳德数的增加而逐渐提高,且呈非线性增长趋势。造成这种现象的主要原因是高弗劳德数下,月池内的强非线性现象更为明显,特别是月池导边处边界层分离导致的涡脱落比低航速状态下更为剧烈,此时船体纵向压力梯度急剧变化,从而导致月池附加阻力增长率大大提升。就图 2.22 而言,11.5 ~ 12.5 kn(Fr = 0.124 ~ 0.135)区间是该钻井船较为理想的航行速度,因为在该航行速度下,月池附加阻力与低速航行状态相比提升不大,却明显低于高速航行状态。故在实际工程中,将总尺度接近且月池形式相同的钻井船设计航速设置为 11.5 ~ 12.5 kn 是较为合理的方案。

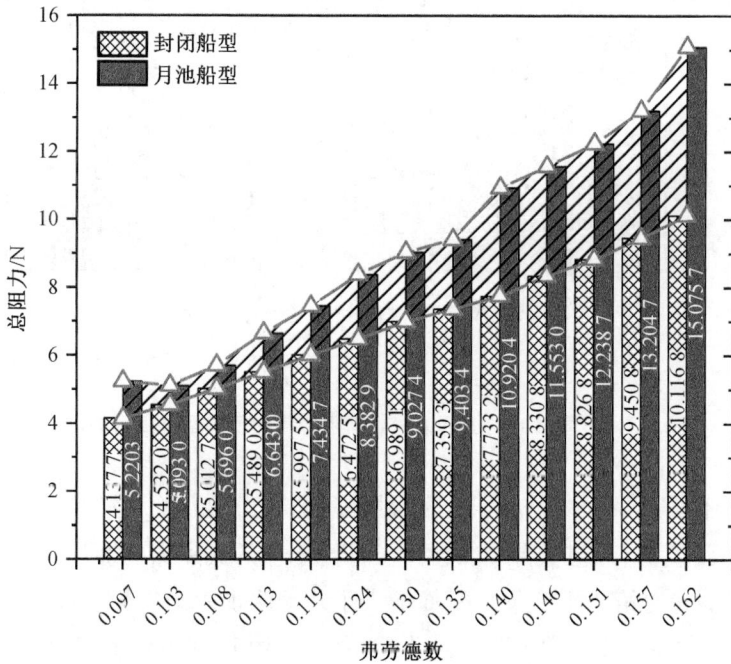

图 2.22　不同弗劳德数下钻井船总阻力与封闭船型总阻力的对比

2.5.2　月池吃水敏感性

定义 $C_{d_2/d}=d_2/d$ 为表征月池平台高度与月池吃水之比的无量纲系数。图 2.23 展示了不同月池吃水下钻井船总阻力与封闭船型总阻力的对比。与图 2.22 相同，图中阴影面积大小表征月池附加阻力。从图 2.23 可看出，月池附加阻力随 $C_{d_2/d}$ 的增大先略微减小再突然增大，最后又逐渐减小。在 $1.2<C_{d_2/d}<1.5$ 区间内，月池附加阻力最大，而在 $C_{d_2/d}>1.5$ 和 $1.0<C_{d_2/d}<1.2$ 区间内，月池附加阻力相对较小。造成这种现象的原因可能是由于在 $1.2<C_{d_2/d}<1.5$ 区间内，自由液面比较靠近月池平台水平板，此时月池平台可看成一个浅水系统，系统中浅水效应带来的非线性效应较为显著，从而增大了月池附加阻力。

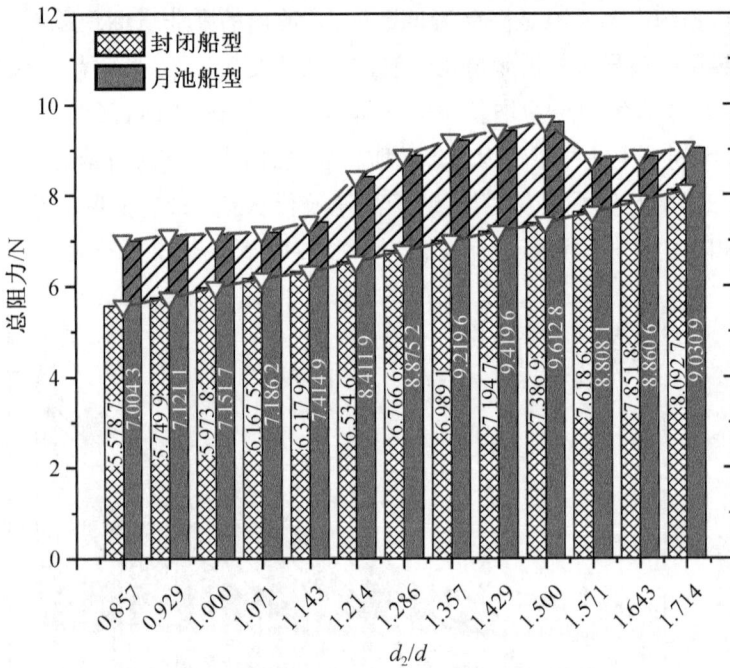

图 2.23　不同月池吃水下钻井船总阻力与封闭船型总阻力的对比

从图 2.23 还可看出，当 $C_{d_2/d}<1.0$ 时，月池附加阻力随着 $C_{d_2/d}$ 的增大而减小。其可能原因是当 $C_{d_2/d}<1.0$ 时，月池平台可能会由于月池水体的流致振荡而出现类似甲板上浪的现象（更详细的讨论见第 2.4.3 条），从而增大了月池附加阻力。为了验证上述两条推论，图 2.24 展示了不同吃水下月池内壁受力时历曲线。从图 2.24 可看出，在 $1.2<C_{d_2/d}<1.5$ 区间内，月池受力确实大于其他区间。对于 $C_{d_2/d}>1.5$ 区间，虽然月池受力和 $1.2<C_{d_2/d}<1.5$ 区间相近，但由于月池吃水的增加也会导致钻井船本身阻力的提高，故其月池附加阻力要比 $1.2<C_{d_2/d}<1.5$ 区间小。

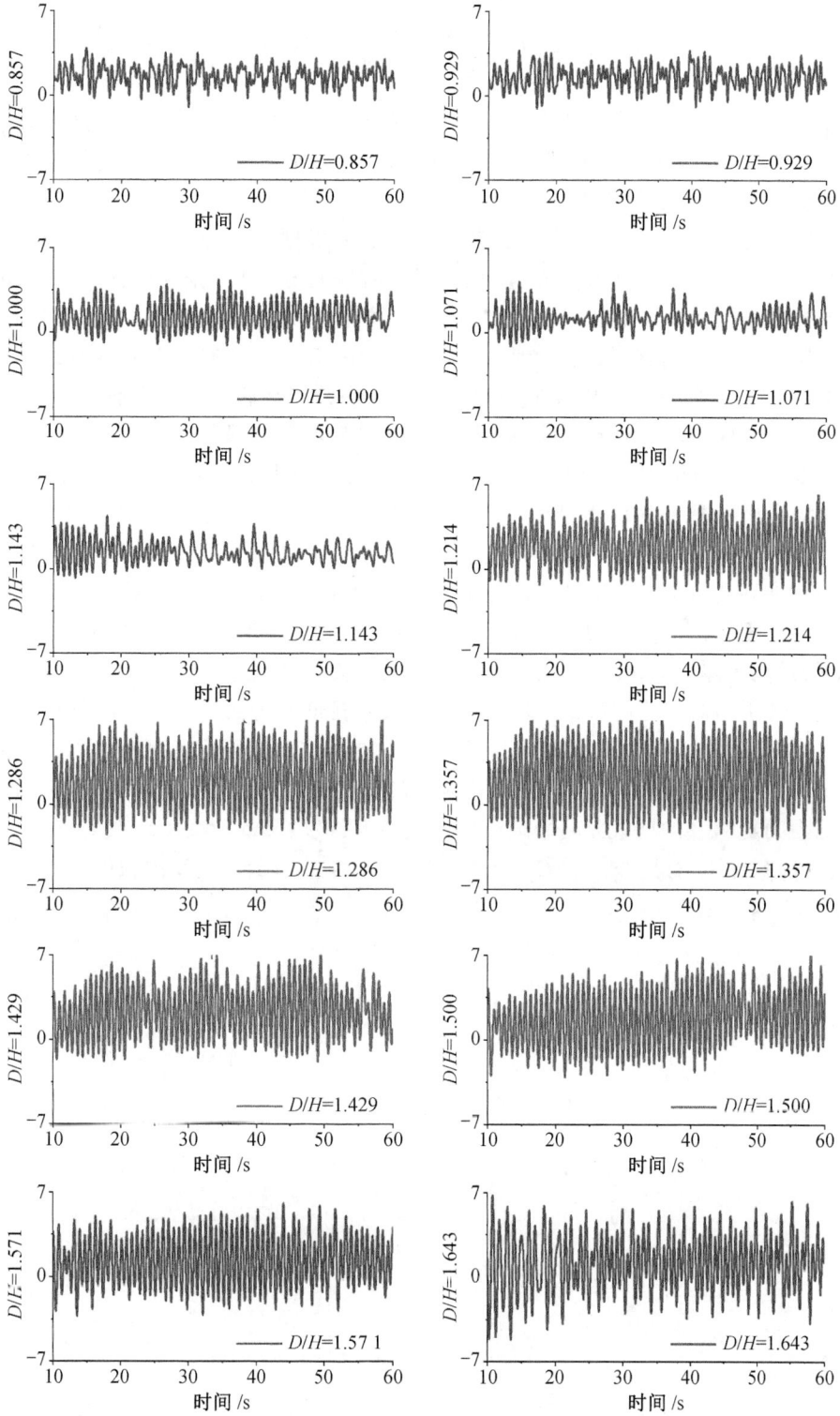

图 2.24 不同月池吃水下月池内壁受力时历曲线

2.6 本章小结

本章将钻井船 – 月池耦合系统置于数值造流水池内,研究流激励下月池附加阻力形成机理及其参数敏感性。基于传统船舶阻力理论,将月池附加阻力分为月池附加摩擦阻力、月池附加黏压阻力、月池附加兴波阻力三部分。推导钻井船纵向二维切片底部边界层的动量方程,基于量纲分析法解释月池附加黏压阻力形成机理,并从涡的角度对月池附加黏压阻力进行详细讨论。根据自由液面运动响应的频谱图,分析月池附加兴波阻力形成机理,并对不同弗劳德数下月池附加兴波阻力的变化规律进行详细讨论。

月池附加摩擦阻力在月池附加阻力中占比较小,其大小主要与钻井船航速、月池湿表面积和 Reynolds 数有关。其中,影响程度最大的是钻井船航速。月池附加黏压阻力是月池附加阻力的重要成分。月池导边处边界层分离会带来剧烈的涡脱落,是月池附加黏压阻力产生的根本原因。月池附加兴波阻力是月池附加阻力的重要成分。月池附加兴波阻力主要来源于流激励下月池水体运动。由于月池水体运动需要动能,而动能不可能自发地产生,故只能由外界(钻井船主机)提供。这部分钻井船主机所提供的额外能量,宏观上便表现为月池附加兴波阻力。无论钻井船处于低速航行状态还是高速航行状态,月池水体均存在着流致兴波现象,且流致兴波运动以活塞固有频率和前二阶晃荡固有频率为主。高速航行状态下,月池水体运动幅度最大,此时月池附加兴波阻力也达到最大。

月池附加阻力对弗劳德数具有较高的敏感性。在低弗劳德数时,钻井船总阻力比封闭船型大约有 25% 左右的提升,而在高弗劳德数时,这个提升甚至达到 50% ,即钻井船在高速航行状态下,月池附加阻力相当明显。月池附加阻力对月池吃水同样具有较高的敏感性。月池附加阻力随 $C_{d_2/d}$ 的增大先略微减小再突然增大,最后又逐渐减小。在 $1.2 < C_{d_2/d} < 1.5$ 区间内,月池附加阻力最大,而在 $C_{d_2/d} > 1.5$ 和 $1.0 < C_{d_2/d} < 1.2$ 区间内,月池附加阻力相对较小。

第3章 波激励下月池性态
特征及其砰击效应

从第2章的研究结论可看出,纯流激励对月池的主要影响是在月池导边处产生涡脱落,改变了船体纵向压力梯度,从而导致了月池附加阻力产生。而纯波激励对月池影响却与纯流激励却有着明显区别。根据流体力学可知,波浪是流体质点做简谐振动的一种形式,其振动轨迹接近椭圆形,且振动能量基本集中在自由液面处,并沿水深方向以指数级速度衰减。由于波浪的这种特性,导致其在自由液面以下基本不存在振动能量。故在纯波激励下,月池导边处的流体质点没有明显的纵向剪切速度,也就基本不可能产生涡脱落。但是,当月池水体沿垂向做整体性位移时,月池导边处的流体质点会产生明显的垂向剪切速度,也有可能导致涡脱落。当外界波浪激励频率与月池固有频率接近时,便会在月池内引发强烈的共振,从而导致月池水体剧烈振荡。这种剧烈振荡宏观上体现为月池水体的活塞运动与晃荡运动。当这种共振足够强烈时,可能引发月池内壁砰击、月池平台上浪等强非线性现象,对月池结构强度和内部作业设备造成不良影响。根据上述讨论可知,对于纯波激励而言,其研究要点主要集中在月池模态评估上。此外,当月池处于波流激励时(钻井船在波浪中航行),月池水体共振行为相比纯波激励又会出现明显的差异。其一,流的存在会导致外界波浪激励参数发生变化;其次,流也会导致月池导边处出现剧烈的涡脱落从而带来某些强非线性现象。

目前,月池模态研究主要可分为有底半闭空间、无底无平台开空间及无底有平台开空间三种。有底半闭空间在严格意义上不属于月池问题,但与月池问题同属一类大问题,即限制水域的流动问题。无底无平台开空间月池即为传统形式的月池,这类月池一般不设置平台,一个底部开口便贯穿了整个母体,在现有文献中已经被系统地研究过。本章主要研究无底有平台开空间月池,这种形式的月池是近年来的研究热点之一。

3.1 月池砰击数值模拟方案

3.1.1 数值模拟工况设计

当外界波浪激励频率与月池固有频率接近或相同时,月池水体会出现剧烈的共振现象。在月池共振状态下,自由液面运动响应会明显增大,从而可能出现月池内壁砰击、月池平台上浪等强非线性现象。因此,研究月池砰击应以月池固有频率为基本切入点,找出月池共振状态下所对应的外界波浪激励频率,再以此激励频率作为信号源输入月池,从而寻找可能出现的强非线性现象。

根据第2.1.3节月池模态的分析结果,本节所研究月池活塞固有频率和前三阶晃荡固有频率分别为:0.431 6 rad/s、0.758 0 rad/s、1.138 7 rad/s、1.449 2 rad/s。由于活塞固有频率对应的波长较长,对月池影响最大[42],故本节仅考虑活塞共振情况。据此,本节设计了如

表 3.1 所示的数值模拟方案。表 3.1 展示了三组不同的数值模拟工况：A 组、B 组和 C 组。其中，A 组为纯波激励工况，工况变量为波陡（wave steep,WS）；B 组为波流激励工况，工况变量除额外增加了 15 kn 的航速外，与 A 组保持一致；C 组也为波流激励工况，但波陡保持一致，工况变量为弗劳德数。A 组和 B 组的工况变量波陡范围为 $1/35 > WS > 1/70$，基本覆盖了实际工程中常见的场景。

表 3.1　月池砰击数值模拟工况表

工况代号	固有周期 1.981 1 s；波频 0.431 6 rad/s；波长 6.127 8 m			
	波陡	波高/m	弗劳德数	流速/(m/s)
工况 A.1	1/35	0.175 1	0	0
工况 A.2	1/40	0.153 2	0	0
工况 A.3	1/45	0.136 2	0	0
工况 A.4	1/50	0.122 6	0	0
工况 A.5	1/55	0.111 4	0	0
工况 A.6	1/60	0.102 1	0	0
工况 A.7	1/65	0.094 3	0	0
工况 A.8	1/70	0.087 5	0	0
工况 B.1	1/35	0.175 1	0.162 1	1.050 1
工况 B.2	1/40	0.153 2	0.162 1	1.050 1
工况 B.3	1/45	0.136 2	0.162 1	1.050 1
工况 B.4	1/50	0.122 6	0.162 1	1.050 1
工况 B.5	1/55	0.111 4	0.162 1	1.050 1
工况 B.6	1/60	0.102 1	0.162 1	1.050 1
工况 B.7	1/65	0.094 3	0.162 1	1.050 1
工况 B.8	1/70	0.087 5	0.162 1	1.050 1
工况 C.1	1/60	0.102 1	0.108 1	0.700 1
工况 C.2	1/60	0.102 1	0.118 9	0.770 1
工况 C.3	1/60	0.102 1	0.129 7	0.840 1
工况 C.4	1/60	0.102 1	0.140 5	0.910 1
工况 C.5	1/60	0.102 1	0.151 3	0.980 1
工况 C.6	1/60	0.102 1	0.162 1	1.050 1

3.1.2　虚拟监测仪布置方案

数值模拟过程中需要在月池内设置不同的虚拟监测仪以获得各类物理量的时历特征。本节布置的虚拟监测仪主要有波高仪和压力传感器两类。其中，波高仪用以获取自由液面运动响应,而压力传感器则用以获取月池内壁受力时历曲线。综合考虑本节的实际需求后,各类虚拟监测仪的最终布置方案如图 3.1 所示。

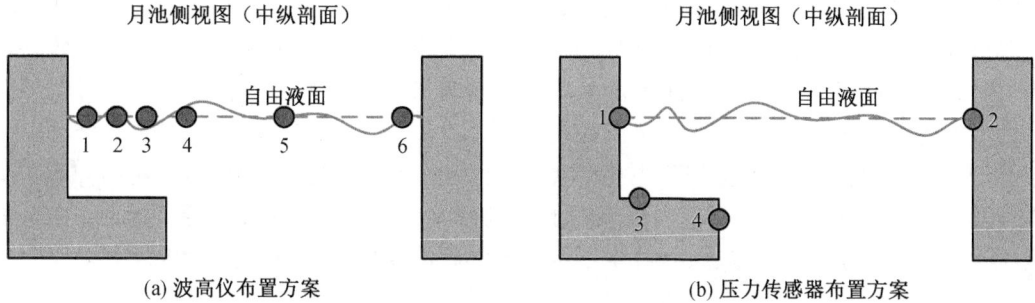

图 3.1　波高仪和压力传感器布置方案(虚线代表静水面)

如图 3.1 所示,图 3.1(a)中圆圈代表波高仪,图 3.1(b)中圆圈代表压力传感器。波高仪分别布置在月池内的浅水区(shallow)和深水区(deep)。其中,浅水区是有平台区域,而深水区是无平台区域。位于浅水区和深水区的波高仪按船体坐标系的纵轴方向各分为三组,即:前组(fore)、中组(mid)、后组(aft),共计 $3 \times 2 = 6$ 个。每个波高仪分别代表月池内的典型部位。布置压力传感器的位置主要有月池前壁(fore)、月池后壁(aft)、月池平台水平板(horizontal)及月池平台垂直板(vertical)。为了保持图片的简洁性,图 3.1(b)只画出了典型位置上的压力传感器,其中的标号仅代表一组压力传感器。波高仪和压力传感器的详细信息如表 3.2 和表 3.3 所示。

表 3.2　波高仪布置方案

序号	代号	缩写	初始空间坐标
1	Wave_Shallow_Fore	WSF	(1.911 0,0,0)
2	Wave_Shallow_ Mid	WSM	(1.996 2,0,0)
3	Wave_Shallow_Aft	WSA	(2.081 4,0,0)
4	Wave_Deep_Fore	WDF	(2.118 4,0,0)
5	Wave_Deep _ Mid	WDM	(2.344 3,0,0)
6	Wave_Deep _Aft	WDA	(2.570 2,0,0)

表 3.3　压力传感器布置方案

序号	代号	缩写	安装位置	安装间隔	总数
1	Pressure_Fore	PF	前壁	垂向 0.01 m	22
2	Pressure_Aft	PA	后壁	垂向 0.01 m	35
3	Pressure_Horizontal	PH	平台水平板	纵向 0.01 m	20
4	Pressure_Vertical	PV	平台垂直板	垂向 0.01 m	13

压力传感器的具体布置方案如图 3.2 所示。月池前壁的压力传感器 PF 从上至下共 22 个,位于静水面处的压力传感器为 PF18(PF18 代表从上往下数第 18 个,其他压力传感器组的编号也采取相同方式,下文不再赘述。),其垂向坐标为 0,由表 3.3 可推出其他传感器的垂向坐标。位于月池后壁的压力传感器 PA 从上至下共 35 个,位于静水面处的压力传感器为 PA18。月池平台水平板上的压力传感器从内侧起依次向外侧编号,共 20 个。月池平台垂直板上的压力传感器从顶侧依次向底侧编号,共 13 个。为了便于下文研究,将 PF18、PA18、PH01 分别定义为月池前壁、月池后壁、月池平台水平板上的典型压力传感器,下文研究涉及月池砰击压力时,以这三个传感器的监测数据为准。对于月池平台垂直板,如果工况吃水不低于月池平台水平板,则基本不可能出现砰击,故在本节研究中忽略不计。

月池侧视图(中纵剖面)

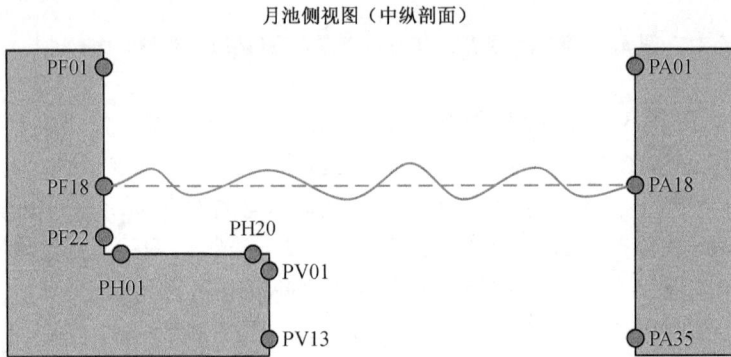

图 3.2　压力传感器具体布置方案

3.2　共振状态下月池性态特征

3.2.1　自由液面运动响应

图 3.3 展示了工况 A.1 ~ A.8(纯波激励)和工况 B.1 ~ B.8(波流激励)的自由液面运动响应时历曲线。从图 3.3 可看出,对于工况 A.1 ~ A.8,时历曲线呈现出明显的周期性波动特征,且波动周期与外界波浪激励周期保持一致,大约为 2.0 s。由于受到活塞模态的影响,自由液面运动响应明显大于外界波浪激励振幅,说明此时出现了活塞共振,其运动响应幅值算子(response amplitude operators,RAOs)为 1.5 左右。而对于工况 B.1 ~ B.8,当波陡处于 $1/35 > WS > 1/45$ 时,波高仪 WSF 呈现出明显的混乱性。造成这种现象的主要原因在于钻井船首部出现了剧烈的甲板上浪现象,海水沿着甲板向钻井船船体中部区域运动,遇到月池断口时全部倒灌入月池,与原本的自由液面相互混合,造成数值监测上的困难,其整个过程如图 3.4 所示。这种海水倒灌入月池的现象只可能出现在数值模拟中,因为所建立的数值模型并不考虑钻井船甲板上的结构。在实际工程中,海水不可能通过钻井船甲板上的层层障碍倒灌入月池内。考虑到这种影响,下文讨论中不涉及 $1/35 > WS > 1/45$ 工况。

从图 3.3 可看出,在 $1/50 > WS > 1/70$ 区间内,工况 B.1 ~ B.8 的自由液面运动响应由于流激励带来的非线性效应,不再具有周期性波动特征,而呈现出不规律性。图 3.5 和图 3.7 分别展示了一个波动周期内(以波幅重现周期为基准)工况 A.6 和工况 B.6 的自由液面时间演化过程。

　　从图 3.5 可看出,在活塞共振的开始阶段,自由液面先整体地向下移动并迅速到达最低点,此时与月池平台水平板已非常接近,随即出现海岸工程中常见的非线性现象——浅水效应[42,44]。当自由液面下降到最低点后,由于活塞模态的影响,其又迅速地向上运动。在月池平台区域输运一段距离后,由于该处浅水效应的非线性影响,自由液面开始出现破碎(wave breaking),如图 3.6 所示(58.0 s)。当自由液面输运到月池前壁时,在壁面阻挡效应的作用下又迅速爬升(wave run-up)。当自由液面达到最高点后,在重力的作用下出现了翻转(wave overturning)并迅速回落,开始重复下一个活塞共振过程。上述的整个运动过程大约持续 2.0 s 左右,与活塞固有周期保持一致,是月池内典型的活塞共振行为。

　　如图 3.7 所示,波流激励条件下,自由液面时间演化过程与纯波激励存在着明显区别。首先,浅水效应依然存在,且表现得更为明显(57.2 s)。其次,自由液面发生破碎的时间提前且破碎现象更为显著(57.3 s)。当自由液面发生破碎后,月池水体没有像纯波激励那样沿着水平方向输运然后爬上月池前壁,而是迅速形成一个夹杂着空气的高速水锤,并以高速射流形式对月池前壁进行强烈砰击(57.5 s)。当砰击过程结束后,高速水锤随即发生破碎。最后,月池水体在重力的作用下沿着月池前壁迅速回落,开始重复下一个砰击过程。从上述对图 3.5 和图 3.7 的分析可发现,流激励对月池水体共振行为影响很大,其行为机制将在下文进行更为深入的讨论。

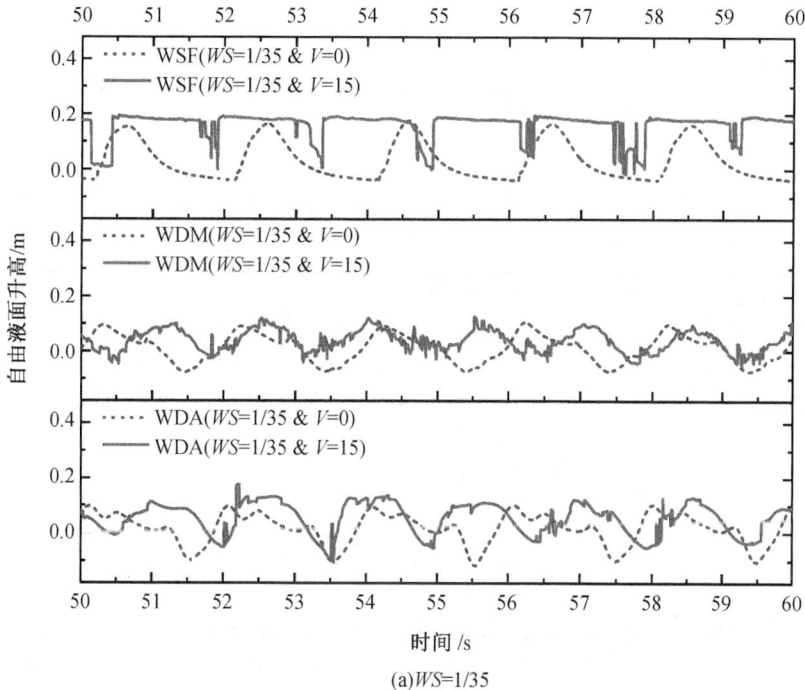

(a)WS=1/35

图 3.3　工况 A 组和工况 B 组自由液面运动响应

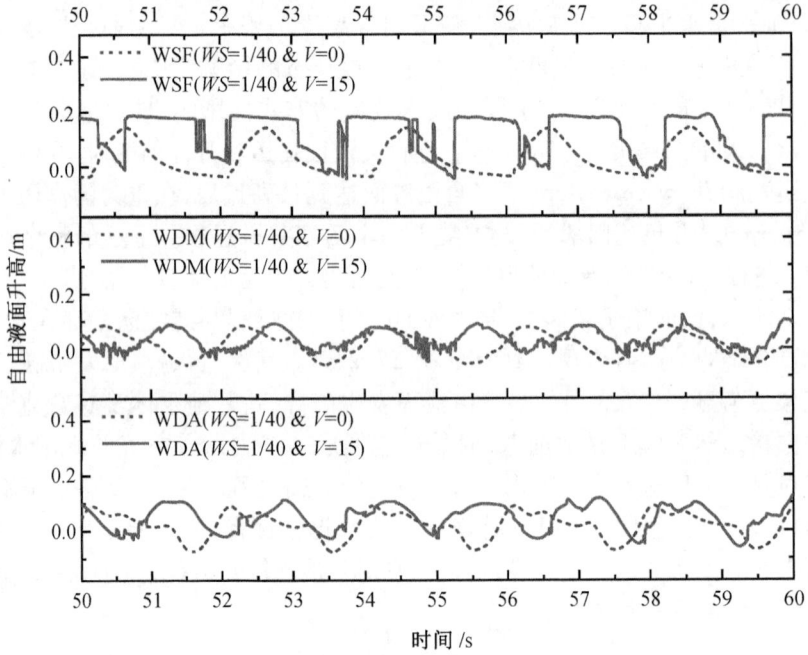

(b)$WS=1/40$

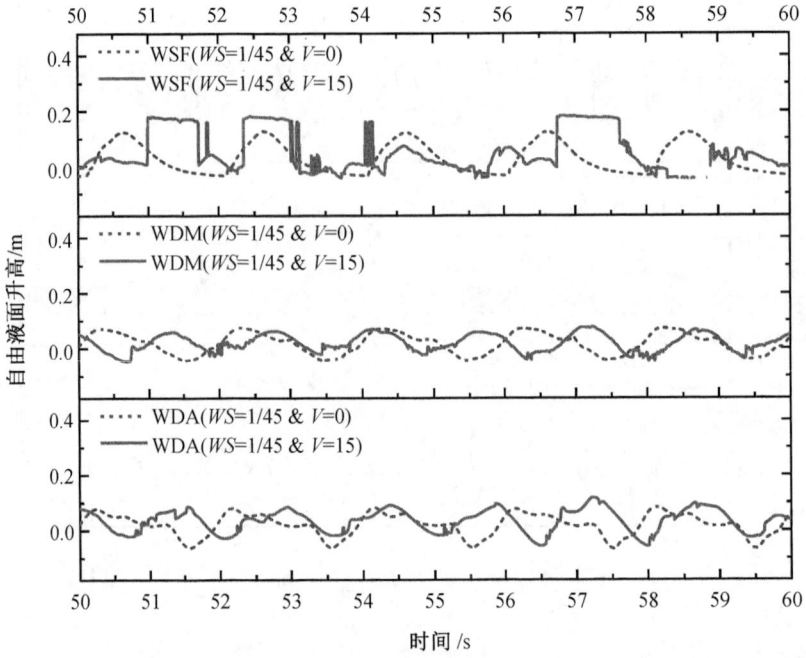

(c)$WS=1/45$

图 **3.3**(续 1)

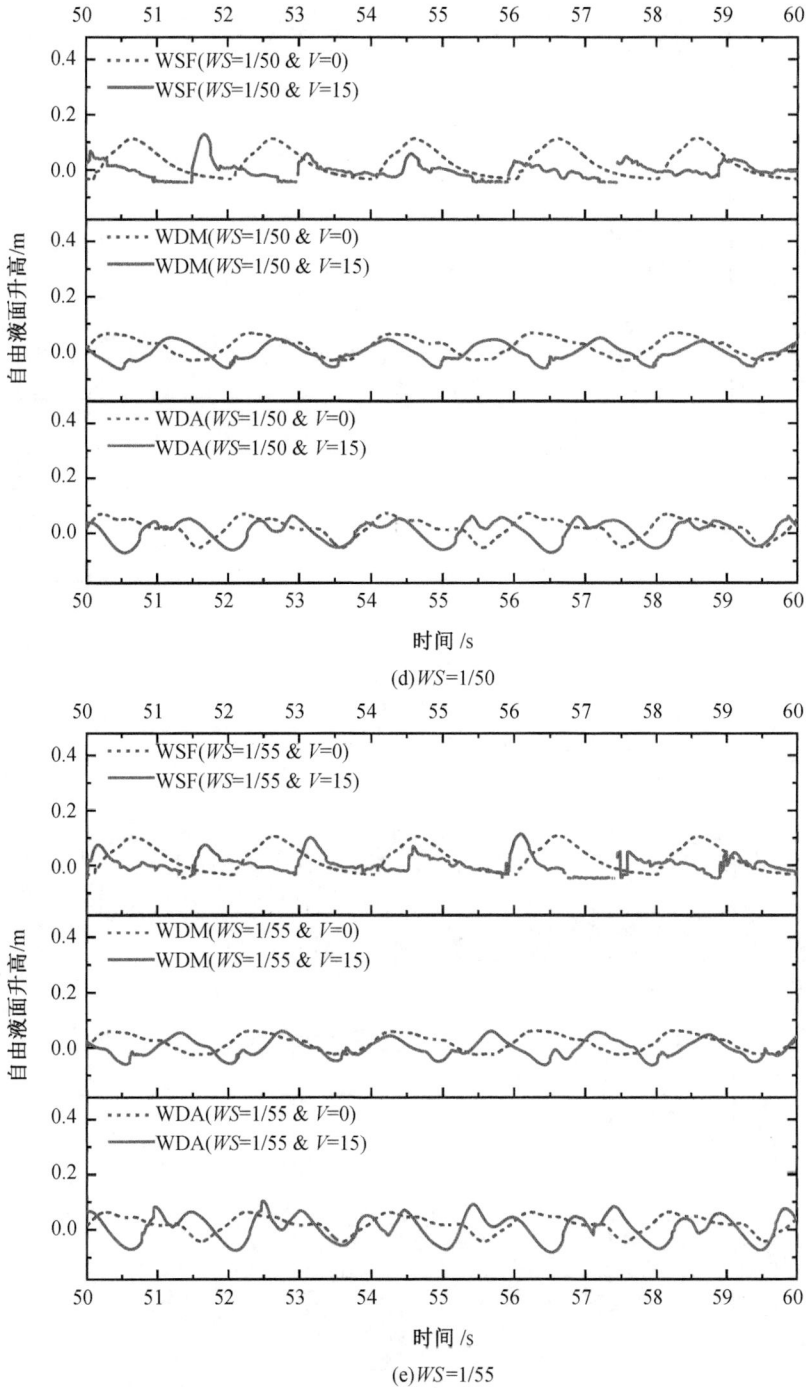

(d)WS=1/50

(e)WS=1/55

图 3.3(续 2)

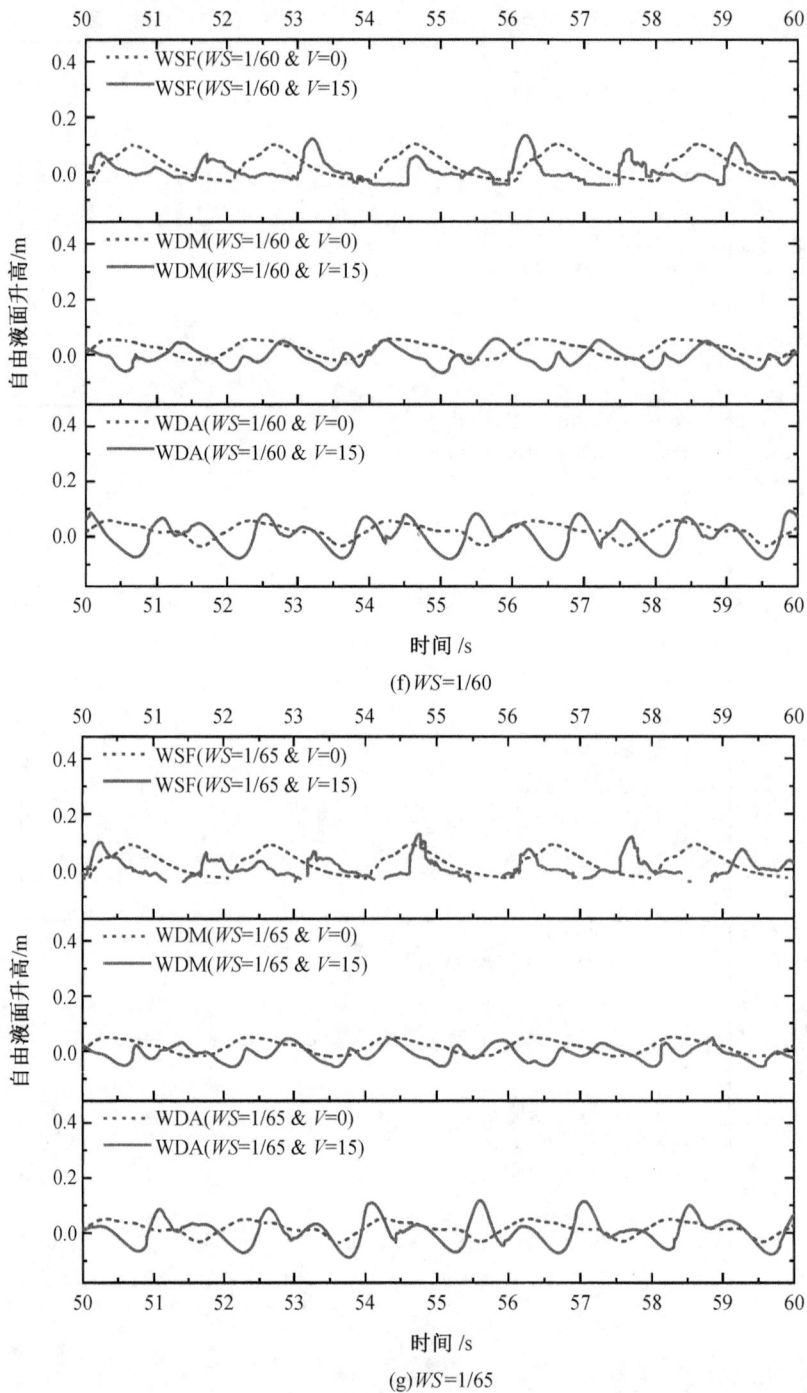

(f) $WS=1/60$

(g) $WS=1/65$

图 3.3(续 3)

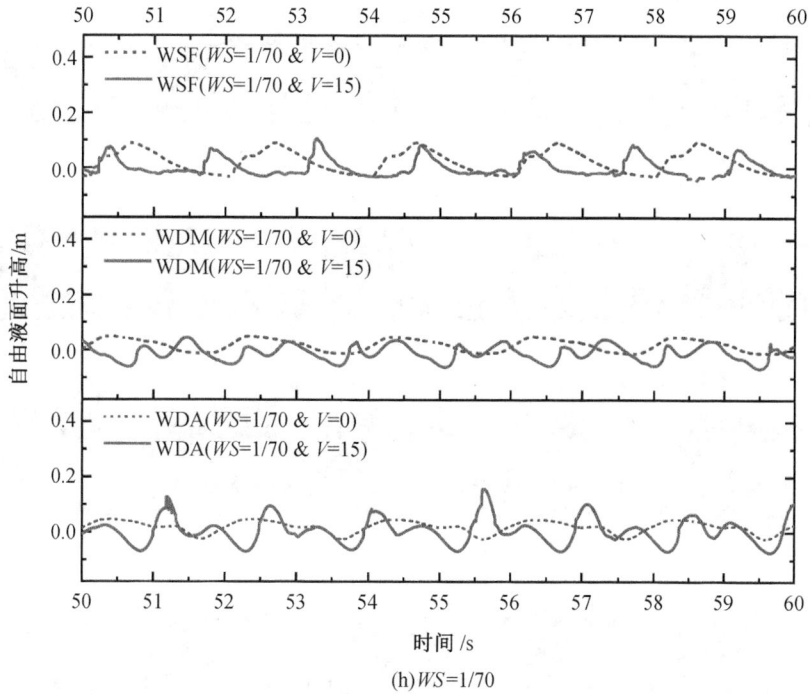

(h)$WS=1/70$

图 3.3（续 4）

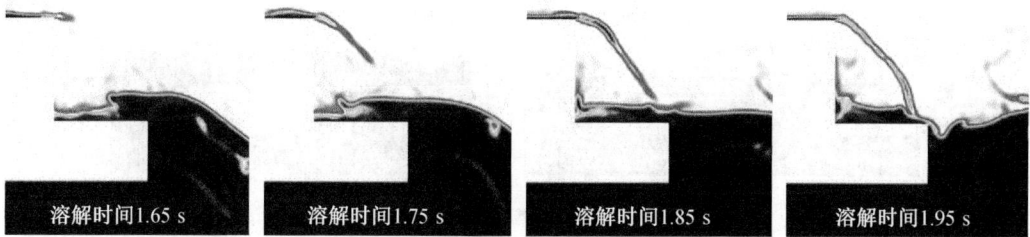

图 3.4　海水倒灌入月池

3.2.2　共振行为的频谱分析

第 3.2.1 节初步讨论了纯波激励和波流激励条件下的自由液面时历特征。为了更为深入地分析自由液面行为机制，本节对工况 A.6 和工况 B.6 的自由液面运动响应进行更为详细的讨论。图 3.5 和图 3.6 展示了工况 A.6 和工况 B.6 的自由液面运动响应。对于纯波激励而言，自由液面运动响应最大点位于月池前壁处，这与文献［41 - 42,55］的研究结论一致。与纯波激励相比，波流激励自由液面运动响应最大点不再位于 WSF，而转为 WDA，且波高仪 WSM、WSA、WDF 自由液面运动响应明显下降。从总体上看，月池水体运动由垂向振荡往纵向振荡转变，即月池可能出现了能量转移。

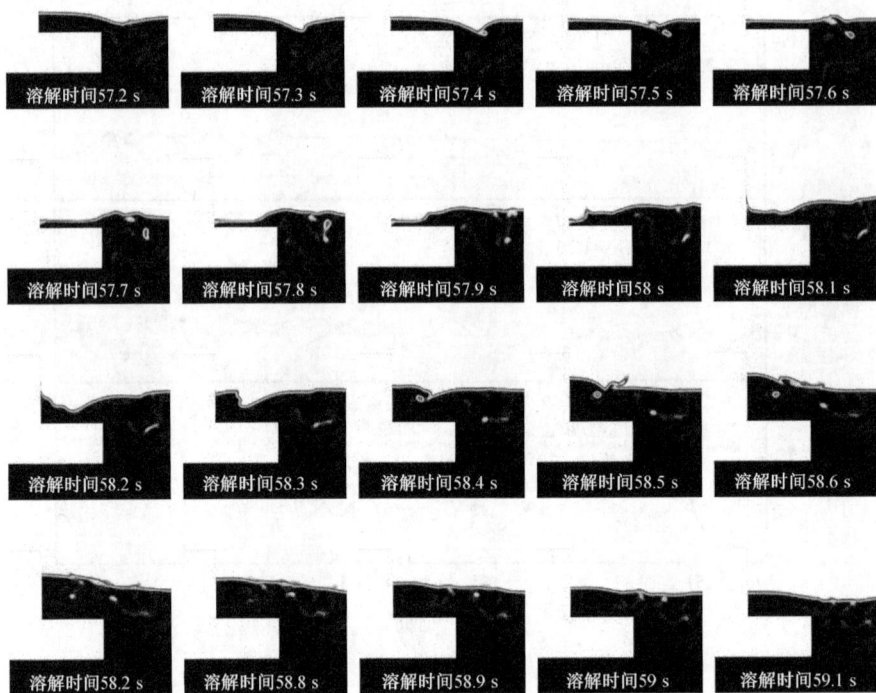

溶解时间57.2 s	溶解时间57.3 s	溶解时间57.4 s	溶解时间57.5 s	溶解时间57.6 s
溶解时间57.7 s	溶解时间57.8 s	溶解时间57.9 s	溶解时间58 s	溶解时间58.1 s
溶解时间58.2 s	溶解时间58.3 s	溶解时间58.4 s	溶解时间58.5 s	溶解时间58.6 s
溶解时间58.2 s	溶解时间58.8 s	溶解时间58.9 s	溶解时间59 s	溶解时间59.1 s

图3.5　工况 A.6 自由液面时间演化过程

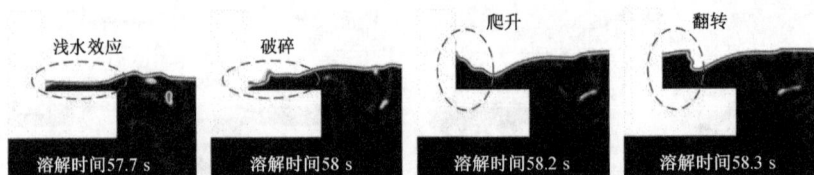

| 浅水效应 | 破碎 | 爬升 | 翻转 |
| 溶解时间57.7 s | 溶解时间58 s | 溶解时间58.2 s | 溶解时间58.3 s |

图3.6　工况 A.6 自由液面非线性行为

　　从表 3.1 可知,工况 A.6 对应的外界波浪激励为频率 0.5 Hz(0.431 6 rad/s)的规则波,则可推断月池水体运动模态是固有频率接近 0.5 Hz 的活塞模态,也即在工况 A.6 自由液面运动响应的频谱图中,能量谱峰应出现在 0.5 Hz 左右,若流激效应确实引发了能量转移,则工况 B.6 的频谱图会在晃荡固有频率对应的频率点附近出现明显的能量谱峰。为了验证能量转移的推论,对工况 A.6 和工况 B.6 波高仪 WDA 的自由液面运动响应进行频谱分析,最终结果如图 3.8 所示。

　　从图 3.8 可看出,对于纯波激励,能量谱峰对应的频率点恰好在 0.5 Hz 左右,即月池水体运动确实以活塞模态为主。虽然纯波激励的频谱图在其他频率点也出现了能量谱峰,但其幅度相对较小,仍可认为月池水体运动以活塞模态为主导。而对于波流激励,频谱图上出现了两个明显的能量谱峰,且其数量级几乎相同。第一个能量谱峰出现在 0.705 2 Hz 左右,而第二个能量谱峰出现在 1.331 7 Hz 左右,即第二阶晃荡固有频率范围。对于第一个能量谱峰,其对应的频率点之所以脱离了活塞固有频率范围,是因为在波流激励下,外界波浪受到来流速度的影响,其波长发生了改变,则实际频率(也称为遭遇频率)也随之改变。

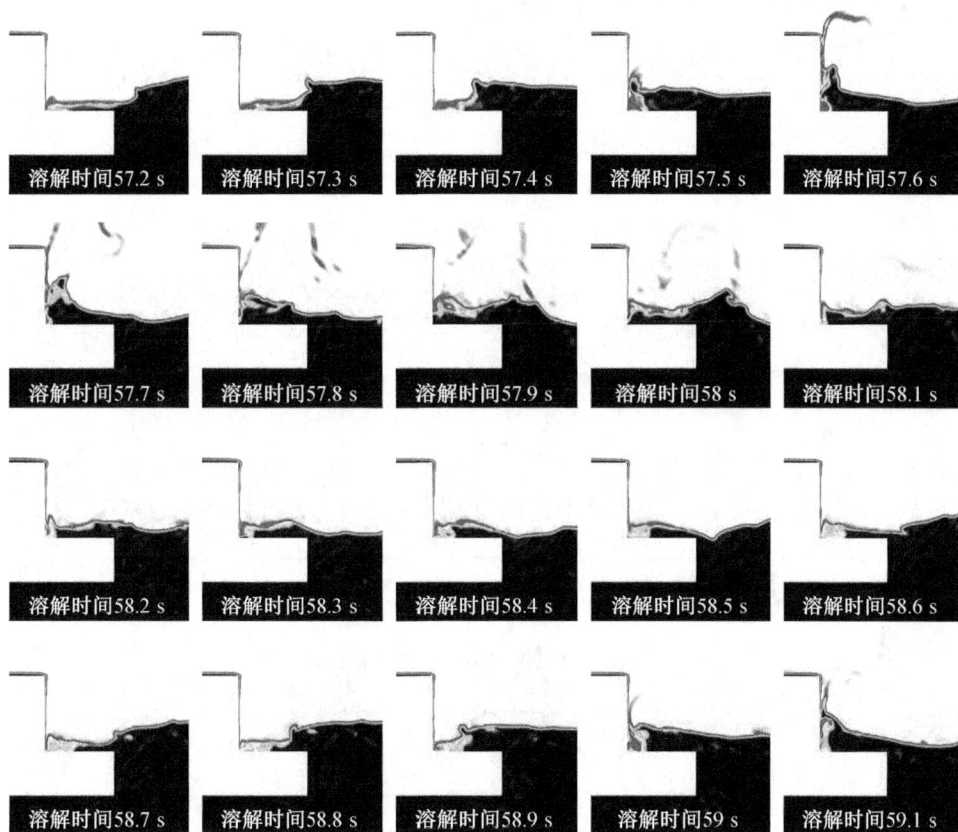

图 3.7　工况 B.6 自由液面时间演化过程

遭遇频率 ω_e 的计算公式为

$$\omega_e = \omega_0 + \frac{\omega_0^2 U}{g} \tag{3.1}$$

式中　U——来流速度;

　　　ω_0——外界波浪激励频率。

由式(3.1)可看出,当没有来流速度时,遭遇频率 ω_e 与外界波浪激励频率 ω_0 保持一致,故对于工况 A.6 而言,第一个能量谱峰出现的频率点基本与活塞固有频率保持一致。而对于工况 B.6 而言,来流速度的影响使遭遇频率 ω_e 变大。根据式(3.1)的计算结果,工况 B.6 遭遇频率 ω_e 为 0.676 1 Hz,与频谱图第一个能量谱峰对应的 0.705 2 Hz 相差大约 4.120%,在误差允许的范围内可认为两者相等。从上述分析可知,工况 B.6 第一个能量谱峰为外界波浪激励引起的,只不过在来流速度的影响下,使外界波浪激励频率转为遭遇频率 ω_e。对于工况 B.6 第二个能量谱峰,则证实了上文关于波流激励下月池出现能量转移的推论。对于工况 A.6,由于没有来流速度,月池水体运动以活塞模态为主导。而对于工况 B.6,由于来流速度的影响,月池水体运动除了有外界波浪激励成分外,还出现了高阶晃荡模态成分。工况 B.6 第二个能量谱峰对应的频率点与第二阶晃荡固有频率基本吻合,说明在来流速度的作用下,月池水体运动由活塞模态向高阶晃荡模态进行了能量转移。目前普遍认为月池水体运动模态以活塞模态和第一阶晃荡模态为主导,但从本节的研究结果来看,波流激励下高阶晃荡模态也发挥了重要作用。

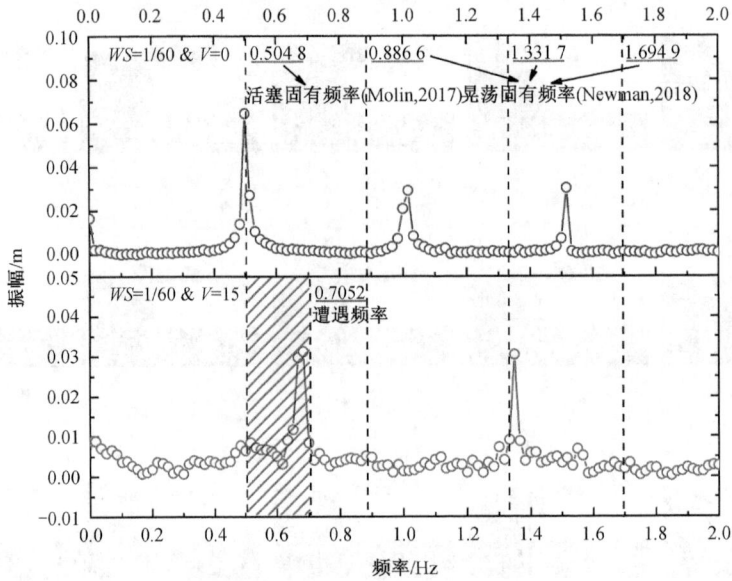

图 3.8　波高仪 WDA 频谱分析结果

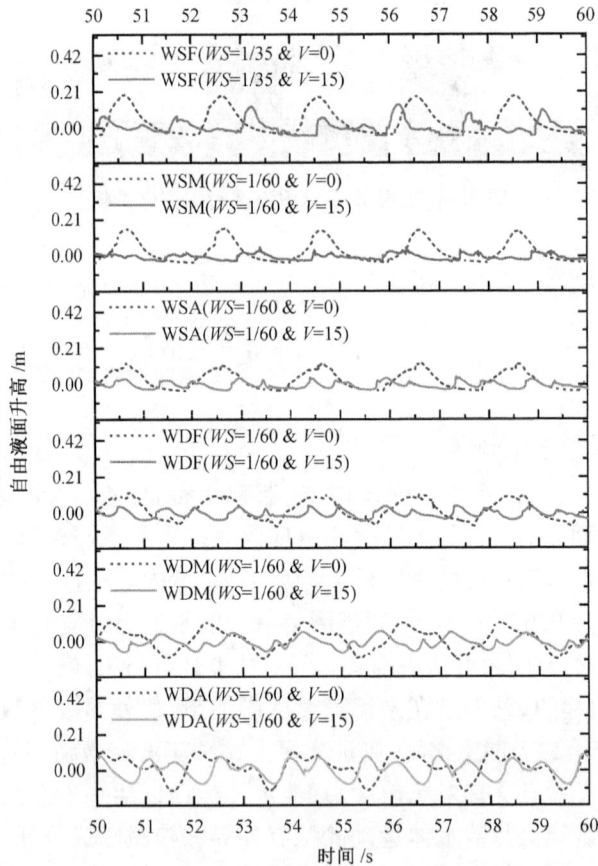

图 3.9　工况 A.6 和工况 B.6 自由液面运动响应

3.3　月池砰击的时间演化和空间分布

第 3.2 节对纯波激励和波流激励条件下自由液面运动响应时历特征及其频谱特性进行了详细讨论,最重要的研究结论是观测到了波流激励下月池能量转移现象。当出现能量转移现象时,月池水体运动由垂向的活塞模态向纵向的晃荡模态转变,导致流体质点的水平动量发生骤变,此时有可能出现月池砰击。此外,在第 3.2.1 节中观测到波流激励下的高速水锤及其对月池前壁的砰击行为,也证明了月池砰击的存在。本节以工况 A.6 和工况 B.6 为例,对月池内壁和月池平台水平板上压力传感器时历特征进行深入讨论,从量化角度对月池砰击进行分析。

3.3.1　典型砰击压力曲线

目前主流观点认为[67,74-75],典型砰击压力曲线如图 3.10 所示①。图 3.10 展示了砰击过程总时间 $T_{1\to5}$、砰击压力峰值持续时间 $T_{1\to2}$、砰击动压过程持续时间 $T_{1\to3}$、砰击静压过程持续时间 $T_{3\to4}$、砰击最大动压 $P_{\max}^{\mathrm{dy.}}$ 和砰击最大准静压 $P_{\max}^{\mathrm{st.}}$。图 3.10 中,砰击最大动压 $P_{\max}^{\mathrm{dy.}}$ 是高速射流与结构接触后由于破碎而引发的压力载荷(载荷峰值),而砰击最大准静压 $P_{\max}^{\mathrm{st.}}$ 是自由液面与结构首次接触后由于重力作用而向下自由落体过程中产生的压力载荷。在一次典型砰击过程中,砰击压力峰值 $P_{\max}^{1\to5}$ 一般出现在砰击最大动压 $P_{\max}^{\mathrm{dy.}}$ 处,即满足 $P_{\max}^{1\to5}=P_{\max}^{\mathrm{dy.}}$,而砰击最大准静压 $P_{\max}^{\mathrm{st.}}$ 紧跟其后。

砰击的另一显著特征是持续时间极短。如图 3.10 所示,砰击压力峰值持续时间 $T_{1\to2}$ 仅有 1 ms 量级,砰击动压过程持续时间 $T_{1\to3}$ 为 10~100 ms 量级,整个砰击过程持续时间大约为 500 ms 量级。总而言之,砰击是一种载荷峰值极高且持续时间极短的强非线性现象。$T_{1\to3}$ 为动压阶段,由于持续时间极短,重力效应在该时间段不明显,故第一个载荷峰值主要由惯性力引起。$T_{3\to4}$ 为静压阶段,在该时间段起主导作用的是波峰的静水压力,故第二个载荷峰值为水体衰减下落所引起的静水压力。值得指出的是,图 3.10 仅为波浪砰击平板这种类型的砰击压力时历曲线,而与其他砰击类型如入水砰击等与"波浪砰击平板"有所区别,这里不再赘述。

3.3.2　月池砰击的时间演化

月池砰击是一种典型的波浪砰击平板,月池水体可视为波浪,而月池内壁可视为平板。若月池砰击存在,则月池内壁上的压力时历曲线应该会出现如图 3.10 所示的性态特征。图 3.11 和图 3.12 分别展示了共振状态下工况组 A 和工况组 B 月池内典型部位 PF18、PA18、PH01 的压力时历曲线。从图 3.11 可看出,在纯波激励下,3 个压力传感器的监测值均随波陡的增大而增大,但压力时历曲线不是如图 3.10 所示的典型砰击压力曲线,说明在该条件下月池不存在砰击。如图 3.12 所示,对于波流激励,压力时历曲线的性态特征与波陡存在很大关联。当波陡处于 1/35 > WS > 1/45 时,压力时历曲线虽然不是典型砰击压力曲线,但

---

① 本节所提及的砰击仅限于波浪砰击平板这种情况,对其他类型的砰击不予考虑。图 3.10 取自工况 B.6 压力传感器 PF18 所监测的压力时历曲线在 50~60 s 的时间切片,由于该时历曲线的性态特征与主流文献中的典型砰击压力曲线几乎吻合,故本节选择该时历曲线作为代表来阐述相关内容。

已不像纯波激励那样具有明显的周期性波动特征。但是,当波陡处于 $1/50 > WS > 1/70$ 时, 压力时历曲线明显表现出强烈的砰击特征,说明该条件下月池内壁、月池平台水平板确实存在砰击。总的来看,月池砰击最明显的部位是处于月池前壁和月池平台水平板上,因为这些部位均处于月池浅水效应区,月池水体在浅水效应的影响下拥有更为复杂的流动行为,自由液面更容易出现各种强非线性现象。

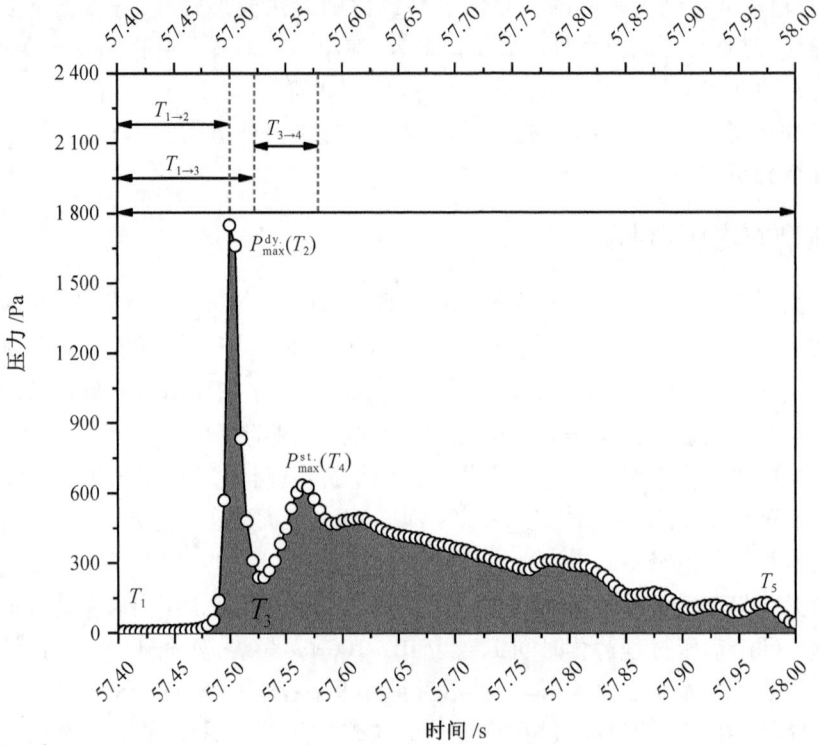

图 3.10　典型砰击压力曲线

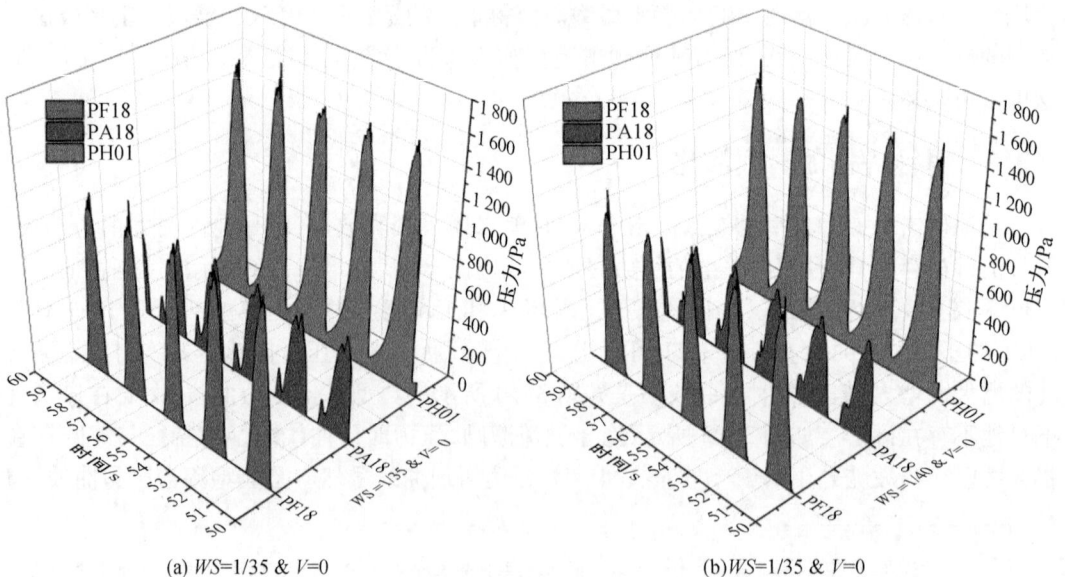

(a) WS=1/35 & V=0　　　　　　　　(b)WS=1/35 & V=0

图 3.11　纯波激励下压力时历特征

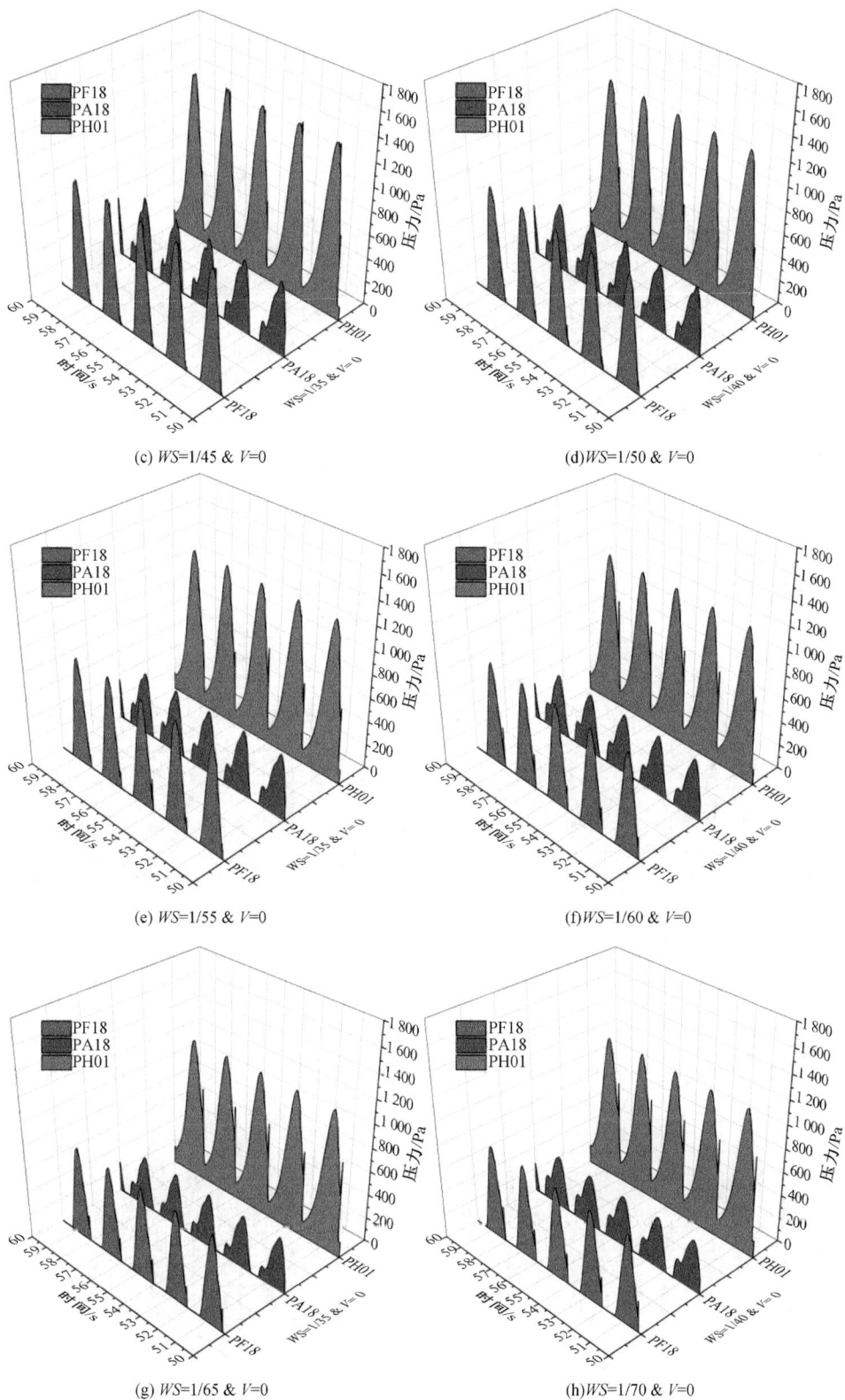

(c) *WS*=1/45 & *V*=0

(d)*WS*=1/50 & *V*=0

(e) *WS*=1/55 & *V*=0

(f)*WS*=1/60 & *V*=0

(g) *WS*=1/65 & *V*=0

(h)*WS*=1/70 & *V*=0

图 3.11（续）

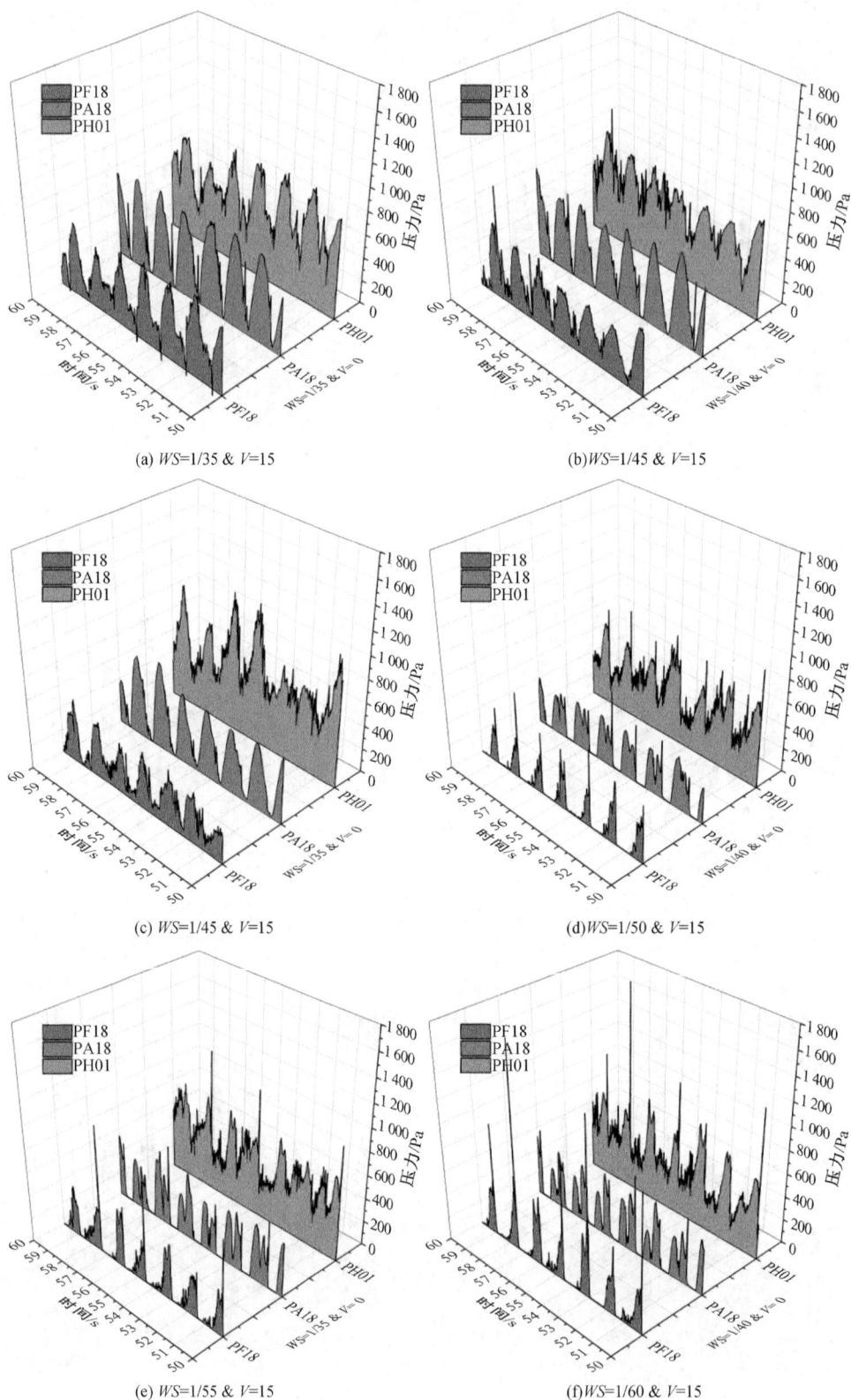

(a) WS=1/35 & V=15

(b)WS=1/45 & V=15

(c) WS=1/45 & V=15

(d)WS=1/50 & V=15

(e) WS=1/55 & V=15

(f)WS=1/60 & V=15

图 3.12　波流激励下压力时历特征

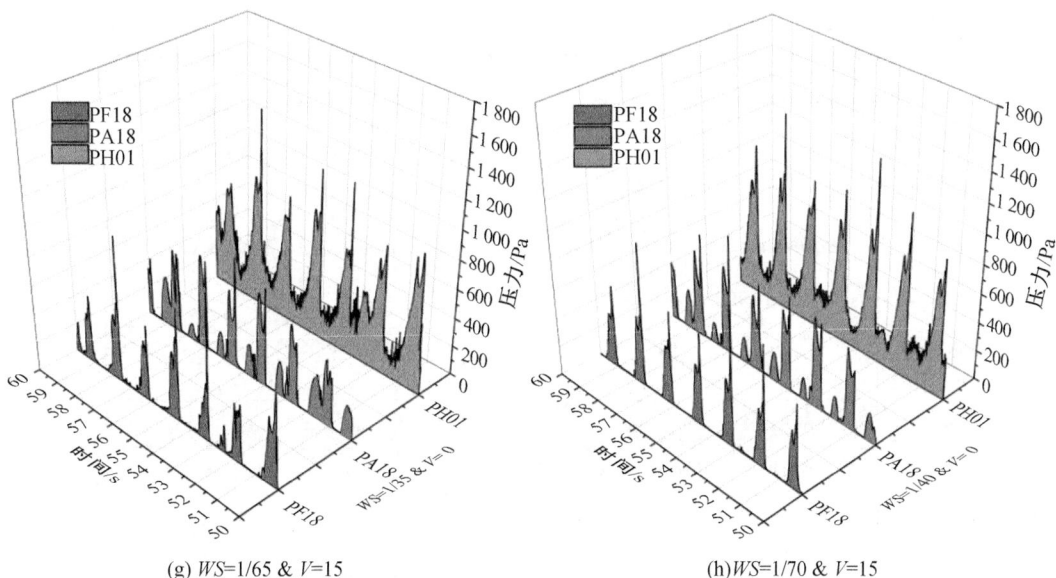

(g) WS=1/65 & V=15 (h)WS=1/70 & V=15

图 3.12（续）

图 3.13 为工况 A.6 和工况 B.6 砰击压力时历曲线对比。从图 3.13 可看出，纯波激励下，月池内壁和月池平台水平板的受力呈现出典型的周期性波动特征，由月池水体的周期性共振运动引起，即普通的波动水压力。而对于波流激励，受力变得复杂且无规律，且呈现出强烈的砰击特征。在第 3.2 节通过对工况 B.6 自由液面时间演化过程进行详细分析后观测到了高速水锤现象（图 3.7），其所对应的瞬时砰击压力为图 3.13 中的第 57.5 s 处。当高速水锤以射流形式冲击平板时，会造成极大的脉冲载荷，载荷幅值远远大于工况 A.6 的压力载荷。与此同时，月池平台水平板也同样受到砰击的影响，出现了较高的脉冲载荷。从上述分析可知，当发生月池砰击时，月池内壁和月池平台水平板所受压力载荷远比波动水压力大，如果此时钻井船月池内安装着大量钻井设备或安排许多工作人员在其中进行日常作业，则很可能对钻井设备和工作人员造成安全威胁。因此，钻井船日常作业要尽量避免在波流激励的环境条件下进行。

图 3.14 展示了一个砰击周期内流场时间演化过程及砰击压力时历特征。当月池处于波流激励时，由于模态之间的能量转移，月池水体由垂向活塞运动往纵向晃荡运动转变，故月池水体出现明显的水平运动趋势（57.2 s）。然后，由于月池平台区域的浅水效应，自由液面开始出现破碎（57.3 s）。出现破碎后的自由液面继续向月池前壁前进（57.4 s），当到达月池前壁时，在壁面阻挡效应的作用下，形成一个夹杂着空气的高速水锤（57.5 s）。接着，高速水锤对月池前壁形成强烈的脉冲载荷，如图 3.14（b）所示。月池砰击发生后，在大约 1 ms 量级内，由于高速水锤的惯性力作用，出现了第一个砰击载荷峰值，即极限动压（57.50 s）。最后，高速水锤破碎，月池水体在重力作用下迅速向下衰减（57.5 ~ 57.6 s）。衰减过程中，出现了第二个砰击载荷峰值，即极限静压（57.55 s）。当静压过程结束后，砰击压力开始进入衰退阶段并迅速减小（57.6 s 以后），月池水体开始进入下一轮循环。从图 3.14（b）可看出，月池砰击曲线性态特征与典型砰击压力曲线几乎完全吻合，是典型的波浪砰击平板。

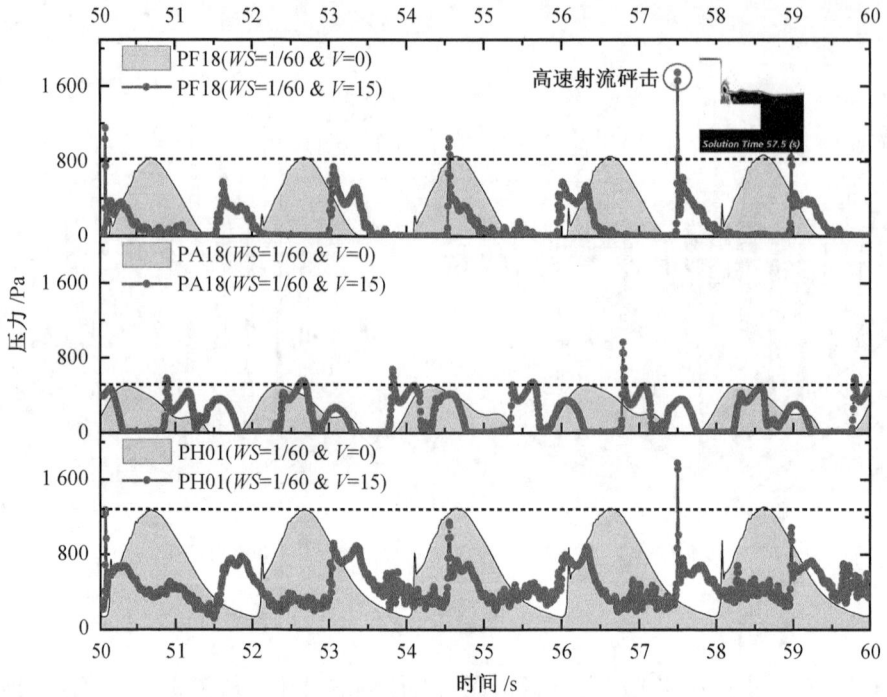

图 3.13　工况 A.6 和工况 B.6 砰击压力对比

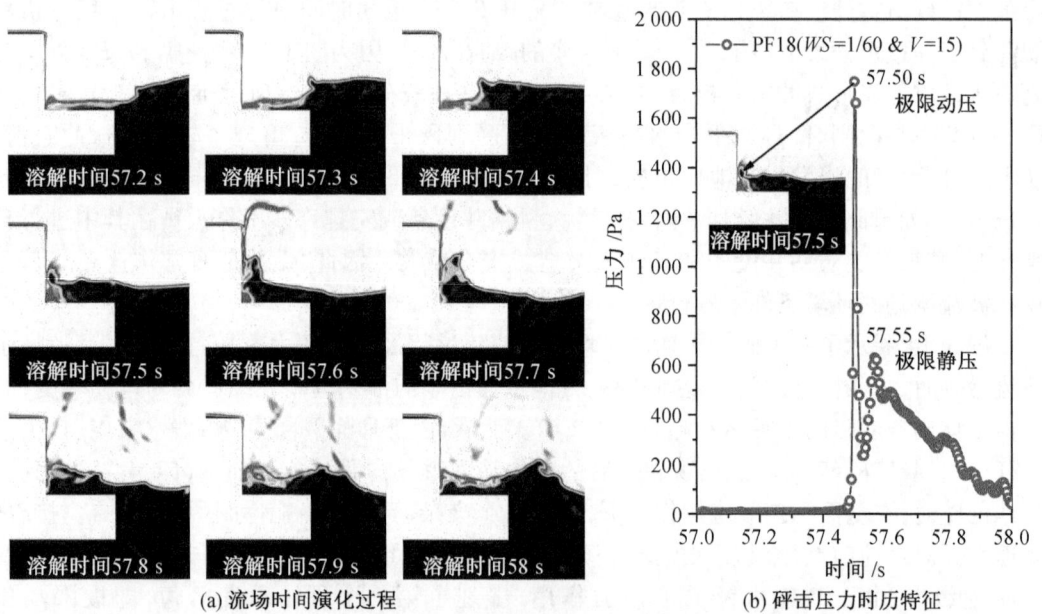

(a) 流场时间演化过程

(b) 砰击压力时历特征

图 3.14　一个砰击周期内流场时间演化过程及砰击压力

3.3.3　月池砰击的空间分布

前文对纯波激励和波流激励条件下月池内典型部位的受力时历特征进行了详细讨论，并对月池砰击进行了初步量化分析。研究发现，当月池处于波流激励时，会出现能量转移现象。当活塞模态向高阶晃荡模态进行能量转移时，月池水体运动由垂向振荡往纵向振荡转变，此时可能出现月池砰击，严重时可能会对钻井船月池内部钻井船设备和工作人员造成安全威胁。上小节仅对波流激励下月池内典型部位的砰击特性进行讨论，但是从实际工程角度来讲，砰击并不只发生在典型部位。因此，有必要对月池砰击的空间分布进行深入讨论，为实际工程提供有效的指导意见。本节以工况 B.6 为例，重点关注月池前壁、月池后壁、月池平台水平板三个区域，对月池砰击的空间分布进行深入讨论。

图 3.15(a)展示了工况 B.6 月池前壁砰击压力的空间分布。从图 3.15(a)可看出，月池前壁砰击压力最大的地方位于静水面附近，在月池吃水的 −22.73% ～11.36% 范围内，而在静水面以上区域快速衰减。从图 3.15(a)还可看出，对于月池前壁而言，静水面以下区域均承受了较大的砰击载荷。从前文的分析可看出，由于月池平台区域的浅水效应，自由液面在该处会非常接近月池平台水平板上表面，当高速水锤到达月池前壁时，就会对静水面以下区域造成较为明显的砰击。图 3.15(b)展示了工况 B.6 月池后壁砰击压力的空间分布。从图 3.15(b)可看出，月池后壁压力的空间分布与月池前壁基本一致，最大的区别在于载荷峰值的不同。月池后壁砰击压力的载荷峰值明显小于月池前壁处的浅水效应区域，说明月池前壁处确实存在更强的非线性行为，这与前文研究结论一致。图 3.15(c)展示了工况 B.6 月池平台水平板砰击压力的空间分布。从图 3.15(c)可看出，砰击压力从月池平台水平板最内侧向最外侧逐渐衰减。

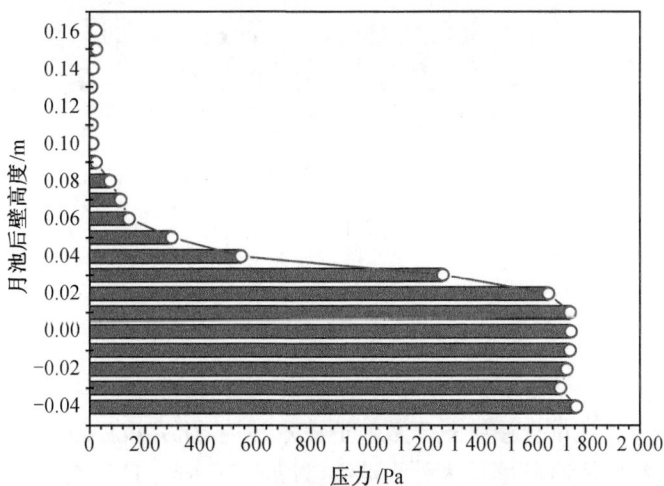

(a) 月池前壁砰击压力空间分布

图 3.15　工况 B.6 月池砰击压力空间分布

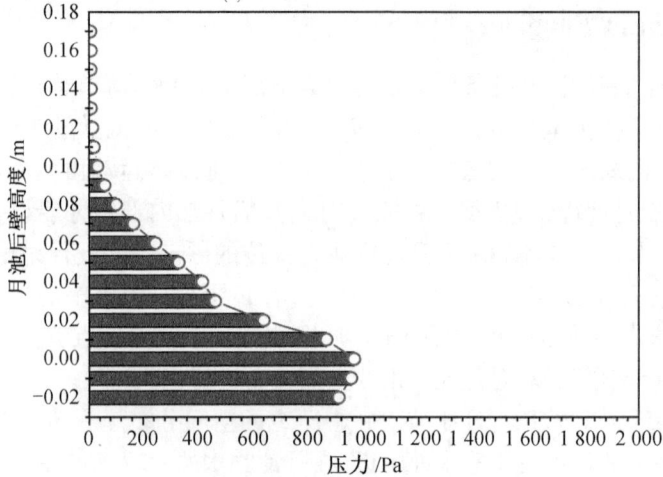

(b) 月池后壁砰击压力空间分布

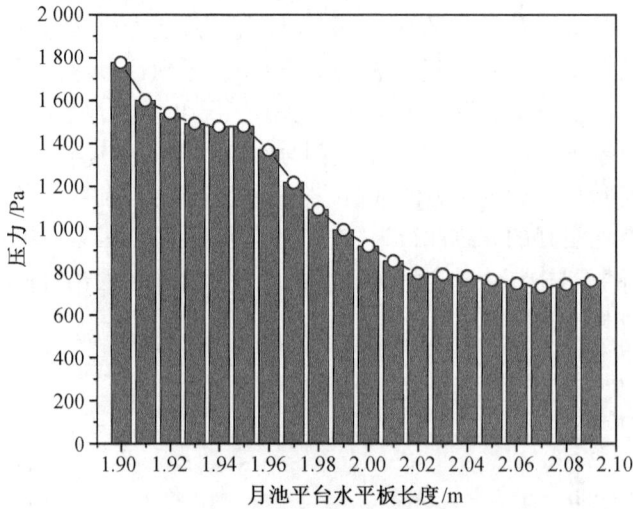

(c) 月池平台水平板砰击压力空间分布

图 3.15（续）

3.4　本章小结

本章将钻井船－月池耦合系统置于数值造波水池内,研究波激励下月池性态特征及其砰击效应。以月池活塞固有频率作为外界波浪激励频率,研究月池在纯波激励和波流激励下自由液面运动响应和月池水体破碎、爬升、翻转等非线性行为。根据典型砰击压力曲线,找出月池砰击最明显的波流参数组合,分析并讨论月池砰击的时间演化和空间分布。

在纯波激励下,三个压力传感器的监测值均随波陡的增大而增大,但压力时历曲线没有典型砰击特征,说明在该条件下月池不存在砰击。对于波流激励,压力时历曲线的性态特征与波陡存在很大关联。当波陡处于 1/35 > WS > 1/45 时,压力时历曲线虽然没有典型砰击特征,但已不像纯波激励那样具有明显的周期性波动特征。但当波陡处于 1/50 > WS > 1/70 时,压力时历曲线明显表现出强烈的砰击特征,说明该条件下月池内壁、月池平台水平

板确实存在砰击。月池前壁砰击压力最大的地方位于静水面附近,在月池吃水的
$-22.73\% \sim 11.36\%$ 范围内,而在静水面以上区域快速衰减。由于月池平台区域的浅水效
应,自由液面在该处会非常接近月池平台水平板上表面,当高速水锤到达月池前壁时,就会
对静水面以下区域造成较为明显的砰击。月池后壁压力的空间分布与月池前壁基本一致,
最大的区别在于载荷峰值的不同。月池后壁砰击压力的载荷峰值明显小于月池前壁处的
浅水效应区域,说明月池前壁处确实存在更强的非线性行为。对月池平台水平板而言,砰
击压力从最内侧向最外侧逐渐衰减。因为高速水锤在月池前壁处即月池平台水平板内侧
形成,故这些部位的非线性现象更为明显。总的来看,月池砰击主要分布在月池前后壁的
静水面附近和月池平台水平板内侧,实际工程中需要重点关注这些部位。

第4章 月池与钻井船耦合
水动力性能研究

第2章和第3章论述了钻井船在固定条件下的流激励(静水自航)、波激励和波流激励(波浪中自航),得到了月池附加阻力及其内部砰击效应的基本规律。但在实际工程中,钻井船具有六个自由度运动,在外界环境载荷的激励下钻井船可能会出现耦合效应,导致其水动力性能发生改变,对这种现象进行探讨对实际工程具有现实意义。本章将研究钻井船在规则波中的耦合运动,分析钻井船-月池系统在规则波中的纵摇、横摇及垂荡运动响应。

4.1 数值计算模型及工况

4.1.1 数值水池建立

耐波性计算采用全宽模型,数值水池示意图如图4.1所示。迎浪工况下,数值水池长度为 $5.5\,L_{pp}$,高度为 $3\,L_{pp}$,宽度为 $2\,L_{pp}$,水线面以下 $2\,L_{pp}$;横浪工况下,数值水池长度为 $2\,L_{pp}$,高度为 $3\,L_{pp}$,宽度为 $4.5\,L_{pp}$,水线面以下 $2\,L_{pp}$。

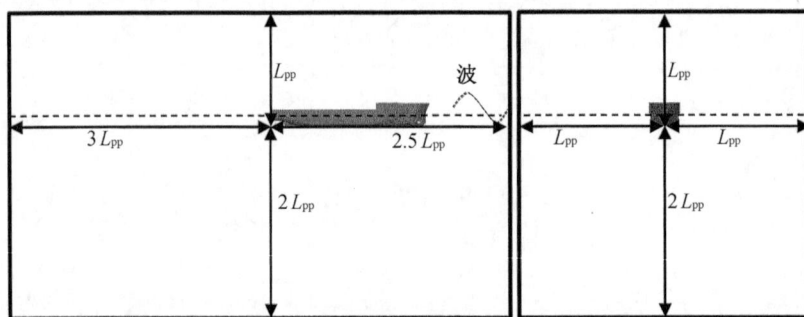

(a) 迎浪横纵剖面图

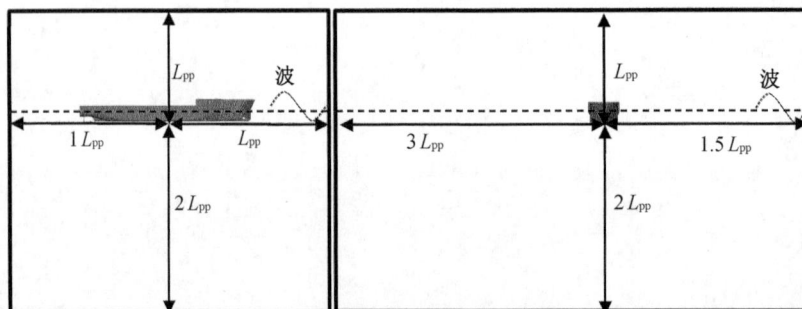

(b) 横浪横纵剖面图

图 4.1 迎浪及横浪计算域示意图

4.1.2　边界条件及计算方法设定

本章数值模拟中的边界条件为在波浪入口处定义速度边界产生波浪,在水池入口和出口端采用欧拉重叠法进行消波处理;底部采用速度入口边界条件;水池两侧采用对称边界;波浪出口设置为速度入口边界条件;顶部为压力出口边界。采用的数值方法为计算采用三维非定常分离隐式求解;湍流模型采用 SSK $k-\omega$ 模型;自由液面采用 VOF 方法进行追踪;动量方程、湍动能及湍动耗散率均采用二阶迎风格式;近壁处采用壁面函数法处理;采用 SIMPLE 压力速度耦合方式求解离散行的动量方程和离散方程,迭代得到收敛的压力场和速度场。

4.1.3　网格划分策略

三维数值水池的网格划分采用结构化网格,耐波性计算需要精确地捕抓波面的变化情况,因此对波面变化处的网格进行加密处理,在远离自由液面的地方由密到疏进行过渡处理,从而减少网格数量。本例中,自由液面区域网格最大的长宽比为 4,自由液面处 z 方向的最小网格尺寸为 0.007 5 m(一个波高内 12 个网格),x 和 y 方向最小网格为 0.06 m,波长方向控制大于 80 个网格。此外,对船体艏部驻点和月池区域的网格同样进行局部加密,计算时间步长选取为 $T/400$ s,水池整体网格划分以及钻井船外壳网格划分如图 4.2 所示。

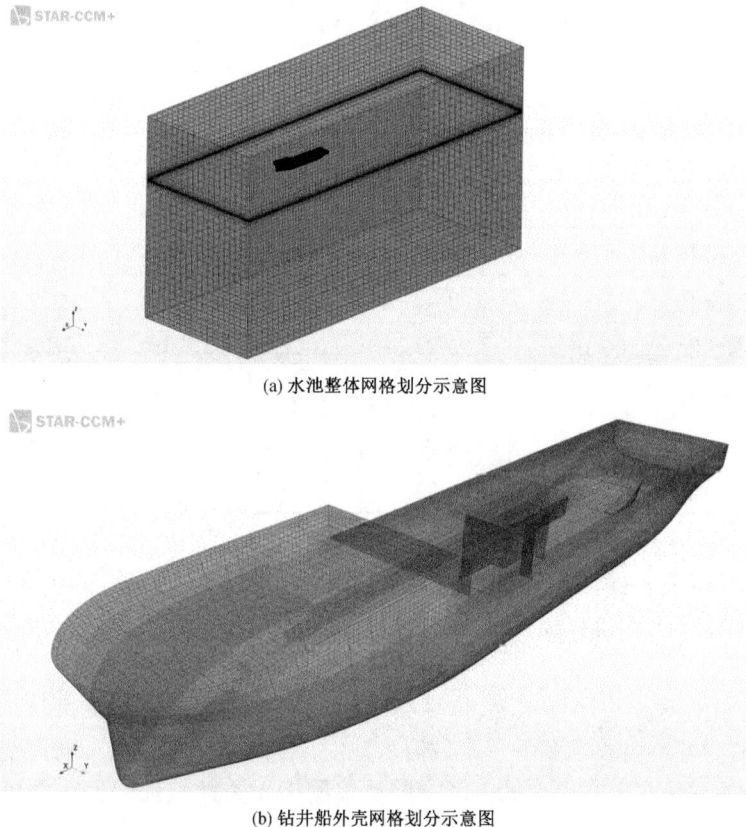

(a) 水池整体网格划分示意图

(b) 钻井船外壳网格划分示意图

图 4.2　整体网格划分示意图

4.1.4 转动惯量参数及计算工况

钻井船设计吃水及轻载吃水下的质量及转动惯量参数如表4.1所示。根据钻井船的作业海况,确定钻井船设计吃水下的耐波性模拟工况,如表4.2所示。

表4.1 钻井船质量及转动惯量参数

参数	设计吃水		轻载吃水	
	实际值	模型值	实际值	模型值
质量/kg	4.25×10^7	664	3.67×10^7	574
重心垂向位置/m	13.79	0.345	14.8	0.37
重心纵向位置/m	81.79	2.045	82.5	2.063
横摇惯性半径 R_{xx}/m	12.34	0.309	15.06	0.377
纵摇惯性半径 R_{yy}/m	45.14	1.129	47.43	1.186
艏摇惯性半径 R_{zz}/m	44.28	1.107	45.77	1.144
横摇惯性/(kg·m²)	6.48×10^9	63.399	8.33×10^9	81.582
纵摇惯性/(kg·m²)	8.67×10^{10}	846.362	8.26×10^{10}	807.386
艏摇惯性/(kg·m²)	8.34×10^{10}	813.698	7.69×10^{10}	751.214

表4.2 耐波性模拟工况表

序号	浪向	航速/kn	吃水/m	λ/Lpp	波长 λ/m	波高 H/m	周期 T/s
1	迎浪与横浪	0	0.23	0.50	2.127	0.09	1.167
2	迎浪与横浪	0	0.23	0.75	3.190	0.09	1.429
3	迎浪与横浪	0	0.23	1.00	4.253	0.09	1.651
4	迎浪与横浪	0	0.23	1.25	5.316	0.09	1.845
5	迎浪与横浪	0	0.23	1.50	6.380	0.09	2.022
6	迎浪与横浪	0	0.23	1.75	7.443	0.09	2.184
7	迎浪与横浪	0	0.23	2.00	8.506	0.09	2.334

4.2 规则波造波模拟结果

根据钻井船的耐波性计算工况,计算钻井船模拟所需的波浪环境,在数值水池内设置波高监测点,监测各个波浪参数下三维数值水池对于波浪的模拟能力,确保水池造波质量,水池网格划分的方法在上文以及第3章中的波浪网格无关性验证中已详细说明,此处不再赘述。图4.3和图4.4展示了迎浪和横浪条件下自由液面的波高图,从图中可看出自由液面体现出典型的规则波特征,证明数值模拟的准确性。图4.5和图4.6展示了迎浪和横浪的自由液面升高曲线,可看出监测点监测的实际波高值与理论波高值吻合度很高,误差在可以接受的范围内,确保了钻井船在计算迎浪和横浪的耐波性能的精确性。

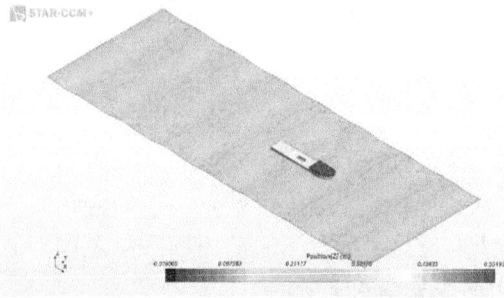

图 4.3　迎浪规则波波面云图

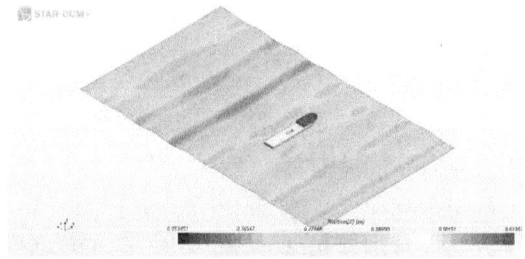

图 4.4　横浪规则波波面云图

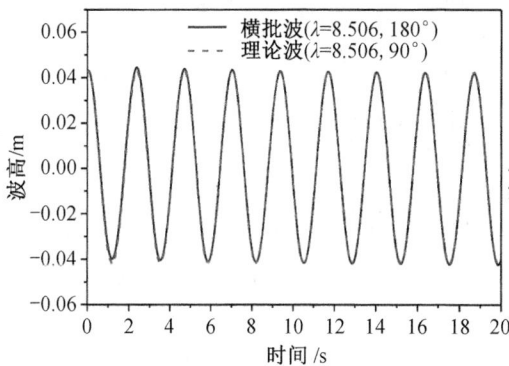

(a)λ=8.506, H=0.09 波高曲线

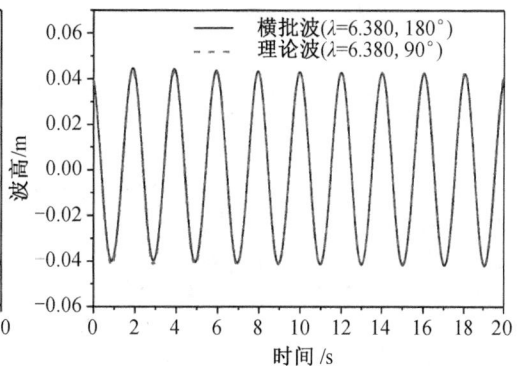

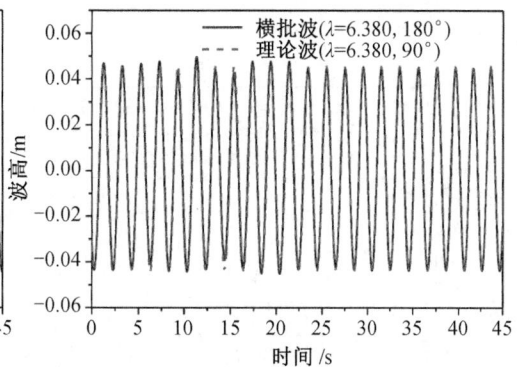

(b)λ=6.380, H=0.09 波高曲线

图 4.5　迎浪规则波波浪时历曲线

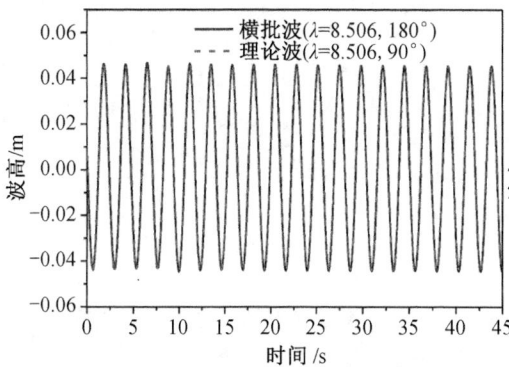

(a)λ=8.506, H=0.09 波高曲线

(b)λ=6.380, H=0.09 波高曲线

图 4.6　横浪规则波波浪时历曲线

4.3 钻井船迎浪规则波下水动力性能分析

4.3.1 垂荡和纵摇响应幅值分析

本小节对目标钻井船在迎浪规则波下的垂荡和纵摇运动响应进行数值模拟,在零航速下分别对不同波浪参数下的钻井船进行数值计算。为了保证纵摇以及垂荡运动变化时历曲线呈现规律性的周期变化,数值计算时间确保足够长,并且对不同的周期采用不同的时间步长。规则波作用下的钻井船垂荡和纵摇时历曲线如图4.7所示。

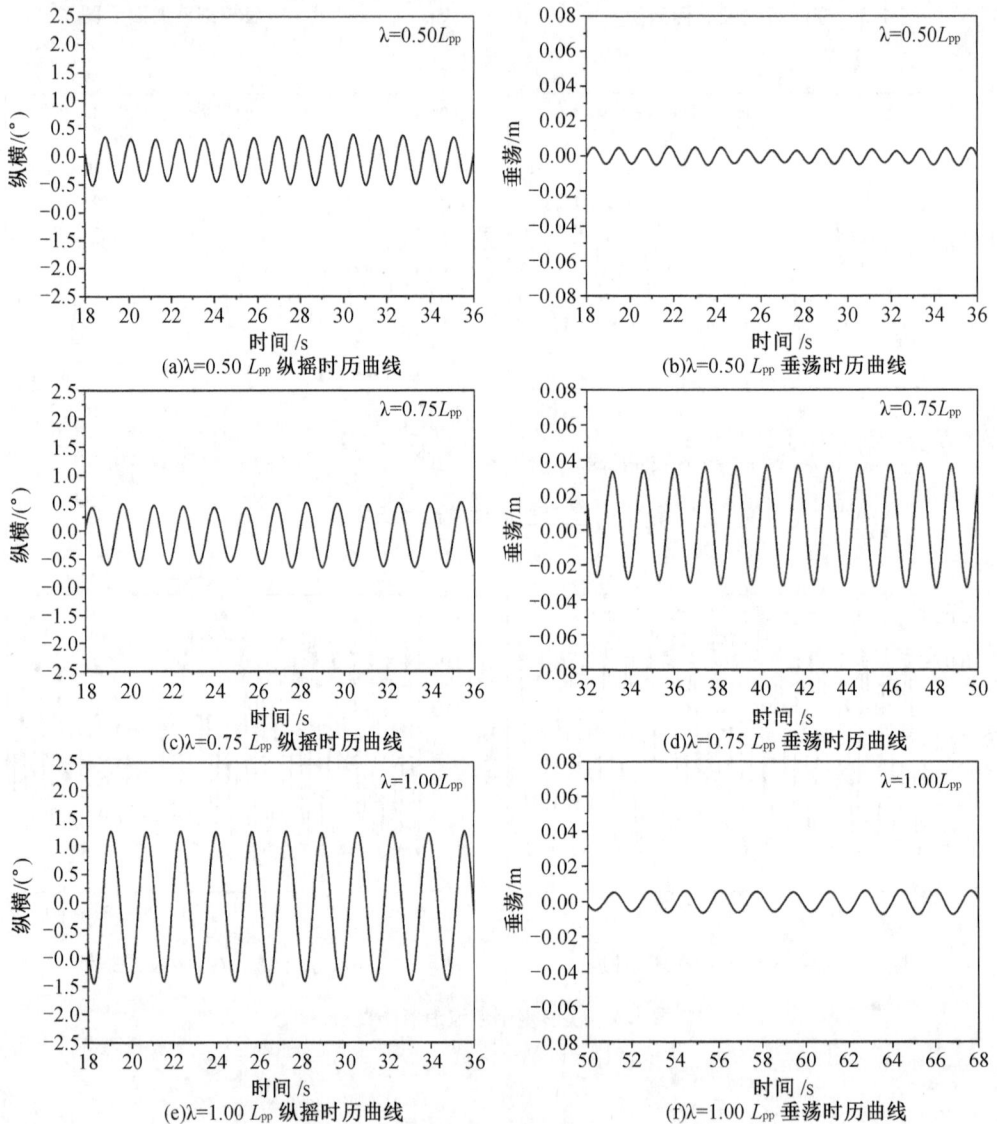

图4.7 钻井船迎浪规则波摇荡时历曲线

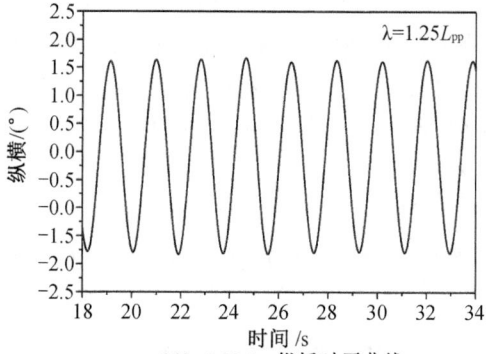

(g)λ=1.25 L_{pp} 纵摇时历曲线

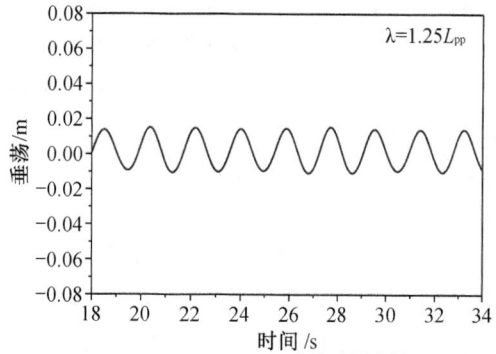

(h)λ=1.25 L_{pp} 垂荡时历曲线

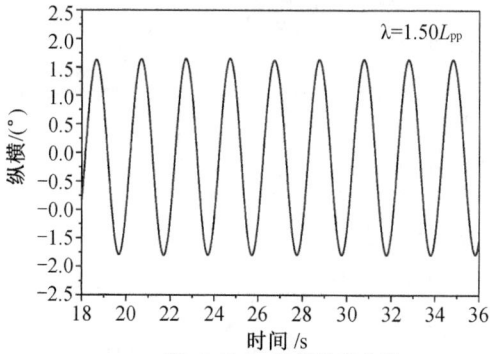

(i)λ=1.50 L_{pp} 纵摇时历曲线

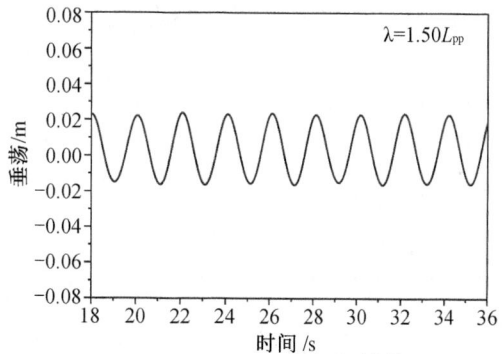

(j)λ=1.50 L_{pp} 垂荡时历曲线

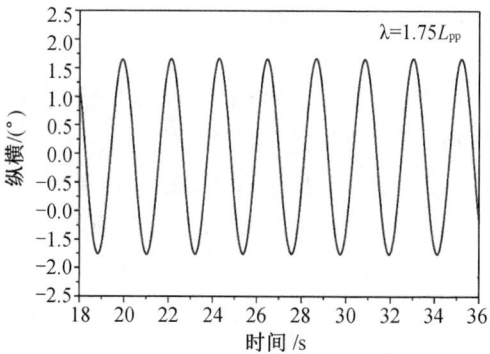

(k)λ=1.75 L_{pp} 纵摇时历曲线

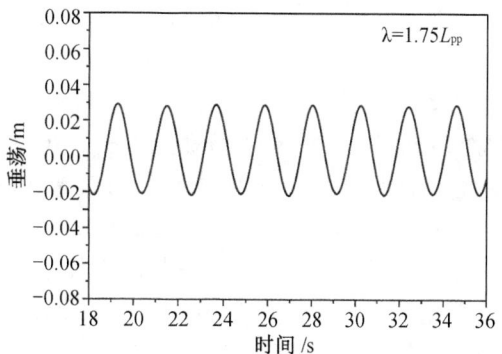

(l)λ=1.75 L_{pp} 垂荡时历曲线

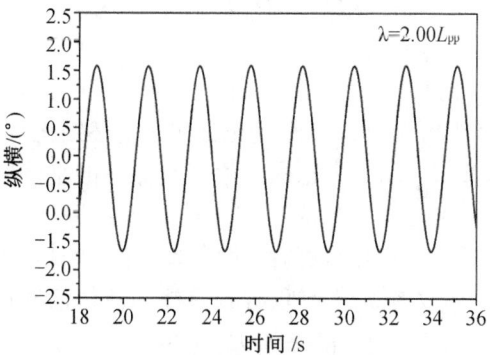

(m)λ=2.00 L_{pp} 纵摇时历曲线

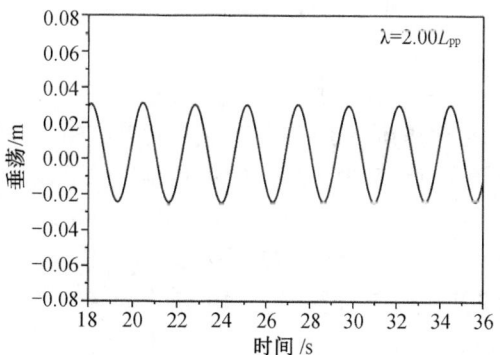

(n)λ=2.00 L_{pp} 垂荡时历曲线

图 4.7(续)

在船首迎浪方向,钻井船的主要运动形式为纵荡、垂荡和纵摇。从图 4.7 可以看出,在迎浪规则波的作用下,外部波浪波长在 1.25 倍波长之前,船体的纵摇响应随着波长的增大而愈加剧烈。但由于钻井船在海水中受黏性阻力的影响,船体的纵摇响应在大波长的波浪下纵摇幅值趋于平稳。分析船体的垂荡响应发现,船体垂荡随波长的增加而增加,在外部波浪波长为 0.75 倍船长时船体的垂荡响应最为激烈。

RAO 曲线能够较好地反映钻井船的总体水动力性能,清楚地体现钻井船的纵摇和垂荡运动响应幅值随波浪周期变化的关系。图 4.8 展示了钻井船迎浪规则波下钻井船运动的 RAO 曲线与 AQWA 模拟和模型试验的对比。

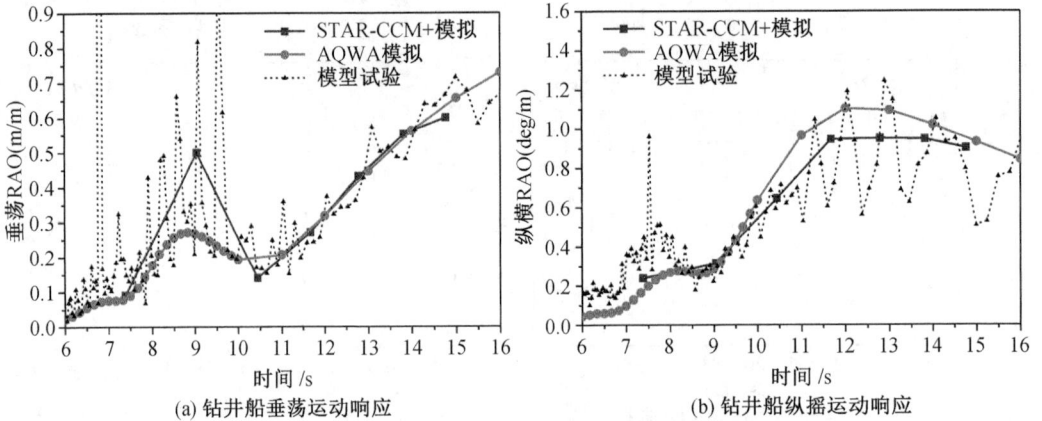

(a) 钻井船垂荡运动响应　　　　　　　　(b) 钻井船纵摇运动响应

图 4.8　迎浪规则波下 RAO 幅值响应曲线图

从图 4.8 迎浪规则波下 RAO 幅值响应曲线可以看出,基于黏流的数值模拟结果与模型试验的白噪声结果所得的垂荡和纵摇 RAO 曲线吻合度很好,这证明了数值模拟结果具有较高的合理性与可靠性;从图 4.8(a) 的黏流和势流计算结果对比可看出,在 9.04 s 的波浪周期下,钻井船垂荡运动出现一个峰值,主要是钻井船的垂荡固有周期与外部波浪周期接近,钻井船出现了共振现象导致垂荡幅值激增。从图 4.8(b) 可看出黏流计算的纵摇 RAO 曲线要比势流计算得到的结果小,这种现象是流体黏性导致的。由于黏性计算中考虑了壁面阻力,该因素在一定程度上抑制了钻井船的运动响应。但势流计算并没有计及这些实际因素的影响,故基于 AQWA 的计算结果偏大。从 RAO 幅值曲线可以看出,钻井船垂荡和纵摇运动峰值所对应的周期分别为 9.05 s 和 12.79 s,垂荡和纵摇的 RAO 幅值为 0.45 和 0.951。

图 4.9 展示了 AQWA 模拟得到的频域分析结果,从图中可看出,带月池船型与不带月池船型的船体在周期为 9.04 s 时对应的垂荡峰值均为 1.395 m,这也证实了上述结论,即在外部波浪周期为 9.04 s 的规则波作用下,船体垂荡运动更为剧烈的原因是船体的垂荡周期与外部波浪周期接近,船体发生共振现象,而不是因为月池的活塞运动发生共振导致的。此外,从图 4.9 也可发现在周期为 7.12 s 时,带月池船型的垂荡曲线出现一个小峰值,幅值为 0.734 m,这主要是月池的活塞固有频率与外部波浪周期接近,导致月池内流体活塞运动加剧,在船体与月池的相互耦合作用下,船体的垂荡运动也随之增大,在实际工程中要特别注意这种共振现象。

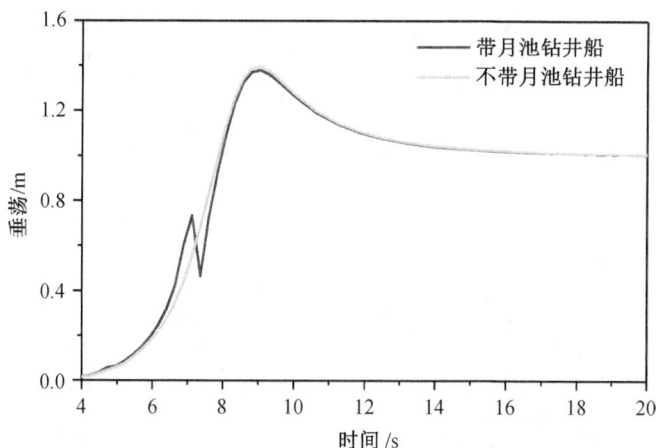

图 4.9　钻井船垂荡运动耦合对比分析

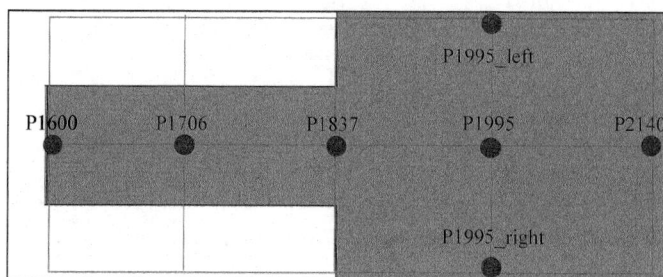

图 4.10　月池波高监测点示意图

4.3.2　月池内流体流动特性分析

耐波性计算中,月池内部监测点的布置如图 4.10 所示。波高仪分别布置在月池后缘的后端(p1600)和中端(p1706);月池主体的后端(p1837)、中端(p1995)、左端(p1995_left)、右端(p1995_right)及前端(p2140),共计 7 个位置。其中月池后缘中端(p1706)和月池主体中端(p1995)处的波面升高代表月池活塞响应,月池后缘后端与月池主体前端的波高差作为月池的纵向晃荡运动;月池主体左端(p1995_left)和右端(p1995_right)的波高差作为月池横向晃荡运动。在 180°迎浪条件下,考虑船体与波浪的耦合作用,得到月池波高时历曲线如图 4.11 所示。

从图 4.11 可看出,在不同波长的规则波作用下,7 个监测点的波面升高时历曲线基本相同,这也说明了在无航速的波浪激励下,月池内流体运动是以活塞运动为主导的。外部波浪波长的增加对月池波高变化的影响并不明显,外部波浪波长为 0.75 倍船长时月池内波高幅值为 0.101 m,其余工况的波高幅值约为 0.084 m,略小于外部波浪波高幅值 0.09 m,其主要原因是外部波浪周期与船体和月池的固有频率相差较远,没有引起共振,月池内的流体运动能量消耗导致月池内波高略小于外界波高。

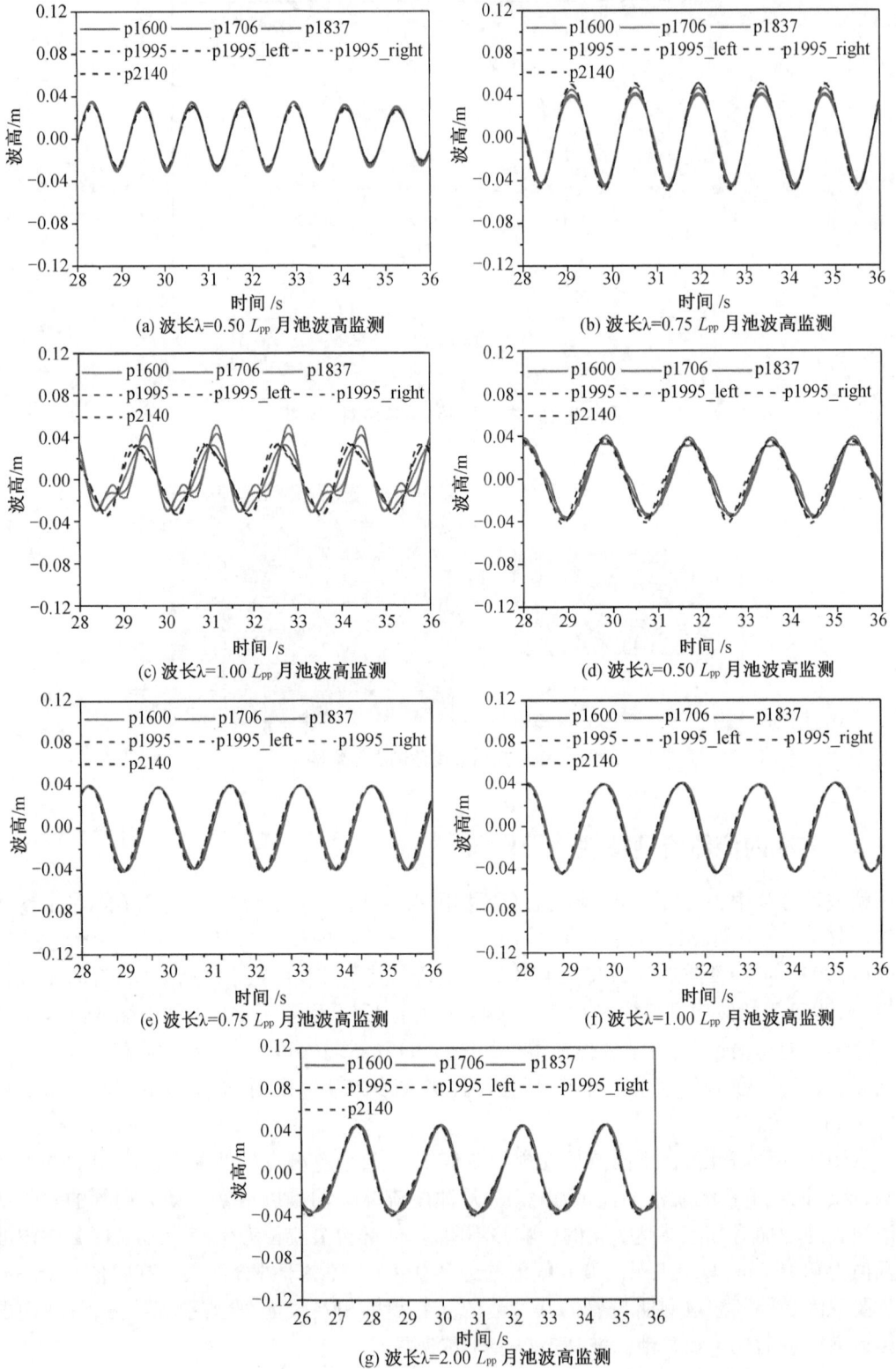

(a) 波长λ=0.50 L_{pp} 月池波高监测

(b) 波长λ=0.75 L_{pp} 月池波高监测

(c) 波长λ=1.00 L_{pp} 月池波高监测

(d) 波长λ=0.50 L_{pp} 月池波高监测

(e) 波长λ=0.75 L_{pp} 月池波高监测

(f) 波长λ=1.00 L_{pp} 月池波高监测

(g) 波长λ=2.00 L_{pp} 月池波高监测

图4.11　不同迎浪规则波参数下月池波高时历曲线

图 4.12 展示了不同迎浪波长下月池晃荡与活塞时历曲线。从中可看出横向晃荡运动时历曲线几乎近似于一条直线,这是由于数值模拟只选用了钻井船迎浪状态,流场沿船舯左右对称,月池左右两边没有明显的加速度与压力差,因此可以认为在 y 方向上的横向晃荡运动可以忽略不计。从 7 个波浪周期的计算结果可以看出,月池内的主要运动形式是活塞运动,随着波长的增加,月池主体的活塞运动幅值与月池后缘的活塞运动幅值会略有提高,当外部波浪波长为 0.75 倍船长时,月池主体的活塞运动幅值比月池后缘幅值大,主体幅值比后缘幅值大约 23.37%。当外部波浪波长约为一倍船长时,月池主体与后缘波面存在高度差,该波浪周期下月池的晃荡运动幅值最大,其量级大约是该工况下吃水的 0.114,活塞运动幅值的 0.609 倍。

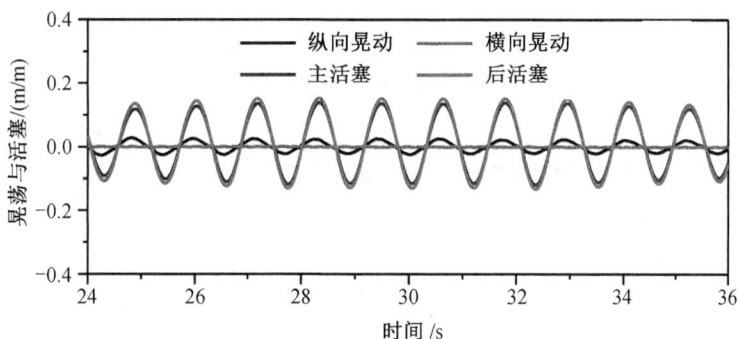

(a) 波长 λ/L_{pp}=0.50 时月池内晃荡与活塞时历

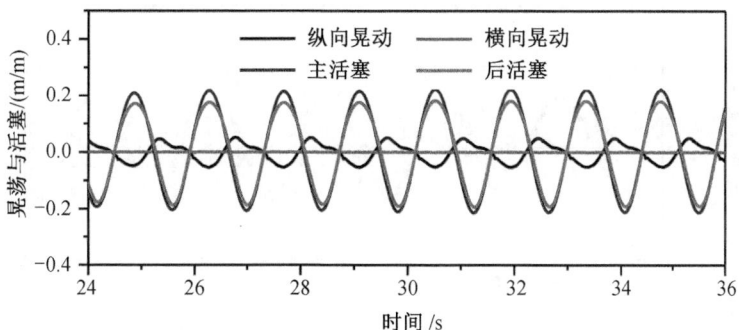

(b) 波长 λ/L_{pp}=0.75 时月池内晃荡与活塞时历

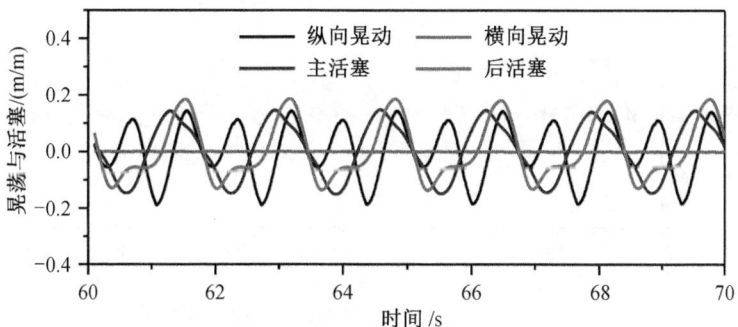

(c) 波长 λ/L_{pp}=0.50 时月池内晃荡与活塞时历

图 4.12　不同迎浪波长下月池晃荡与活塞时历曲线

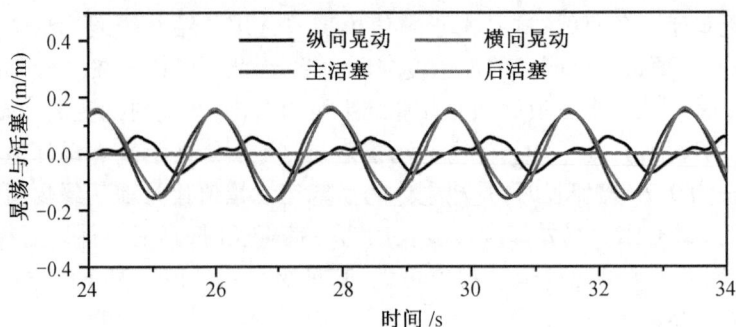

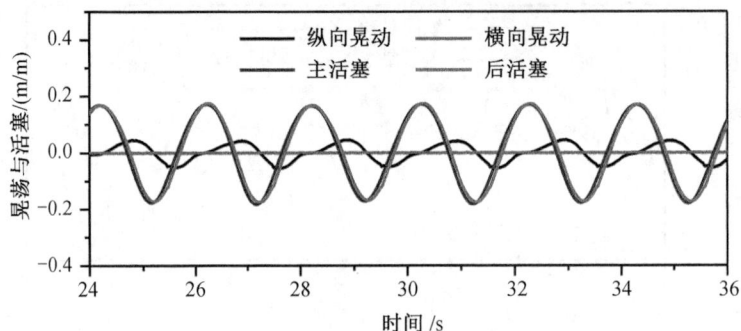

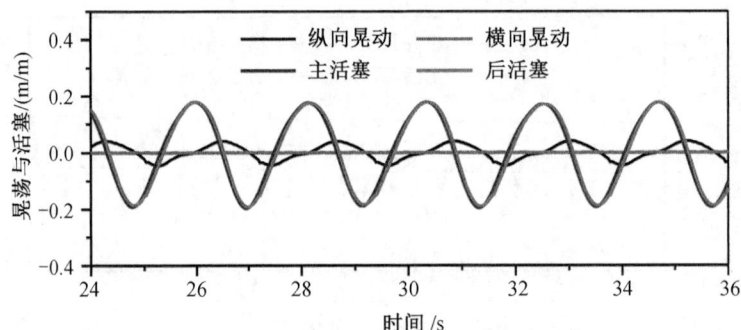

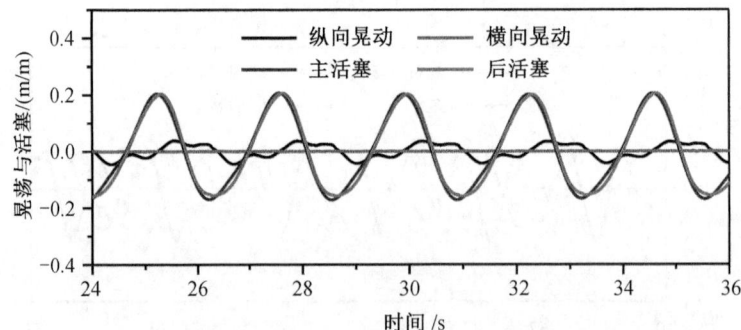

(d) 波长λ/L_{pp}=0.50 时月池内晃荡与活塞时历

(e) 波长λ/L_{pp}=0.50 时月池内晃荡与活塞时历

(f) 波长λ/L_{pp}=1.75 时月池内晃荡与活塞时历

(g) 波长λ/L_{pp}=2.00 时月池内晃荡与活塞时历

图 4.12(续 1)

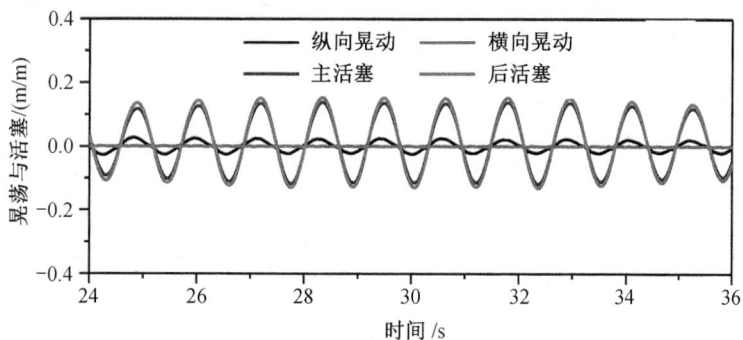

(a) 波长λ/L_{pp}=0.50 时月池内晃荡与活塞时历

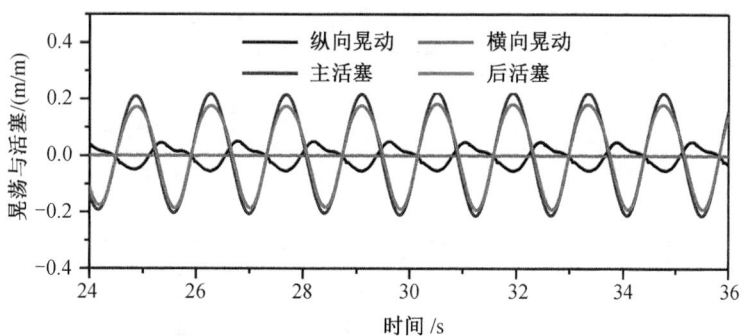

(b) 波长λ/L_{pp}=0.75 时月池内晃荡与活塞时历

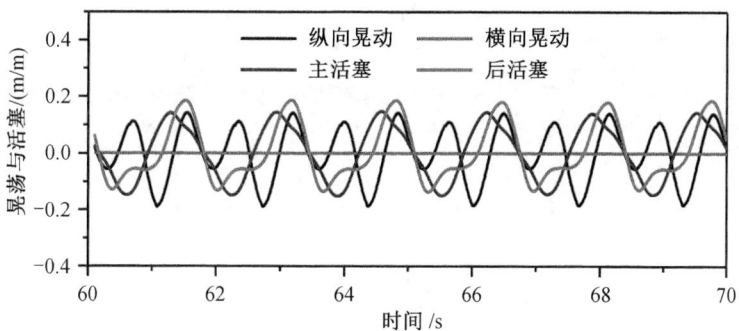

(c) 波长λ/L_{pp}=0.50 时月池内晃荡与活塞时历

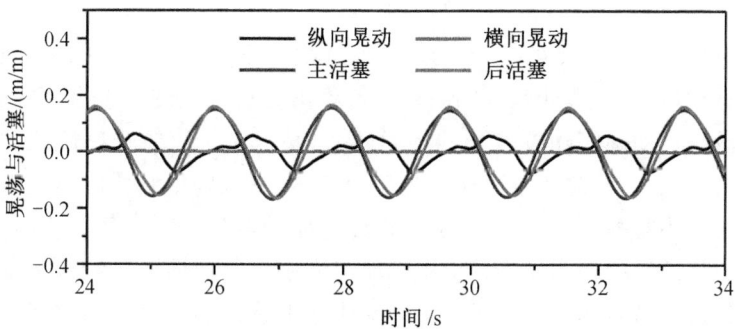

(d) 波长λ/L_{pp}=0.50 时月池内晃荡与活塞时历

图 4.12(续 2)

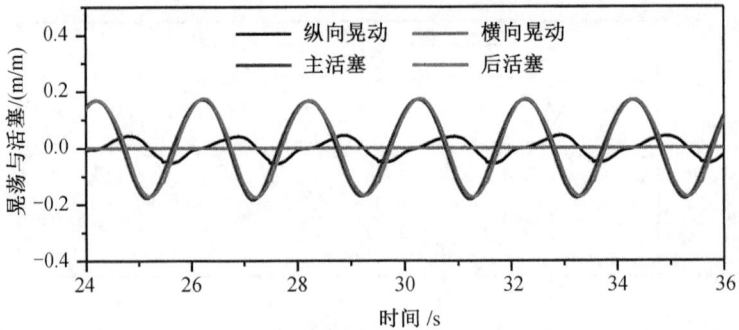

(e) 波长λ/L_{pp}=0.50 时月池内晃荡与活塞时历

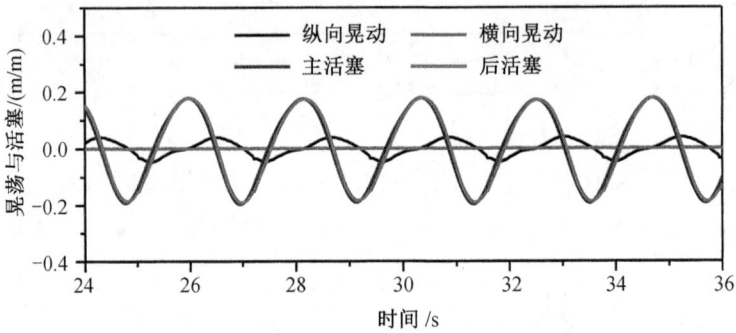

(f) 波长λ/L_{pp}=1.75 时月池内晃荡与活塞时历

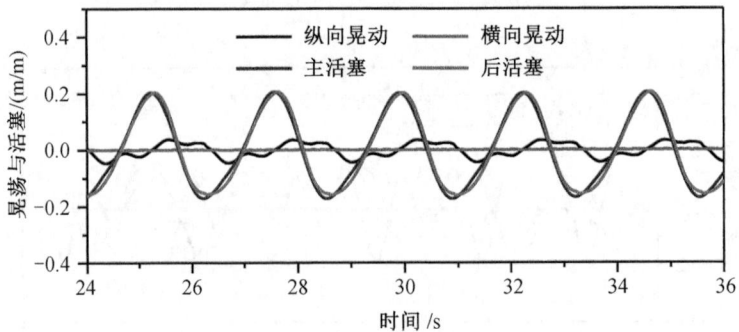

(g) 波长λ/L_{pp}=2.00 时月池内晃荡与活塞时历

图 4.12(续 3)

　　由上述月池晃荡活塞运动的时历曲线可知,无航速下月池内流体的主要运动形式为活塞运动,因此通过对月池主体活塞运动曲线进行频谱分析。从图 4.13 可看出,在无航速条件下月池内的活塞运动幅值随着波长的增大而增大,但由于流体受黏性阻力的影响,在波长增大到 1.5 倍船长后,月池活塞运动增幅趋于平缓,最大幅值约为吃水的 0.18 倍。并且在外部波浪波长较小时,月池内活塞运动二倍频对应的能量谱峰也较小,随着波长的增大,二倍频对应的能量谱峰愈加明显。分析不同波浪周期下月池活塞运动频谱曲线发现,波长为 0.75 倍船长时,频谱曲线对应的能量谱峰要比周围波长的能量峰值都要大,幅值约为吃水的 0.16 倍。其主要原因是该波长对应的波浪周期与船体的垂荡周期接近,钻井船与外界波浪激励发生了共振,导致钻井船的垂荡运动更为剧烈。此时月池内流体受船体垂荡运动的影响,活塞运动更为剧烈,说明在月池与钻井船的耦合作用下船体垂荡运动对月池内流体的活塞运动具有较大的影响。

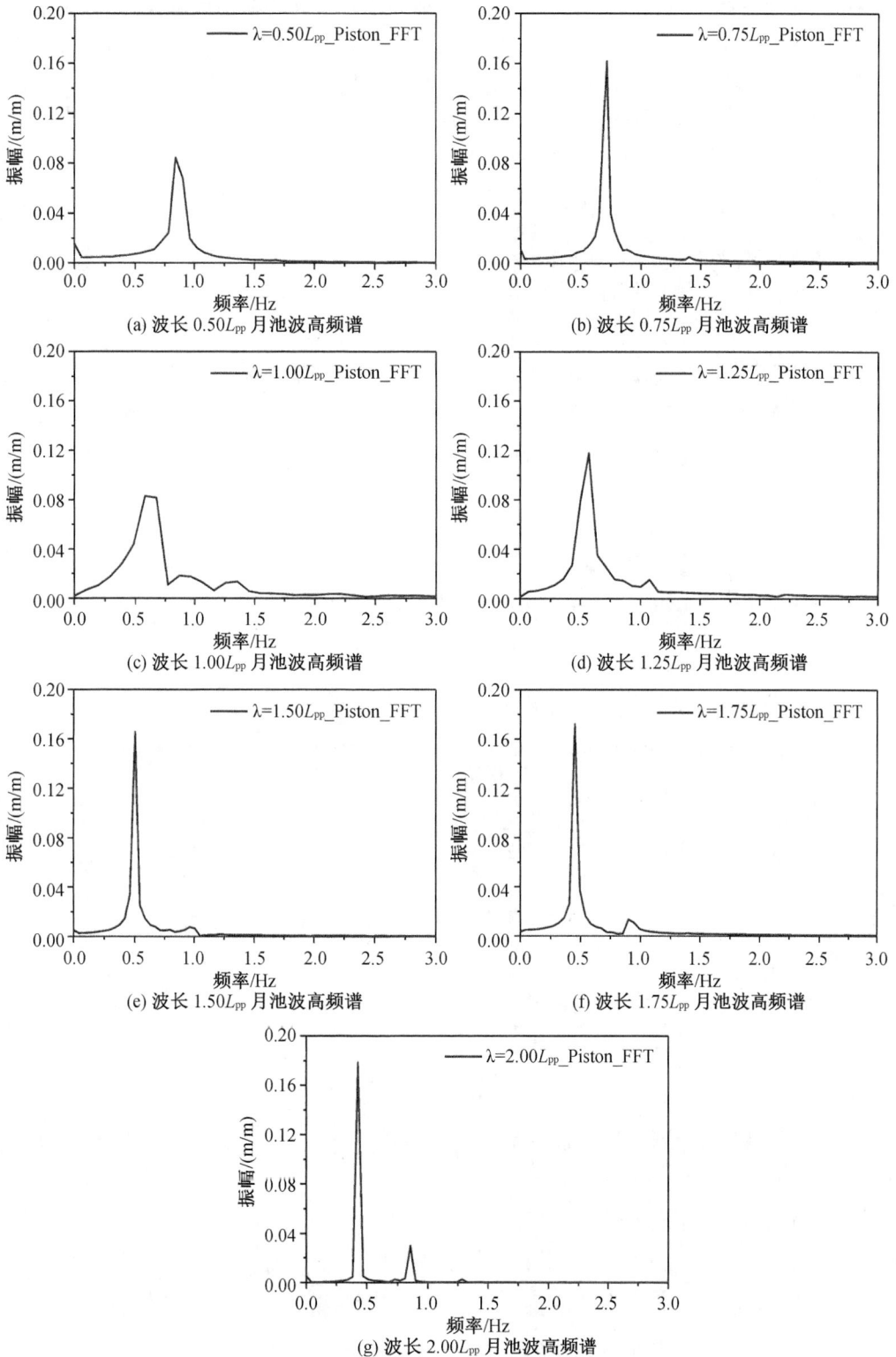

(a) 波长 $0.50L_{pp}$ 月池波高频谱

(b) 波长 $0.75L_{pp}$ 月池波高频谱

(c) 波长 $1.00L_{pp}$ 月池波高频谱

(d) 波长 $1.25L_{pp}$ 月池波高频谱

(e) 波长 $1.50L_{pp}$ 月池波高频谱

(f) 波长 $1.75L_{pp}$ 月池波高频谱

(g) 波长 $2.00L_{pp}$ 月池波高频谱

图 4.13　不同波浪波长下月池活塞运动频谱曲线

　　月池在中纵剖面和中横剖面处的自由液面形状与流体速度分布如图4.14所示。从总体上看,月池内流体基本在竖直方向上运动,表现为活塞运动。在中横剖面处,自由液面基本呈水平状,略有中拱或中垂现象,而流体的速度分布完全呈左右对称,这说明在迎浪工况上月池内流体的横向晃荡运动很小,因而基本可以忽略。在中纵剖面处,自由液面略有倾斜,呈现前低后高的液面高度差,月池主体和月池后缘的速度分布不均匀,这说明在迎浪工况下月池内流体存在沿纵向的晃荡运动。

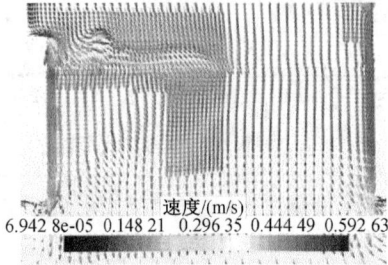

(a) 波长 λ=0.50L_{pp} 月池纵剖面速度矢量图

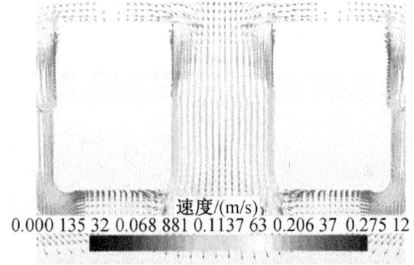

(b) 波长 λ=0.50L_{pp} 月池横纵剖面速度矢量

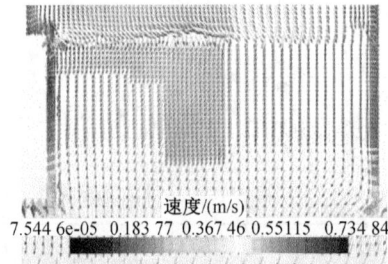

(c) 波长 λ=0.75L_{pp} 月池纵剖面速度矢量图

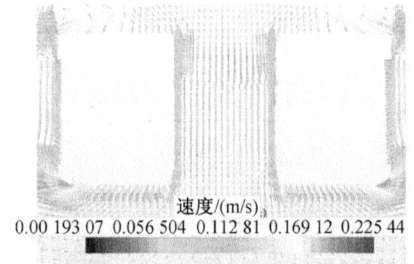

(d) 波长 λ=0.75L_{pp} 月池横纵剖面速度矢量

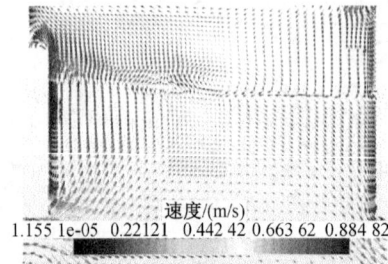

(e) 波长 λ=1.00L_{pp} 月池纵剖面速度矢量图

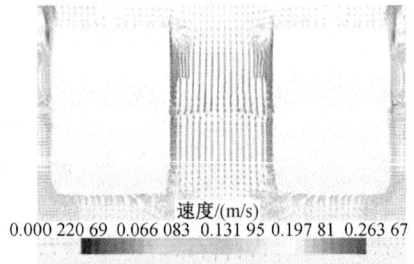

(f) 波长 λ=1.00L_{pp} 月池横纵剖面速度矢量

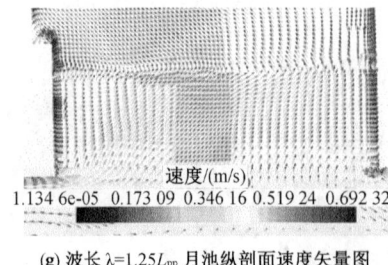

(g) 波长 λ=1.25L_{pp} 月池纵剖面速度矢量图

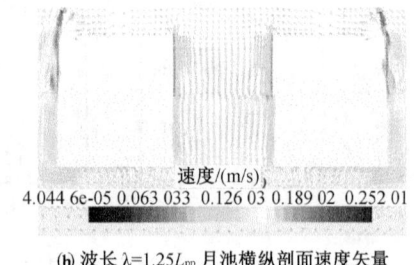

(h) 波长 λ=1.25L_{pp} 月池横纵剖面速度矢量

图4.14　不同波浪周期下月池速度矢量图

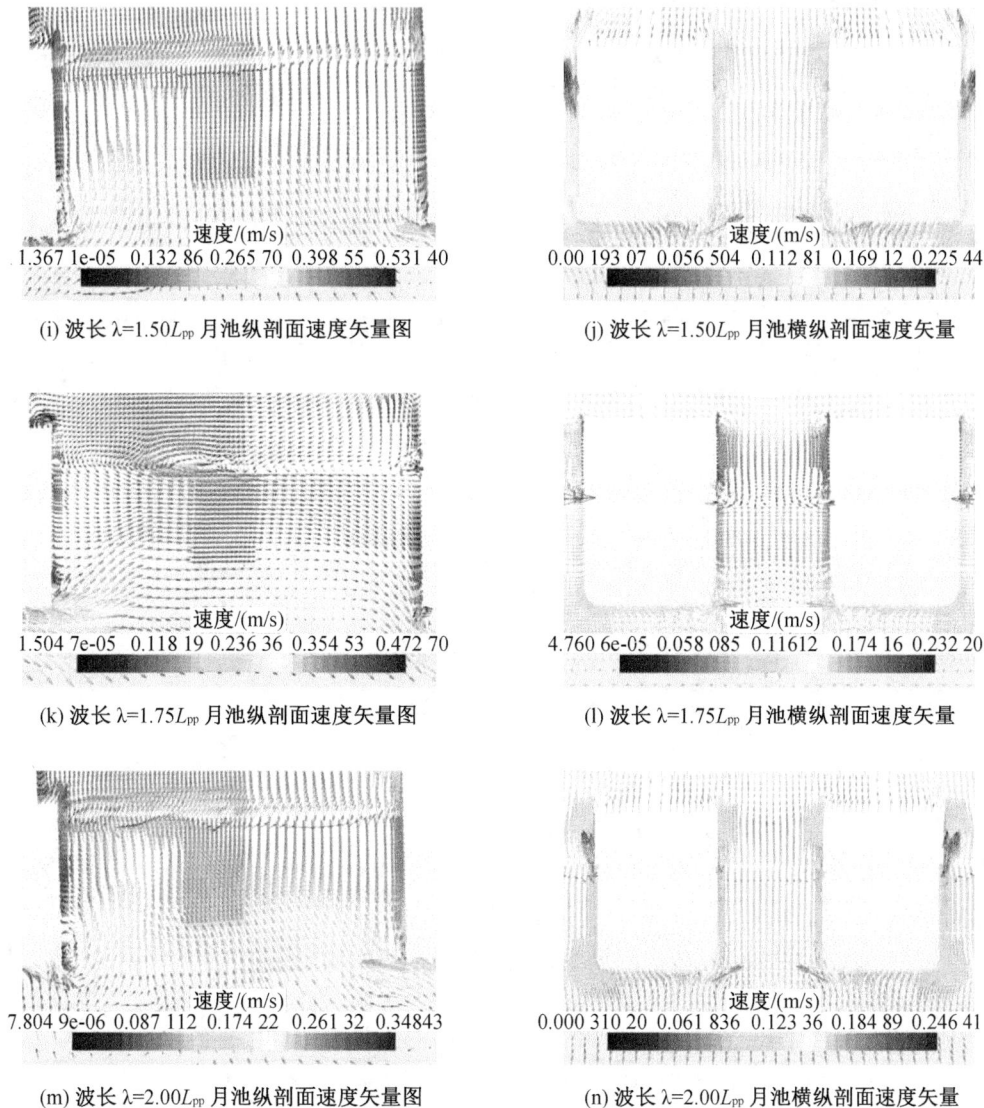

(i) 波长 λ=1.50L_{pp} 月池纵剖面速度矢量图

(j) 波长 λ=1.50L_{pp} 月池横纵剖面速度矢量

(k) 波长 λ=1.75L_{pp} 月池纵剖面速度矢量图

(l) 波长 λ=1.75L_{pp} 月池横纵剖面速度矢量

(m) 波长 λ=2.00L_{pp} 月池纵剖面速度矢量图

(n) 波长 λ=2.00L_{pp} 月池横纵剖面速度矢量

图 **4.14**(续 1)

4.3.3　船体在波浪中的耦合运动

为了探究钻井船的垂荡和纵摇运动对月池内流体运动的影响,本小节将固定状态的钻井船与放开纵摇和垂荡两个自由度的钻井船进行对比分析,探讨钻井船与月池相互耦合作用下的月池波高变化与船体固定状态下的月池波高变化的区别,所采用的外界波浪参数为周期 2.334 s,波高 0.09 m。月池波高变化时历曲线如图 4.15 所示。

图 4.15 为月池内 7 个波高监测点的时历曲线,月池流体在耦合状态下的最大波高约为 0.047 m,而在钻井船静止状态下的最大波高为 0.022 m,故耦合状态下的月池内流体运动响应比固定状态下的大,约为 2.136 倍。从上述讨论可看出,在受到外部波浪激励时,钻井船的垂荡和纵摇运动会加剧月池内流体的运动,故作者认为只有考虑月池与钻井船的耦合

作用才能更加真实地反映月池内流体的运动状态。

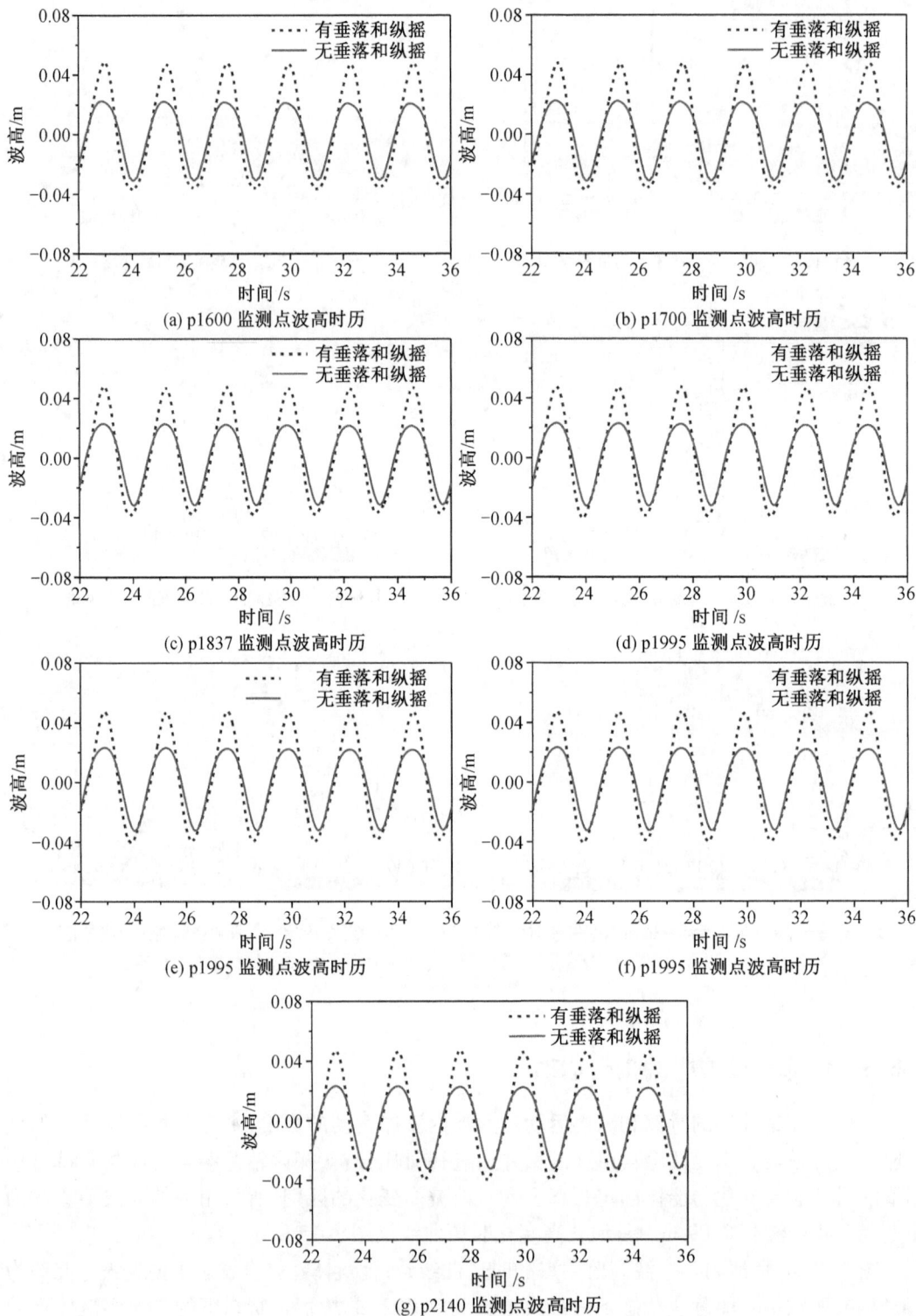

(a) p1600 监测点波高时历

(b) p1700 监测点波高时历

(c) p1837 监测点波高时历

(d) p1995 监测点波高时历

(e) p1995 监测点波高时历

(f) p1995 监测点波高时历

(g) p2140 监测点波高时历

图 4.15　波浪周期为 2.334 s 时钻井船月池波高时历曲线

4.4　钻井船横浪规则波下水动力性能分析

4.4.1　垂荡和横摇幅值响应分析

上小节研究了迎浪条件下钻井船与月池的水动力耦合效应,本小节研究横浪条件下钻井船与月池的水动力耦合效应。与迎浪参数相同,规则波波高为 0.09 m,波长为 $0.5 L_{pp} \sim 2 L_{pp}$,间隔为 $0.25 L_{pp}$,但波浪入射角与船舶夹角为 90°,以模拟船舶在遭受横向规则波作用下的船体水动力特性。图 5.17 展示了横浪规则波作用下的船体垂荡和横摇时历曲线。

钻井船在受到横浪规则波作用下,主要的运动方式为横荡、横摇以及垂荡。从图 4.16 可看出,船体的垂荡运动随着波长的增加而增加;由于流体的黏性作用,当波长大于 1 倍船长时,船体的垂荡幅值增幅趋于平稳,垂荡最大幅值约为 0.088 m,与外界波浪高度基本一致。横摇运动幅值则随着波长的增加呈现先减少后增大的趋势,在外部波浪波长为 0.75 船长,波浪周期为 1.429 s 时,钻井船的横摇角度最小,其幅值约为实尺波高的 0.076 倍。

图 4.17 展示了横浪规则波作用下 RAO 幅值响应曲线。从中可看出,势流计算结果与白噪声试验结果的吻合度较高,而基于黏流的数值模拟结果在前三个波浪周期偏小,其原因是在波高相同的情况下,波长越小波陡越大,大波陡的波浪在黏性模拟中会出现较为明显的数值耗散,即与钻井船相互作用的波高小于预期值,从而导致模拟结果偏小,而但这种耗散在势流计算中是不存在的。随着波长的增大,这种数值衰减减弱,故大周期下钻井船的垂荡幅值与模型试验吻合较好。在横摇运动响应方面,曲线呈现先减后增的趋势,随着外部波浪周期的增大,势流的计算结果开始偏离模型试验结果,其主要原因是势流计算没有计及流体黏性等因素,导致结果比实际值偏大。

图 4.18 展示了不同波浪周期、不同浪向角下的垂荡时历曲线。从图中可知,在迎浪激励下,波长 1.25 L_{pp} 对应的垂荡幅值为 0.047 4 m,波长 2.00 L_{pp} 对应的垂荡幅值为 0.048 5 m;而在横浪激励下,波长 1.25 L_{pp} 对应的垂荡幅值为 0.031 5 m,波长 2.00 L_{pp} 对应的垂荡幅值为 0.015 2 m。从上述讨论可知,钻井船在迎浪激励下的垂荡运动响应要比在横浪激励下的垂荡运动响应大,说明钻井船的垂荡运动对浪向角较为敏感,因此在作业条件下,应尽可能地使船舶处于迎浪状态。

4.4.2　月池内流体流动特性分析

横浪规则波作用下,月池波高监测点的布置与迎浪规则波工况保持一致(见图 4.10)。月池后缘中端(p1706)和月池主体中端(p1995)处波面升高代表月池内流体的活塞运动;月池后缘后端与月池主体前端的波高差作为月池的纵向晃荡运动;月池主体左端(p1995 left)和右端(p1995_right)的波高差作为月池横向晃荡运动,月池波高时历曲线如图 4.19 所示。

从图 4.19 可看出,在横浪激励下月池内部 7 个监测点的波高变化基本一致,说明在横浪激励下,月池水体的运动是以活塞模态主导的。结合上小节迎浪中的月池波高幅值对比分析可发现,横浪激励下的月池波高比迎浪激励下的月池波高大,此时月池波高约为迎浪工况的 1.17 倍,其主要原因是钻井船的垂荡运动对浪向角更为敏感,横浪作用下的船体垂荡运动更为剧烈,月池内流体与船体相互耦合,导致横浪规则波下的月池波高幅值更大。

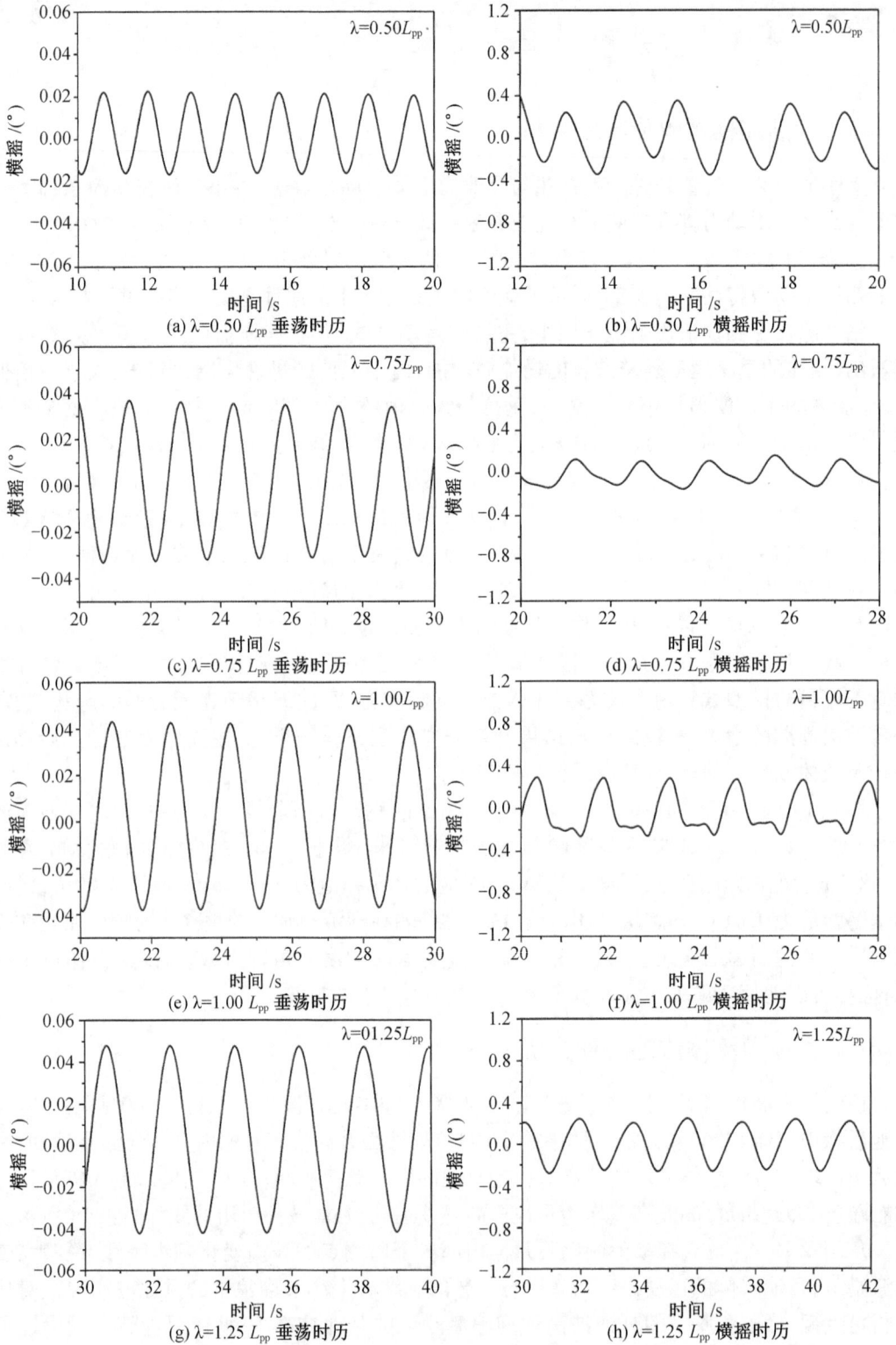

图 4.16　钻井船横浪规则波摇荡时历曲线

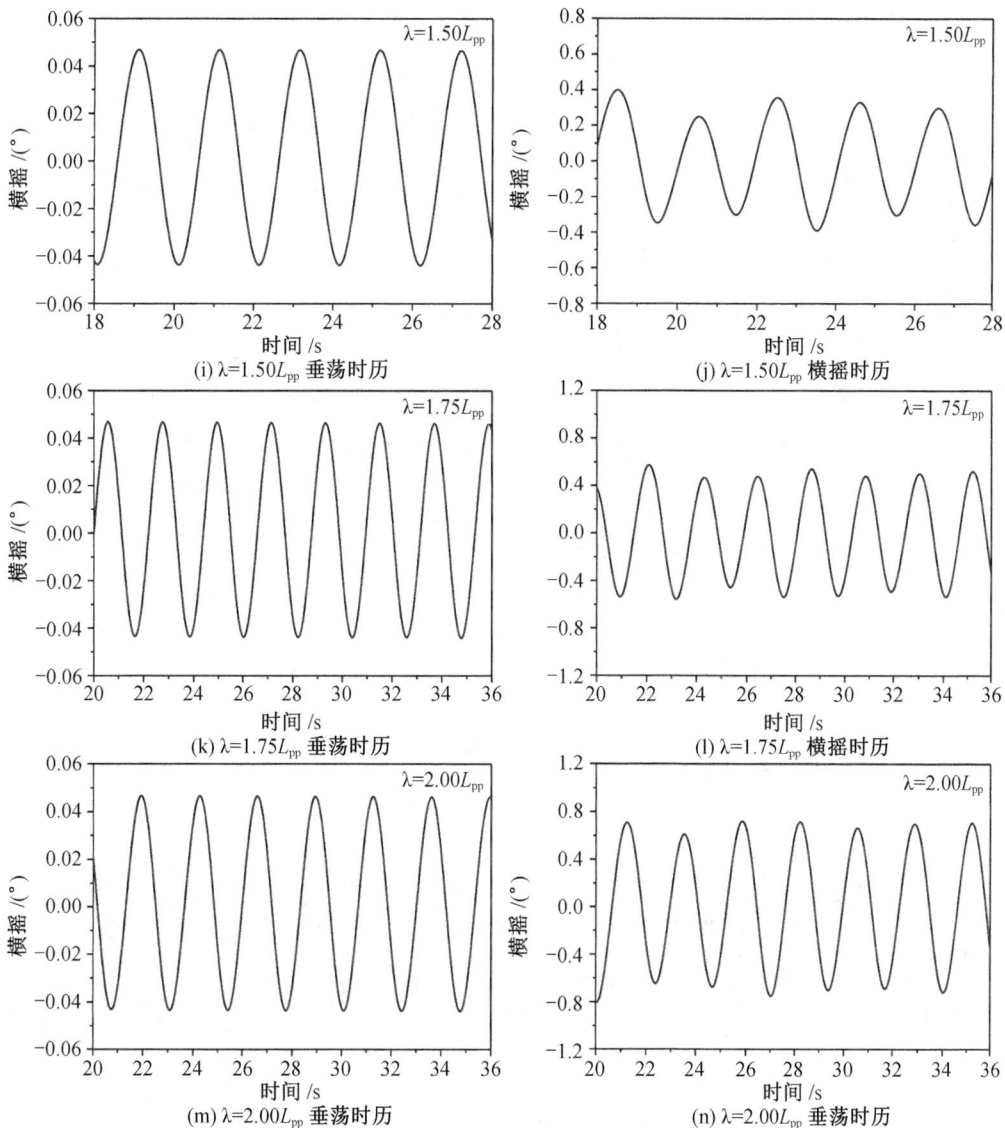

(i) $\lambda=1.50L_{pp}$ 垂荡时历

(j) $\lambda=1.50L_{pp}$ 横摇时历

(k) $\lambda=1.75L_{pp}$ 垂荡时历

(l) $\lambda=1.75L_{pp}$ 横摇时历

(m) $\lambda=2.00L_{pp}$ 垂荡时历

(n) $\lambda=2.00L_{pp}$ 垂荡时历

图 4.16（续）

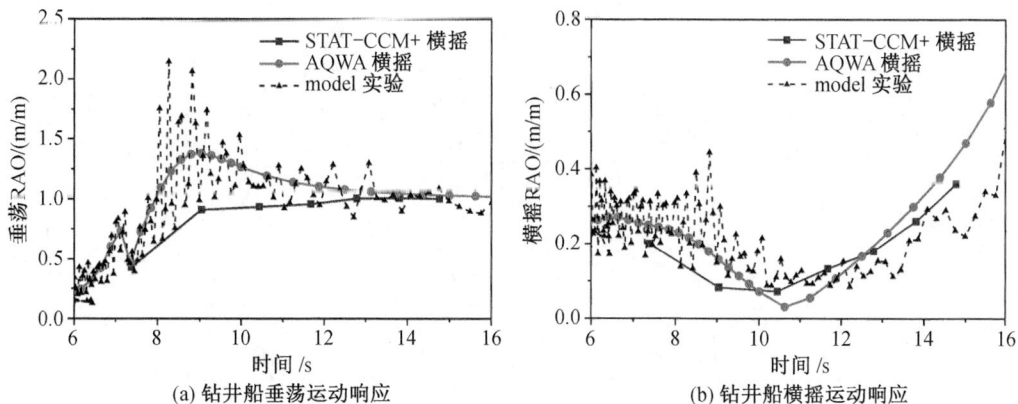

(a) 钻井船垂荡运动响应

(b) 钻井船横摇运动响应

图 4.17　横浪规则波作用下 RAO 幅值响应曲线图

(a) 波长λ=1.25L_{pp}时垂荡曲线　　(b) 波长λ=2.00L_{pp}时垂荡曲线

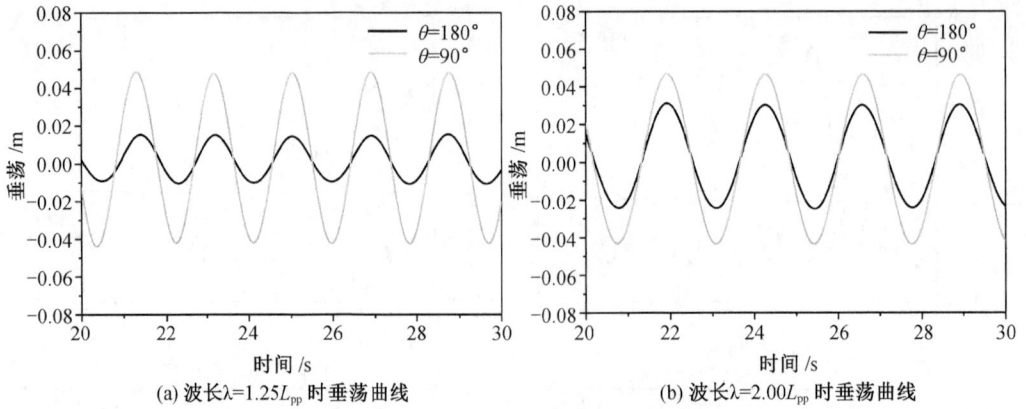

图4.18　不同波浪周期、不同浪向角下的垂荡时历曲线

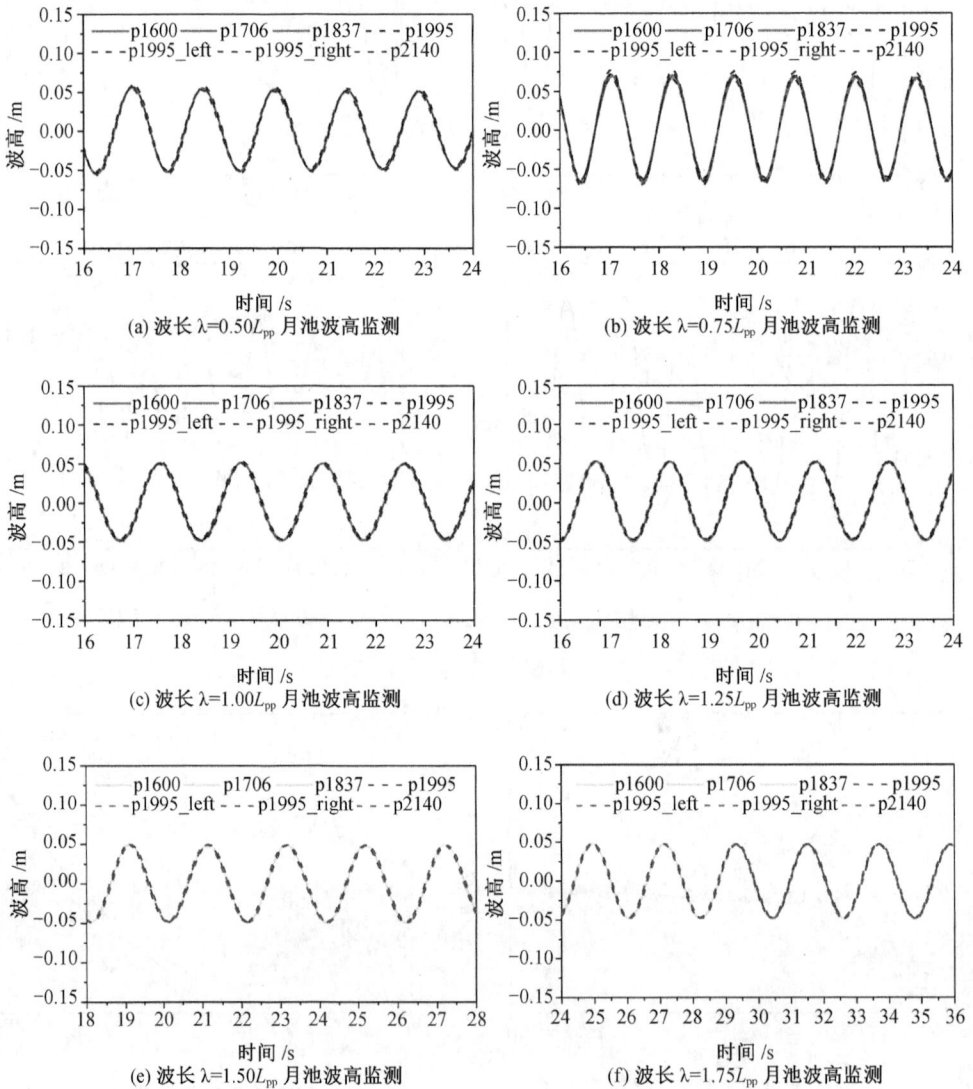

(a) 波长 λ=0.50L_{pp} 月池波高监测　　(b) 波长 λ=0.75L_{pp} 月池波高监测

(c) 波长 λ=1.00L_{pp} 月池波高监测　　(d) 波长 λ=1.25L_{pp} 月池波高监测

(e) 波长 λ=1.50L_{pp} 月池波高监测　　(f) 波长 λ=1.75L_{pp} 月池波高监测

图4.19　不同横浪规则波参数下月池波高时历曲线

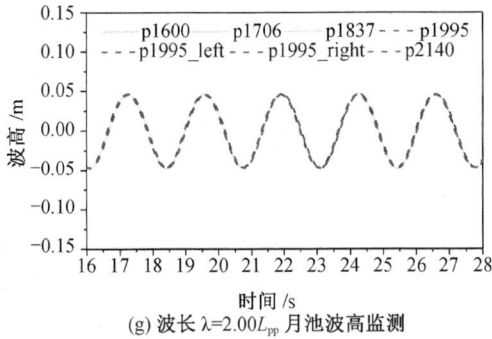

(g) 波长 λ=2.00L_{pp} 月池波高监测

图 4.19（续）

图 4.20 展示了不同横浪波长下月池晃荡与活塞时历曲线。从图 4.20 中可看出，横浪作用下的月池运动主要为活塞运动，其最大幅值约为吃水的 0.306 倍。纵向和横向晃荡运动曲线几乎为一条直线，这是因为数值模拟只选用了钻井船横浪状态，月池前后壁的流场均匀分布，前后两侧没有明显的加速度和压力差，因此可认为在研究钻井船受横向波浪作用时，月池内部的纵向晃动运动可忽略不计。分析月池横向晃动运动时发现，在不同波浪周期下的月池横向晃荡时历曲线都较为平缓，幅值约为吃水的 0.04 倍，其主要原因是钻井船在遭受横浪时除了会发生横摇，同时也会发生横荡，船舶的横荡消耗了一部分波能，导致船体横摇较小进而对月池横向晃动影响较小。

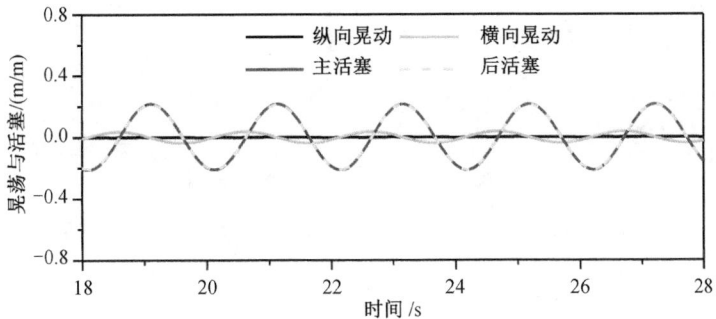

(a) 波长λ=1.25L_{pp} 时月池内晃荡与活塞时历

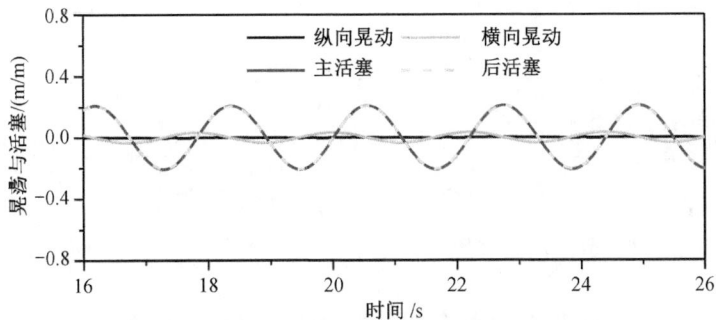

(b) 波长λ=1.75L_{pp} 时月池内晃荡与活塞时历

图 4.20　不同横浪波长下月池晃荡与活塞时历曲线

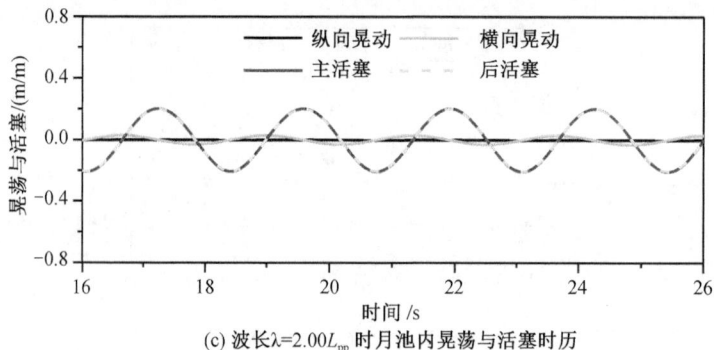

(c) 波长λ=2.00L_{pp} 时月池内晃荡与活塞时历

图 4.20(续 1)

月池主体及后缘中横剖面处的自由液面形状与流体速度分布如图 4.21 所示。从总体上看,横浪激励下的月池流体运动方式有两种,一种是竖直方向上的活塞运动,一种是沿船宽方向的横向晃荡运动。从中横剖面可看出,流体的流动方向与横向波浪的传播方向一致,并且由于月池的屏蔽作用,月池流体的横向晃荡幅度较小,自由液面基本呈水平状,说明钻井船在受横浪激励下月池内部流体是活塞和横向晃荡相混合的运动模态。

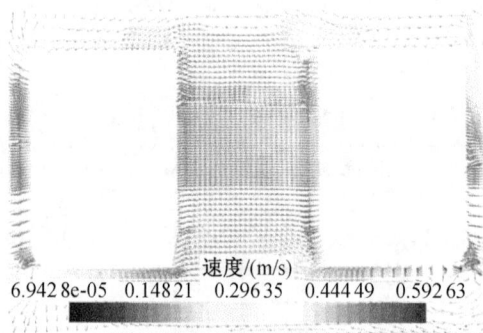

(a) 波长 λ=0.50L_{pp} 月池纵剖面速度矢量图

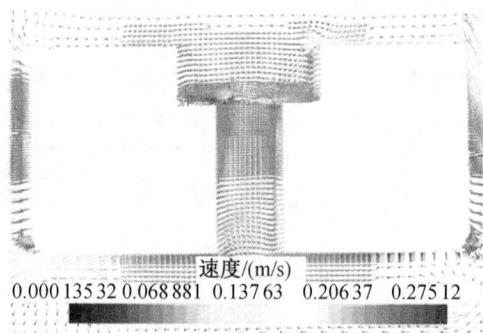

(b) 波长 λ=0.50L_{pp} 月池横纵剖面速度矢量

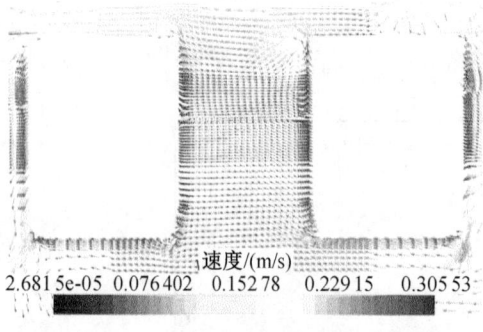

(c) 波长 λ=0.75L_{pp} 月池纵剖面速度矢量图

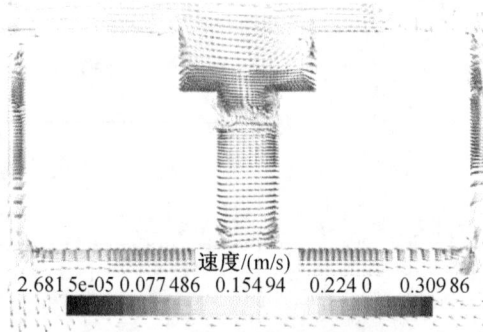

(d) 波长 λ=0.75L_{pp} 月池横纵剖面速度矢量

图 4.21 不同波浪周期月池横剖面速度矢量图

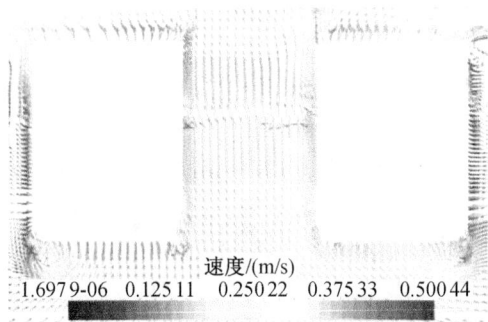

(e) 波长 λ=1.00L_{pp} 月池纵剖面速度矢量图

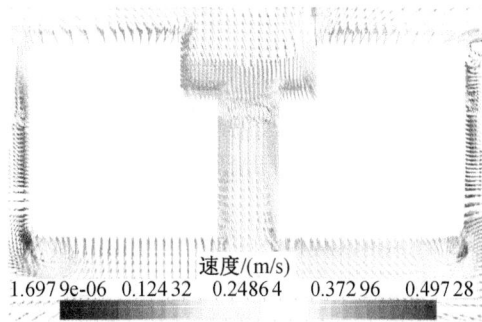

(f) 波长 λ=1.00L_{pp} 月池横纵剖面速度矢量

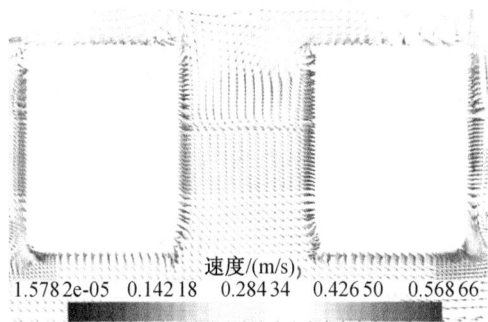

(g) 波长 λ=1.25L_{pp} 月池纵剖面速度矢量图

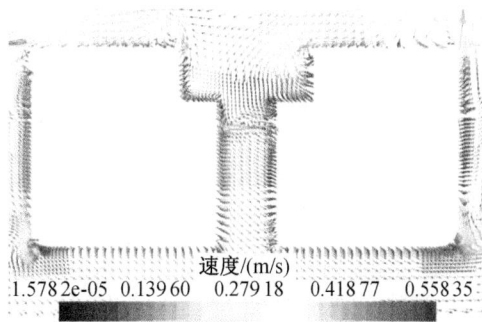

(h) 波长 λ=1.25L_{pp} 月池横纵剖面速度矢量

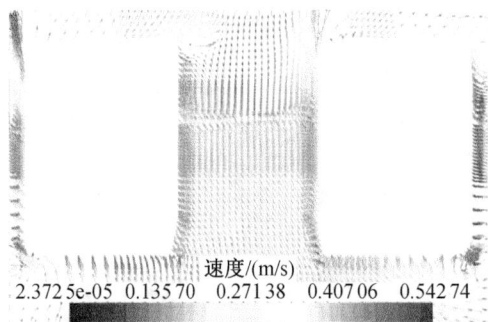

(i) 波长 λ=1.00L_{pp} 月池纵剖面速度矢量图

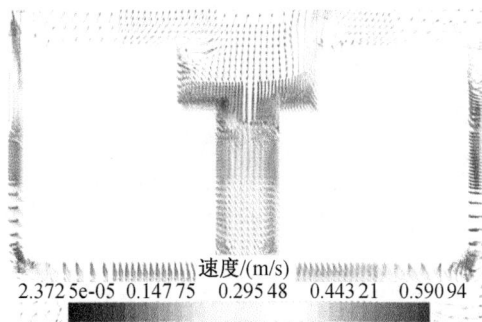

(j) 波长 λ=1.00L_{pp} 月池横纵剖面速度矢量

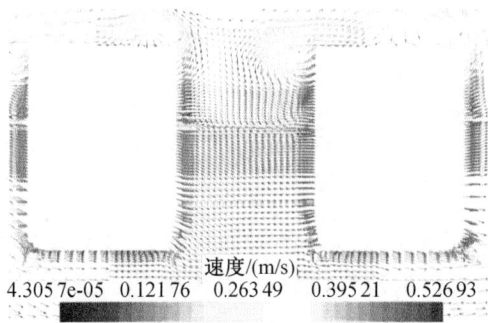

(k) 波长 λ=1.75L_{pp} 月池纵剖面速度矢量图

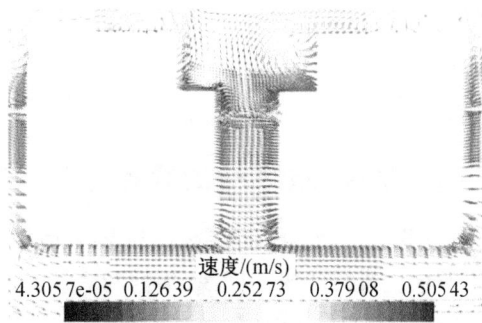

(l) 波长 λ=1.75L_{pp} 月池横纵剖面速度矢量

图 4.21(续 1)

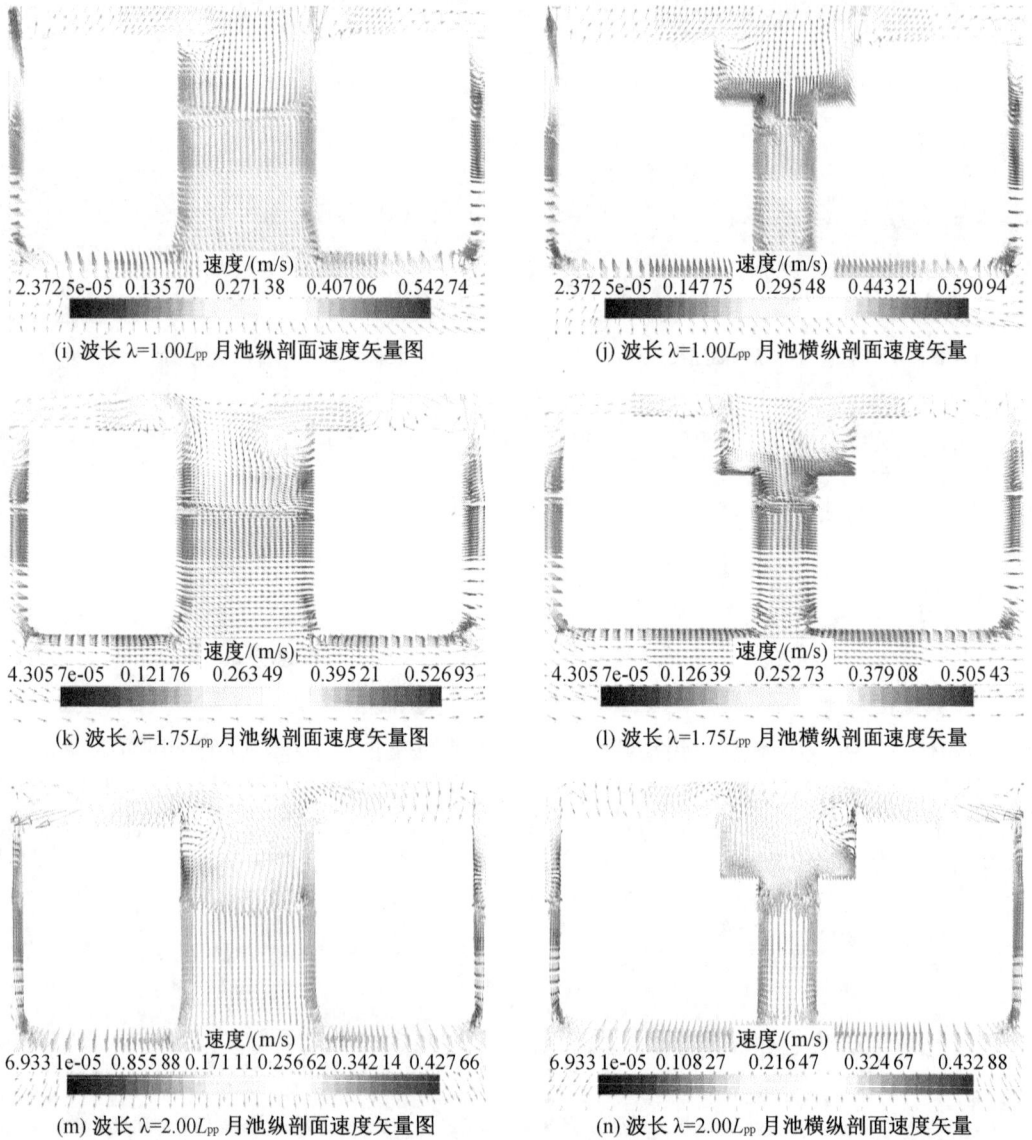

(i) 波长 λ=1.00L_{pp} 月池纵剖面速度矢量图

(j) 波长 λ=1.00L_{pp} 月池横纵剖面速度矢量

(k) 波长 λ=1.75L_{pp} 月池纵剖面速度矢量图

(l) 波长 λ=1.75L_{pp} 月池横纵剖面速度矢量

(m) 波长 λ=2.00L_{pp} 月池纵剖面速度矢量图

(n) 波长 λ=2.00L_{pp} 月池横纵剖面速度矢量

图 4.21(续 2)

注：e－05 表示 1×10^{-5}，其他同此。

4.4.3　船体在波浪中的耦合运动

为了探究钻井船横荡运动对船体横摇的影响，本小节进一步对钻井船自由度进行控制，即除了对钻井船的横荡、横摇和垂荡运动形式进行模拟外，也对只有横摇和垂荡两个自由度的工况进行数值模拟，其对比结果如图 4.22 所示。

从图 4.22 可看出，考虑横荡的横摇响应明显比没考虑横荡的横摇响应小。在外部波浪波长为 1.25 L_{pp}、1.75 L_{pp} 和 2.00 L_{pp} 时，考虑横荡的横摇幅值仅为不考虑横荡工况的 13.2%、28.18% 和 32.07%。其主要原因是钻井船在遭受横浪时，若没有横向的水平移动，则所有波浪能量都作用在钻井船的横摇运动上,导致其横摇角大幅增加。此外,从图 4.22 还可看出,考虑横荡的垂荡幅值是不考虑横荡的 97.78%,即放开横荡自由度与不放开横荡自由度对垂荡运动的数值模拟结果影响不大。

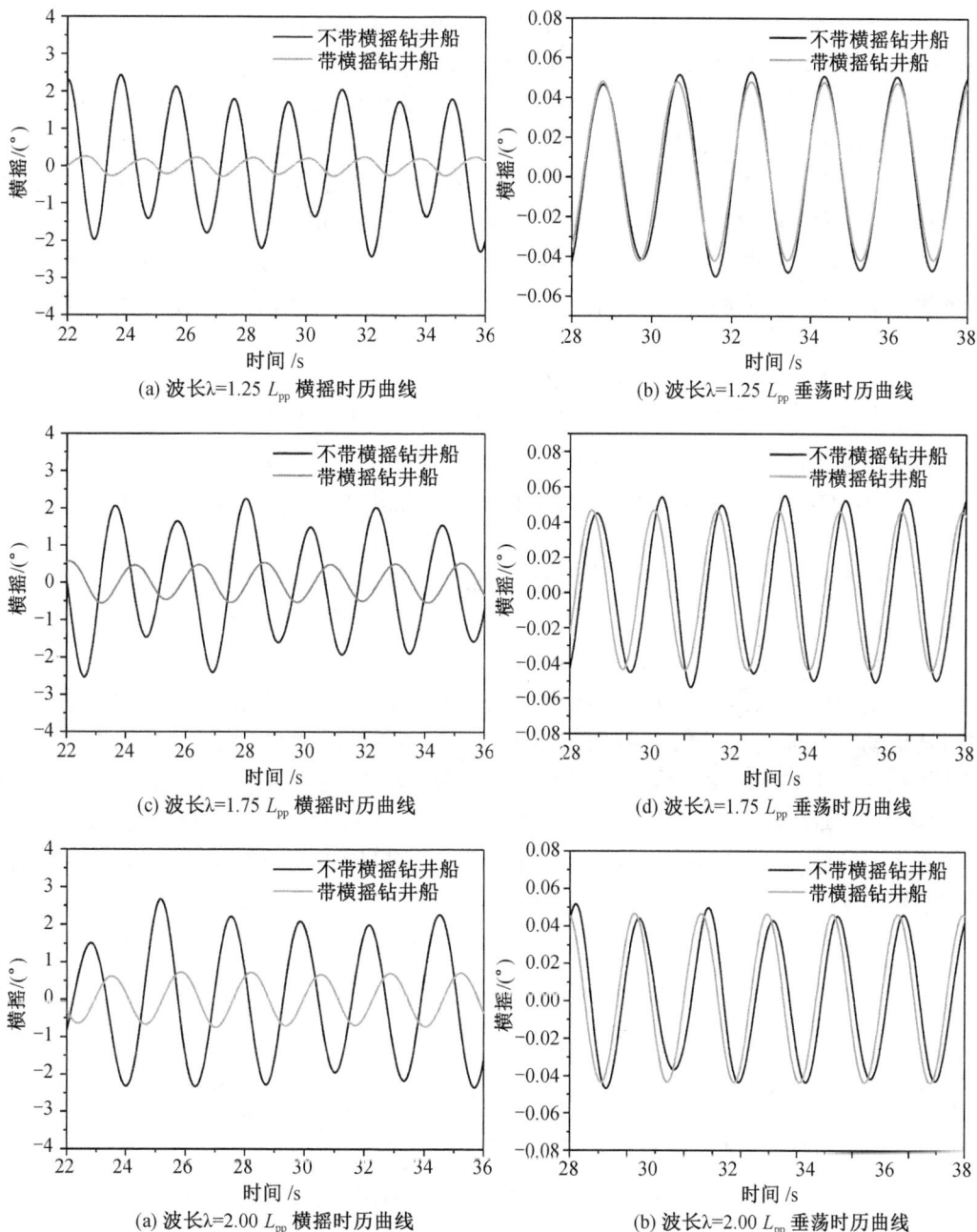

(a) 波长 λ=1.25 L_{pp} 横摇时历曲线

(b) 波长 λ=1.25 L_{pp} 垂荡时历曲线

(c) 波长 λ=1.75 L_{pp} 横摇时历曲线

(d) 波长 λ=1.75 L_{pp} 垂荡时历曲线

(a) 波长 λ=2.00 L_{pp} 横摇时历曲线

(b) 波长 λ=2.00 L_{pp} 垂荡时历曲线

图 4.22　不同波浪波长下的钻井船横摇和垂荡时历曲线

4.5　本章小结

本章研究了不同波浪周期下钻井船的运动响应和月池内流体的运动特性。首先建立三维数值波浪水池,对边界条件、计算方法以及网格划分进行了精度验证,保证耐波性计算的准确性。然后选取不同波浪激励对钻井船水动力特性及月池流体的运动状态进行数值预报。最后讨论了在迎浪和横浪规则波作用下钻井船纵摇、横摇以及垂荡运动响应及月池与船体的水动力耦合效应。研究结果表明:

(1)钻井船在迎浪状态下垂荡运动响应较小,而在横浪状态下响应较大,这说明钻井船垂荡运动对浪向角非常敏感,作业时应尽可能使船舶保持迎浪状态。

(2)迎浪规则波波浪实尺周期为9.04 s时与船体垂荡固有周期接近,导致船体发生共振现象,在船体与月池的耦合作用下,剧烈的船体垂向运动致使月池内的流体活塞运动加剧。

(3)在迎浪激励下,月池水体的主要运动形式是活塞运动,随着波长的增加,月池主体的活塞运动幅值与月池后缘的活塞运动幅值略有提高。当波浪波长为1倍船长时,月池纵向晃荡运动幅值最大,晃荡幅值是该工况下吃水的0.114倍,约为月池活塞运动幅值的0.609倍,因此在迎浪零航速条件下,月池内流体的运动方式是活塞与纵向晃荡运动混合模态。

(4)在钻井船与月池的耦合分析中发现,船体的垂荡运动对月池流体的活塞运动影响较大,剧烈的船体垂荡运动能大大提高月池流体的运动幅值,因此在研究此类问题时必须考虑月池与船体的耦合效应以更贴近实际情况。

(5)横浪作用下的月池波高约为迎浪作用下月池波高的1.17倍,其主要原因是钻井船的垂荡运动对浪向角更为敏感,而横浪作用下的船体垂荡运动更为剧烈,月池流体与船体产生了耦合效应,导致横浪规则波下的月池波高幅值较大。

(6)在横浪激励作用下,横荡自由度对横摇幅值影响很大,因为没考虑横荡自由度时,钻井船承受的横向波浪能量通过横摇运动消耗,导致横摇幅值偏大,在研究此类问题时应考虑横荡运动。

第5章 矩形及阶梯形月池水动力性能模型试验研究

矩形月池和阶梯形月池结构形式简单且建造相对方便,因而在实际工程中应用最为广泛。这两种形式的月池通常位于钻井船中部,并自下而上垂直贯穿船体以连接船底与甲板。月池设计的初衷是在恶劣的海洋环境中为钻井设备提供一个相对平稳的作业环境,但在某些情况下,外部激励和月池耦合作用会诱发月池水体剧烈运动,造成甲板上浪、壁面砰击等强非线性物理现象,不仅影响钻井设备的正常运行,还可能对作业人员的生命安全造成威胁。

上文已指出,根据外部激励的不同,钻井船运动可分为两种:静水面有航速状态和波浪中无航速状态,前者对应钻井船的航行过程,后者对应钻井船的生产过程。钻井船往往长期定位作业于某一海域,月池水体受到第二种激励的时间最长。故下文立足实际工程,采用模型试验法,探究规则波作用下矩形月池和阶梯形月池水体的运动规律,分析这两种形式月池的水动力特性。

5.1 试验前期准备

本试验研究所采用的结构形式为矩形月池,根据工程图纸可确定其长度:宽度:吃水之比为4.42:1.51:1。一般情况下,海洋结构物与波浪相互作用的试验可在海洋工程水池或循环水槽中进行。海洋工程水池尺度较大,但费用高昂,且试验过程中的拍摄角度多为俯视,无法全面拍摄局部的试验现象;而循环水槽尺度虽小,但费用相对低廉,且壁面为全透钢化玻璃,可较为全面地捕捉试验现象。考虑到本试验测试工况较多周期较长(试验费用较高),且试验过程中需大量拍摄月池水体的运动图像(拍摄难度较大),最终选择循环水槽作为试验场所。本试验的最终选址为扬州大学水利科学与工程学院的循环水槽。水槽的基本尺度为长36 m,宽1.2 m,深1 m,基本概况如图5.1所示。试验前期需根据Froude准则对月池模型进行缩尺计算,最终确定的月池尺度为长0.696 m,宽0.237 m,高0.6 m,吃水0.157 m。

图5.1 循环水槽侧视图

　　从节约试验经费和便于试验过程中模型装卸的角度出发,本研究将试验模型分为月池模型和船体模型两大独立部分,两者可按不同试验需求进行拼装。造波功能通过天津理工大学 AFM113 造波机实现。规则波造波主要输入参数包括:波高、周期、水深、波数。造波程序界面如图 5.2 所示,造波机整体如图 5.3 所示。在试验过程中,波高和周期按试验工况所需进行设定。其次,波数的设置应该在合理范围内,若波数太少,月池水体还未稳定,得出的数据不准确;若波数太多,则造波时间过长,容易引起水槽共振,影响造波质量。

　　实验使用 CBY – Ⅱ 型波高测量控制系统,该系统包括浪高仪、波高测量控制接口和控制电脑。浪高仪使用前要进行精度校核,由于 9 支浪高仪需同时使用,为保证实验数据统一,校核时所有浪高仪作为整体一次性完成。校核过程中的浪高仪布置如图 5.4 所示,测试系统如图 5.5 所示。

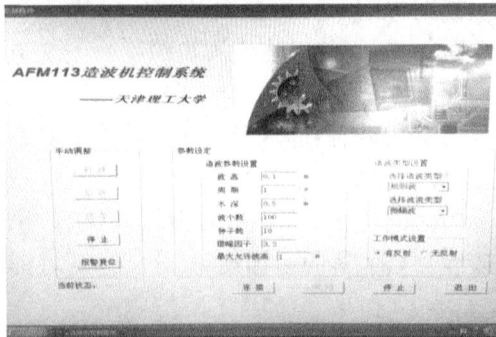

图 5.2　造波电脑控制界面

图 5.3　造波机整体

图 5.4　浪高仪校核

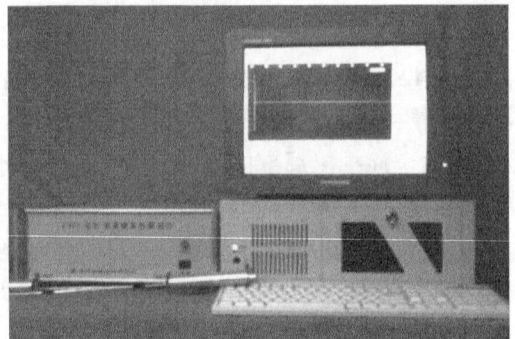

图 5.5　浪高仪测试系统

5.2　钻井船模型制作

　　目前,月池问题的研究过程中主要采用两种船模:斜板式和流线式。本研究首先探究不同船首条件下,船模对水槽试验环境的影响,以挑选适宜的船模进行下一步试验研究。

　　船模设计过程中,需设计前后导流板长度。其中船首与月池前壁面之间的船底板称为前导流板,船尾与月池后壁面之间的船底板称为后导流板。长度不同的前后导流板将对月池水体运动特性产生很大影响。康庄等人在月池流噪声及水动力特性的实验研究中,探究了前后导流板长度对月池水体运动特性的影响[76]。研究表明前导流板水平长度与月池流向最大跨度比为 1.67∶1 时,导流板长度对月池内流场的运动特性影响较小。如图 5.6 所示,最终决定的斜板型船模整体长度为 2.99 m。其中,前导流板长度为 1.253 m,倾斜部分与水平夹角为 30°;后导流板长度为 1.04 m,倾斜部分与水平夹角为 35°。圆弧型船模主尺度与斜板型类似,如图 5.7 所示。

图 5.6　斜板型船模

图 5.7　圆弧型船模

　　传统木质船模不利于月池内试验现象的捕捉,本研究创新性地选用有机玻璃进行船模加工,模型设计与制作均由本研究团队自行完成。区别于木质材料,有机玻璃材质较硬,加工难度大。但加工成型后,结构强度高,且光洁度和观赏性好。对于加工难度大的部分,如大曲率圆形船首,加工过程中采用钢板制作模具,将有机玻璃贴合在模具表面,放置烘箱中进行烘烤成型。此外,有机玻璃之间采用氯仿进行黏合。氯仿较普通三秒胶、502 胶黏合性好,黏合后结构强度高、透光性好。但氯仿易挥发且具有低毒性,模型加工过程应确保通风,并做好安全措施。

　　船模共分为 5 个独立模型,包括平行中体模型、斜板式船首模型、斜板式船尾模型、流线式船首模型和流线式船尾模型,可按试验工况的具体需求进行组装,最终船模如图 5.8 至图 5.11 所示。为方便试验过程中的连接装卸,在船首、船尾与平行中体之间涂抹 704 胶。独立部件间采用螺栓连接,以确保贴合水密。此外,在船模的前后位置还需布置横梁作为加强筋,并用三条角钢对船模与水槽进行固定约束,以避免船体振荡对月池内流体运动造成的影响。

图 5.8　平行中体模型

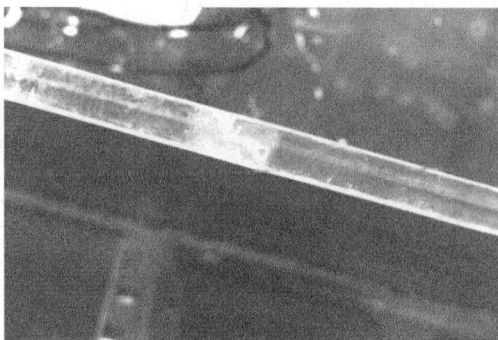

图 5.9　船体模型接缝处理

图 5.10　斜板式船首模型

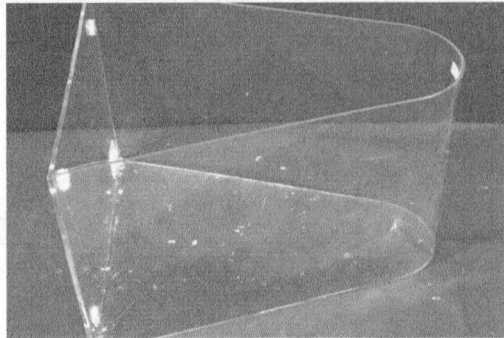

图 5.11　流线式船首模型

在本研究中,平行中体固定于水槽同一位置,通过监测船首砰击和平行中体中间位置处波浪的传递情况,分析船首形式对水槽造波质量的影响,选择适宜的船首进行后续实验。在试验过程中,仪器与模型之间应保持合理距离,避免两者之间的相互干扰而影响测量结果。最终布置如图 5.12 所示。船模布置于造波板前方 10.5 m 处;浪高仪布置于平行中体与水槽壁之间(大约船模的中间处)。最终试验结果如图 5.13 ~ 图 5.16 所示。

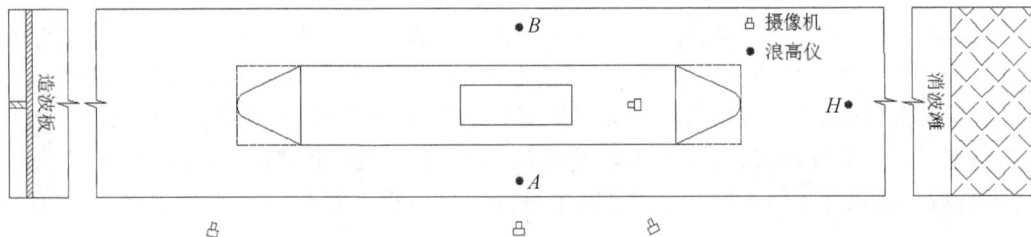

图 5.12　水槽实验布置图

对比图 5.13 和图 5.14 可知,斜板形船首迎浪时,艏部砰击严重,对波浪造成严重反射;而圆弧形船首附近的波浪过渡光顺,未见明显砰击现象。从图 5.15 和图 5.16 可看出,斜板形船首波高时历曲线中的波峰明显不如圆弧形船首的波峰光顺,与波浪在斜板形船首处发生反射相符。综合以上试验结果,后续研究采用圆弧形船首。

图 5.13　斜板式船首迎浪情况

图 5.14　流线式船首迎浪情况

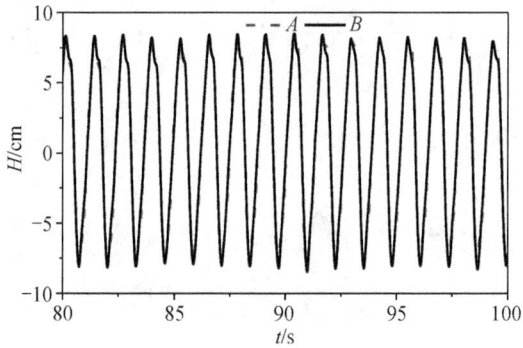

图 5.15　斜板式船首 A/B 点波高时历曲线

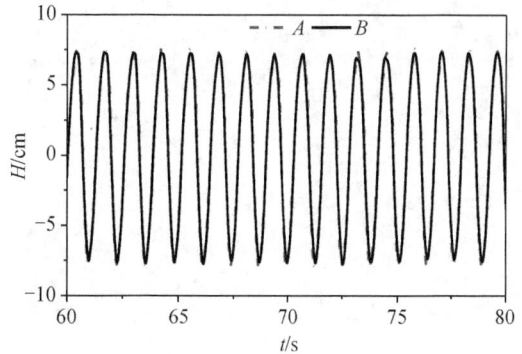

图 5.16　流线式船首 A/B 点波高时历曲线

5.3　月池模型制作

月池采用两种模型:矩形和阶梯形图 5.17、图 5.18 所示。如图 5.17 所示,矩形月池长为 0.696 m,宽为 0.237 m,高为 0.6 m。如图 5.18 所示,阶梯形月池仅在靠近矩形月池前壁处增加一个长为 0.222 m,宽为 0.237 m,高为 0.140 7 m 的长方体阶梯块。

图 5.17　矩形月池模型

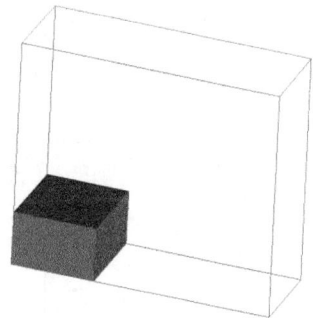

图 5.18　阶梯形月池模型

如图 5.19 和图 5.20 所示,月池模型同样采用板厚为 10 mm 的有机玻璃制成。如图 5.21 所示,月池顶端与角钢通过异形头进行锁紧,角钢采用 U 形螺栓与水槽钢架进行锁紧,这种措施可有效避免试验过程中船模发生不必要的振动和位移,从而影响试验结果。如图 5.22 所示,月池与船模之间涂抹 704 胶,同时布置 24 颗螺丝进行锁紧。

图 5.19　矩形月池模型

图 5.20　阶梯形月池模型

图 5.21　月池模型安装

图 5.22　月池底部螺母锁紧安装

5.4　试　验　过　程

前期大量研究已表明,即使受到简谐的外界激励,月池水体运动仍表现出明显的随机性。为全面探究月池水体运动与波浪周期、波高的关系,本研究的试验工况设置选择了较为广泛的波浪周期、波高范围。本研究所有试验均为规则波激励,目的是测量规则波作用下的月池水动力特性。试验包含 2 个月池模型,每个月池模型包含 3 种周期×6 种波高 +1 种周期×2 种波高 =20 种工况,具体如表 5.1 所示。从工况表可看出,当周期为 0.32 s 时,波高值并未从 5.23 cm 继续增加。这是由于当周期为 0.32 s、波高为 5.23 cm 时波陡值已经很大,如果保持周期不变,波高继续增加,波浪将破碎,无法向前传播。

表 5.1　月池模型实验工况

矩形月池实验工况								
工况	周期/s	浪高/cm	工况	周期/s	浪高/cm	工况	周期/s	浪高/cm
J01	0.32	3.2	J08	0.64	18.41	J15	1.92	1.76
J02	0.32	5.23	J09	1.28	3.85	J16	1.92	3.9
J03	0.64	5.8	J10	1.28	7.01	J17	1.92	6.09
J04	0.64	9.87	J11	1.28	10.13	J18	1.92	8.7
J05	0.64	13.89	J12	1.28	12.91	J19	1.92	13.01
J06	0.64	15.79	J13	1.28	15.11	J20	1.92	17.02
J07	0.64	18.05	J14	1.28	15.67	——		
阶梯形月池实验工况								
工况	周期/s	浪高/cm	工况	周期/s	浪高/cm	工况	周期/s	浪高/cm
JT01	0.32	3.2	JT08	0.64	18.41	JT15	1.92	1.76
JT02	0.32	5.23	JT09	1.28	3.85	JT16	1.92	3.9
JT03	0.64	5.8	JT10	1.28	7.01	JT17	1.92	6.09
JT04	0.64	9.87	JT11	1.28	10.13	JT18	1.92	8.7

表 5.1(续)

阶梯形月池实验工况								
工况	周期/s	浪高/cm	工况	周期/s	浪高/cm	工况	周期/s	浪高/cm
JT05	0.64	13.89	JT12	1.28	12.91	JT19	1.92	13.01
JT06	0.64	15.79	JT13	1.28	15.11	JT20	1.92	17.02
JT07	0.64	18.05	JT14	1.28	15.67	——	——	——

后续试验中,船模和监测设备按图 5.23 进行布置。采用 8 mm 厚 PVC 硬塑料板为底板,长边安装 L 形硬质角钢,可作为浪高仪安装支架,同时增加底板轴向刚度。如图 5.24 所示,支架与水槽刚性支架通过异形夹固定,强度好、垂直度高。如图 5.25 所示,由于阶梯形月池前部存在"台阶",故切割四块槽钢安装 A 点处的浪高仪。

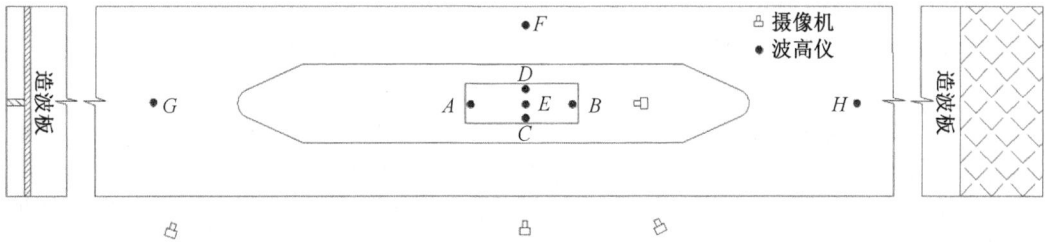

图 5.23　实验模型水槽布置图

图 5.24　浪高仪布置图

图 5.25　阶梯形月池台阶处浪高仪安装图

5.5　结果和分析

5.5.1　矩形月池内流体的垂荡运动

由图 5.26 可知,$t=1/4T$ 时,月池内波面呈现微幅中垂状,与外部激励波浪波形相似;$t=1/2T$ 时,月池内流体形成明显晃荡现象,呈现微幅中拱状;$t=3/4T$ 时,月池内波面呈现大幅中垂状;$t=T$ 时,月池内波面呈现大幅中拱状,该工况下,月池内流体活塞振荡运动与晃荡运动并存。

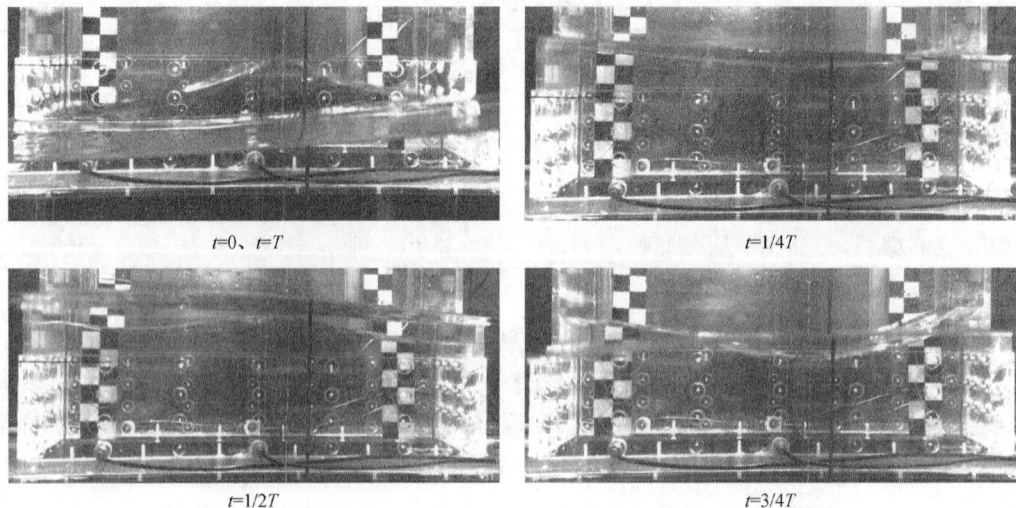

图 5.26　J13 工况一个周期内月池中纵剖面处的自由液面形状

从图 5.26 可看出,月池中部 E 处的自由液面波动可以真实地反映月池内的活塞运动,前后及左右自由液面的波动差可以反映月池内的晃荡运动。此次试验模拟了钻井船在 180°迎浪角时月池水体的运动响应。如图 5.27 所示,通过统计 E 点处浪高仪的监测数据,可得到不同周期、波高波浪激励下,月池内 E 点处波高统计图。

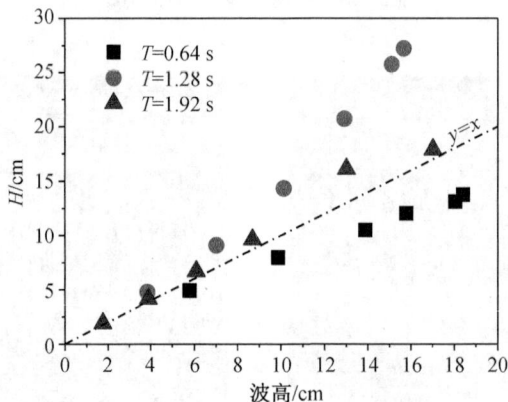

图 5.27　E 点处波高统计值

月池内流体受到外部波浪激励而引发扰动,如图 5.27 所示,月池中央 E 点自由液面波动值随外部波高增加而增大。当波高小于 7 cm 时,不同周期波浪激励下,月池内流体的振荡幅值大小相近。波高大于 7 cm 时,不同周期波浪激励下,月池内流体的振荡幅值相差较大。波高越大,波浪能量越大,对月池内流体激励越强。主要表现为小波高波浪作用下,月池水体的振荡以活塞运动为主;大波高时,波浪能量较大,月池内流体的振荡以波浪振荡为主。

实验中发现,并非浪高增加,月池内运动就会加剧。外部波浪对月池内流体激励的本质是外部波浪能传递给月池内流体,而波浪能是指海洋表面波浪所具有的动能和势能,波浪能计算公式为:

$$P = \frac{1}{2}TH^2 \qquad (5.1)$$

式中　P——单位波前宽度上的波浪功率,单位 kW/m;

　　　T——波浪周期,单位 s;

　　　H——波高,单位 m。

由式(5.1)可知,波浪的能量与波高的平方、波浪的运动周期以及迎波面的宽度成正比。由于波浪能与波高的平方成正比,波高对月池内流体运动影响明显,研究往往忽略周期对波浪能的影响。如图 5.27 所示,波高大于 7 cm 时,在相同波高、不同周期波浪激励下,月池内流体振荡值相差较大。周期为 0.64 s 时,月池水体振荡值小于其他两个周期。

图 5.28 展示了 J01 工况下月池水体的运动情况。从图中可明显看出,在外部波浪的激励下,月池内流体呈现极微幅动。由此可见小周期波浪能量低,无法"穿透"月池的阻隔,更不能引起月池水体的大幅运动。这也验证了图 5.29 中,周期为 0.32s 的外部波浪激励下,尽管波高较高,月池内波高幅值仍小于外部波高幅值,故周期为 0.32 s 的两个工况实验结果不在图 5.27 上统计出来。

图 5.28　J01 工况月池内外水面波动情况

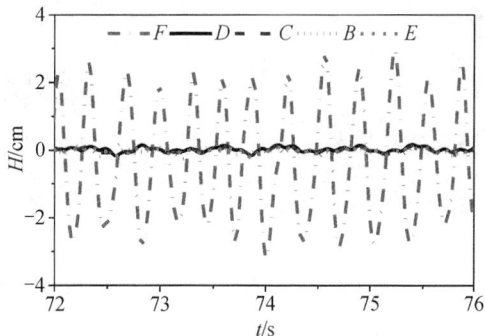

图 5.29　J02 工况月池内外各点处波高时历曲线

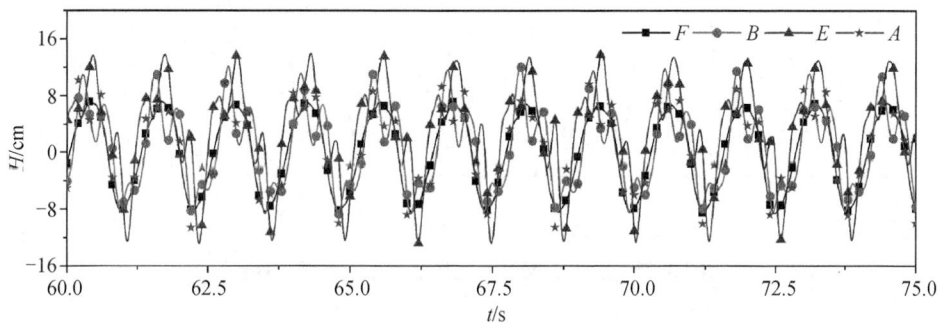

图 5.30　J13 工况下月池内各点波高时历曲线

图 5.31 展示了 J05 工况时月池内各点波面升高时历曲线,从图中可明显看出,月池内波面波动相位滞后于外部波面波动相位。造成这种现象的原因主要是月池阻碍了内外流场的连通,营造了相对稳定的工作空间,对外部波浪形成屏蔽作用。从图 5.32 还可看出,外部波浪能量传递至月池内时,月池前后边角处形成了涡,耗散了大量的能量,导致月池内流体运动减弱。

如图 5.33 所示,在 J19 工况下,月池内部流体与外部激励波浪波高值、相位均相近,与实际工程经验相符,即在大波高激励下,月池内流体的振荡以波浪振荡为主,月池内流体体现出强迫振荡的运动特性。

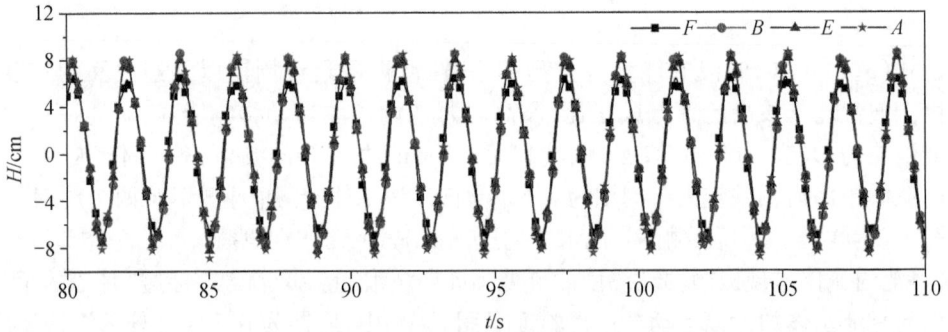

图 5.31　J05 工况时月池内各点波面升高时历曲线

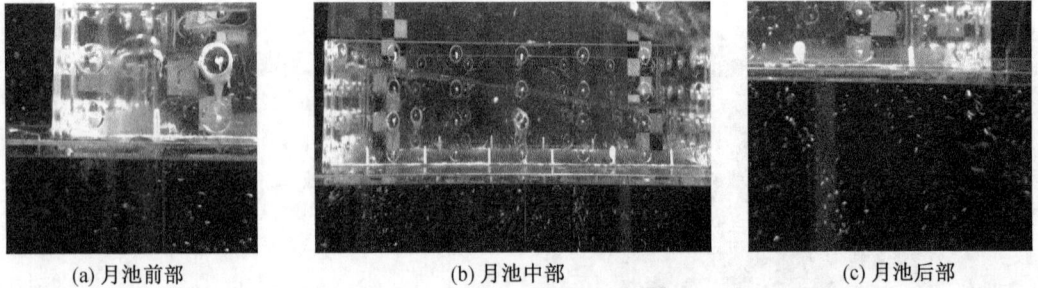

(a) 月池前部　　　　　(b) 月池中部　　　　　(c) 月池后部

图 5.32　月池内流场图

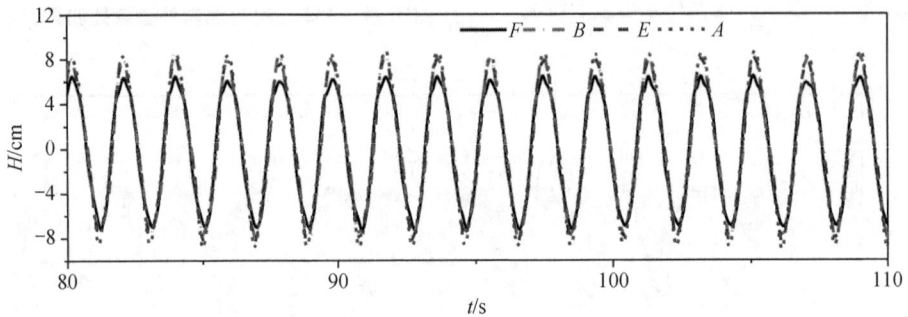

图 5.33　J19 工况下月池内各点波高时历曲线

由图 5.34 和图 5.35 可知,月池活塞振荡运动幅值随外部激励波浪波高增加而增加。由小周期波浪激励结果来看,月池前部较月池后部流体运动激烈。大波高作用下,月池内流体运动幅值大于外部激励波高,主要是 A、B 两点靠近月池壁面,该处易发生波浪爬升和砰击运动,造成该处波高值较大。

5.5.2　矩形月池内流体的晃荡运动

本研究以月池前后监测点的高度差 $A-E$、$B-E$、$A-B$ 作为月池内 x 向的晃荡(纵荡),

并选取最大的高度差作为纵荡值;此外,监测点 $C-D$ 的高度差为 y 向的晃荡(横荡)。同类论文中往往以高度差 $A-B$ 作为月池内 x 向晃荡值,本节数据处理方式与其他不同,主要是考虑绝大部分同类论文的月池水平截面为正方形或圆形,这种类型的特点是月池长度较短,月池水体波面晃荡不足形成一个完整波长。但本研究所采用的月池为长方形,月池长度较长,可容纳多个波长(见图 5.36)。在这种条件下,简单地将前后监测点的高度差作为晃荡值显然不合理。故本研究对 $A-E$、$A-B$、$B-E$ 高度差做统计,取其中的最大值作为 x 向晃荡波高值,并绘制成图 5.37;取 $C-E$、$C-D$、$D-E$ 点最大高度差值作为 y 向晃荡波高值,并绘制成图 5.38。

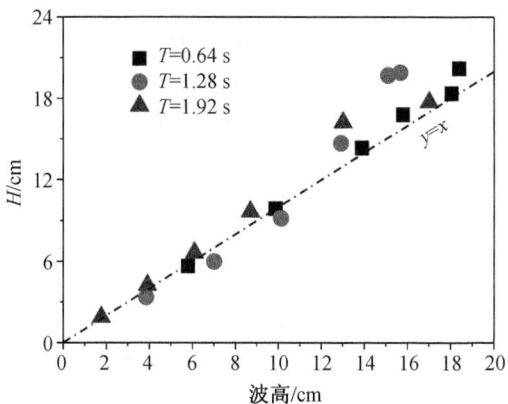

图 5.34　A 点处波高统计

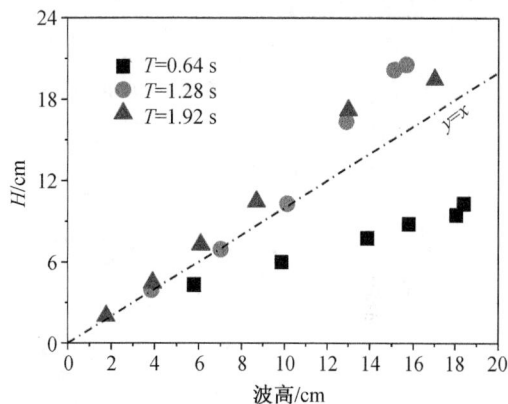

图 5.35　B 点处波高统计

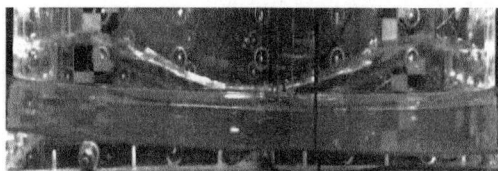

(a) 波谷经过月池

(b) 波峰经过月池

图 5.36　J13 工况下,不同时刻月池内自由液面波动图

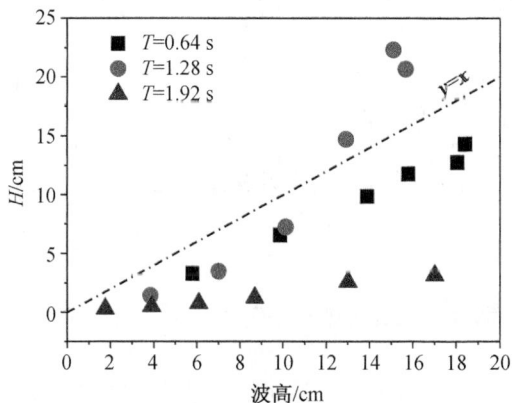

图 5.37　x 向晃荡波高统计值

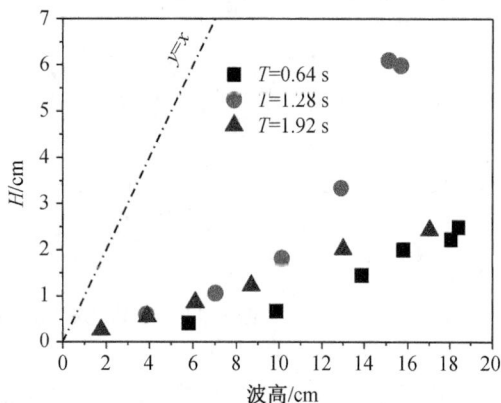

图 5.38　y 向晃荡波高统计值

　　由图 5.37 可知,月池水体晃荡运动幅值随外部激励波浪波高增大而增大。小周期遭遇波作用下,月池内流体存在明显 x 向晃荡运动,但晃荡响应值小于外部激励波浪波高值。大周期遭遇波作用下,月池内流体 x 向晃荡运动明显弱于活塞运动,晃荡运动较弱。根据 Molin 公式,可以求得月池内流体晃荡运动周期为 1.22 s,与 1.28 s 较接近,故在周期为 1.28 s 的大波高遭遇波作用下,月池内流体 x 向晃荡运动最剧烈。

　　由图 5.38 可知,月池内流体 y 向晃荡运动明显弱于 x 向晃荡运动。小波高激励波作用下,月池内流体 y 向晃荡运动幅值相近,说明此时月池内流体晃荡运动表现出自持运动特性。当遭遇波周期接近共振周期时,大波高激励波作用下,月池内流体 y 向晃荡运动剧烈程度有所增加,但仍然弱于 x 向晃荡运动。

　　结合图 5.37 和图 5.38 可知,月池内流体晃荡运动幅值小于活塞运动幅值,但运动形式复杂,所以晃荡运动的分析方式有别于活塞运动的分析方式。图 5.39 展示出不同波浪作用下,月池内流体的晃荡时历曲线及其频谱图。

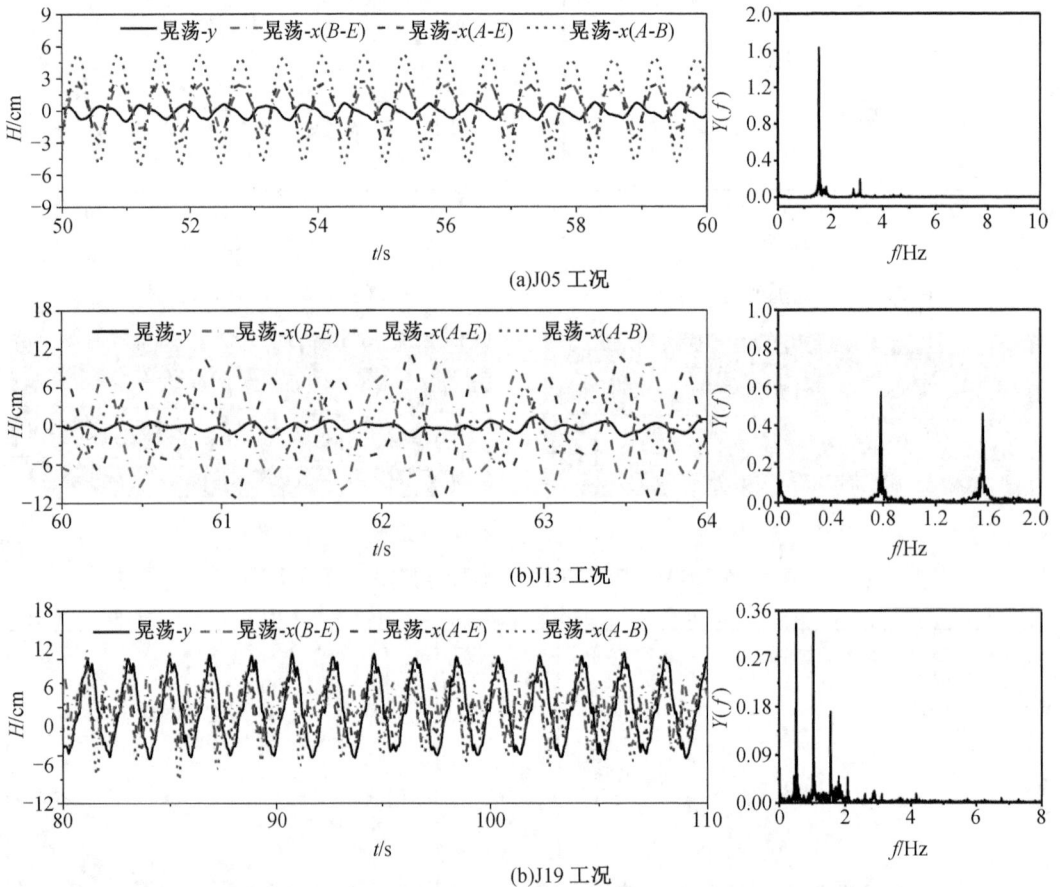

图 5.39　典型工况下月池内晃荡时历曲线及频谱分析图

　　通过观察时历曲线,选择幅值最大曲线作为 x 向晃荡曲线,并对曲线进行 FFT 得到频谱分析图。根据 Molin 公式,可知月池内流体晃荡运动固有频率为 0.82 Hz。如图 5.39 所示,工况 J13 功率谱密度函数曲线主峰频率为 0.77 Hz,与 0.82 Hz 接近,形成共振。与另外两种工况相比,J13 晃荡最为激烈,且表现出自激振荡的运动特性。工况 J05 功率谱密度函数曲线主峰频率为 1.56 Hz,此时外部激励波浪频率为 1.56 Hz;而工况 J19 功率谱密度函数曲线主峰频率为 0.52Hz,对应外部激励波浪频率也为 0.52 Hz,说明这两种工况下,月池内晃荡运动呈现强迫振荡的运动特性。由此可见,月池内晃荡运动受周期影响明显,非共振状态下,呈现受迫运动特性。将三种工况时历曲线进行数据统计,如图 5.40 所示。

图 5.40 中的三种工况 y 向晃荡值均在 2 cm 左右,明显小于 x 向晃荡幅度。主要包括两个原因,一方面钻井船处于迎浪状态,流场沿船舯左右对称,月池左右两侧无明显加速度和压力差;另一方面,月池内流体上下振荡过程中,流体在月池壁面处形成剪切层,使得壁面处流体运动滞后于月池中央流体,故在 y 向形成幅值相近的微幅晃荡。

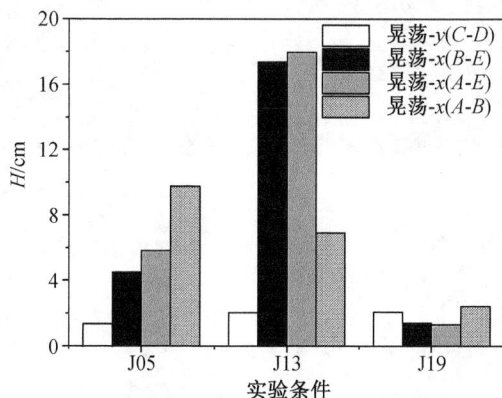

图 5.40　月池内流体运动幅值柱状图

J05 工况下,$A-B$ 点高度差最大,为 9.79 cm。与图 5.41 相呼应,此时月池内容纳不到 1 个波长,需将 $A-B$ 点高度差作为晃荡值。J13 工况为共振工况,月池内流体运动剧烈,同一月池内形成多个波长。此时,需将 $A-E$、$B-E$ 高度差作为晃荡值。$A-E$ 高度差为 17.96 cm、$B-E$ 高度差为 17.39 cm,$A-E$ 点高度差略大于 $B-E$ 点,说明月池前部运动剧烈,与图 5.34 和图 5.35 统计结果相符。J19 工况为大周期工况,外部激励波浪波长较长。如图 5.42 所示,月池内流体体现出强迫振荡的运动特性,波面不足一个波长,此时月池内活塞运动强于晃荡运动。

图 5.41　J05 工况月池内波面图

图 5.42　J19 工况月池内波面图

5.5.3　阶梯形月池内流体的垂荡运动

如图 5.43 所示,$t=1/4T$ 时,外部波浪波谷经过月池外侧,重力作用下,月池内流体快速下落。台阶处的流体受台阶阻碍,在台阶处形成“瀑布”现象。瀑布冲击造成台阶处流体凹陷,加速该处流体下落,月池中后部波面形成中拱状。$t=1/2T$ 时,外部流体开始涌入月池,台阶上方流体持续下落,两者在台阶前方强烈冲撞,产生大量气泡。$t=3/4T$ 时,外部波浪波峰经过月池外侧,月池中后部流体快速上升,远高于台阶上方流体,两者形成明显高度差,月池中后部流体开始向台阶上方"滑落"。而到了 $t=T$ 时,月池中后部流体涌向台阶,冲击在月池前壁上,形成卷波,卷波破碎产生大量气泡和碎波,月池内中后部流体开始下降,台阶上流体开始流向月池中后部,形成阶梯状。

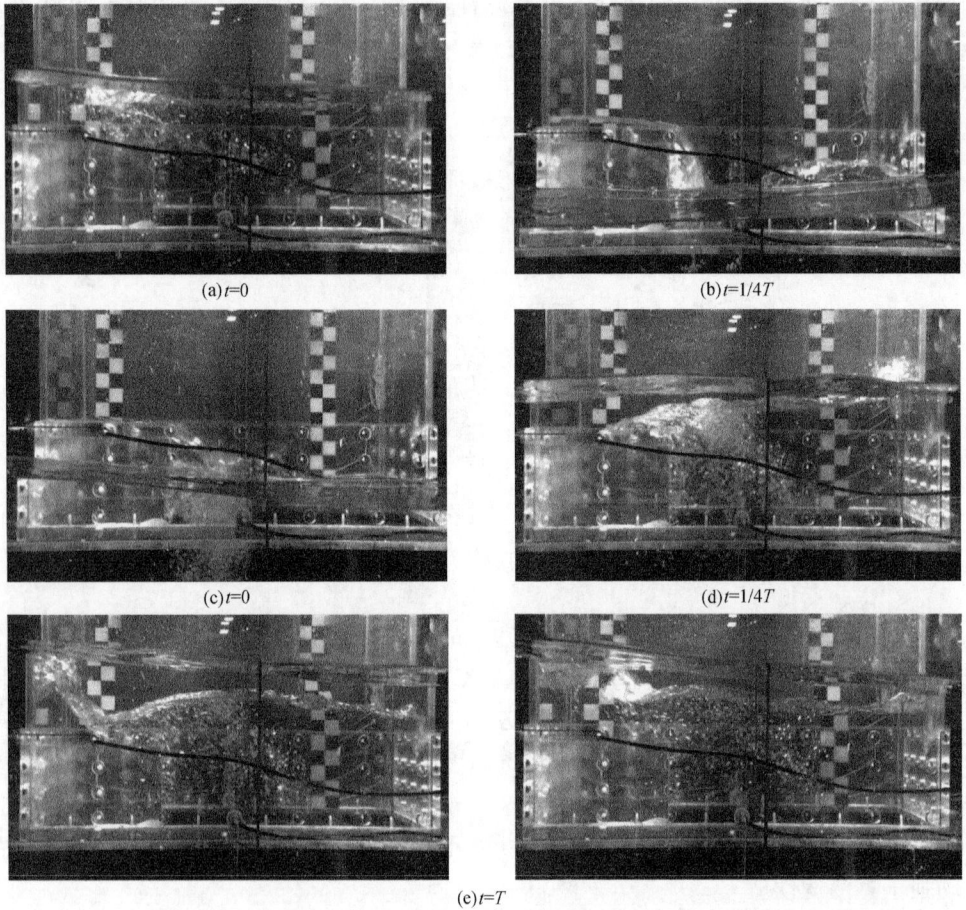

(a)$t=0$　　　　　　　　　　　　　　　　　　(b)$t=1/4T$

(c)$t=0$　　　　　　　　　　　　　　　　　　(d)$t=1/4T$

(e)$t=T$

图 5.43　JT13 工况一个周期内,月池中纵剖面处的自由液面形状

　　阶梯形月池波浪实验浪高仪布置位置与矩形月池波浪实验相同,但由于月池前部存在台阶,月池吃水与台阶高度差仅为 0.0167 m,台阶上方 A 点处液面只能上升,无法向下穿透台阶而进行完整垂荡运动。如图 5.44 所示,A 点处浪高仪采集到的数据是波面升高数据。如图 5.45 所示,为方便与外部激励波浪波高进行对比,将波面升高值乘以 2,得到 A 点处波高统计值。此外,本研究还统计了 E、B 点处浪高仪数据,得到不同周期、波高波浪激励下,月池内中、后部波高变化统计图(见图 5.46 和图 5.47)。

　　如图 5.46 所示,阶梯形月池 E 点处波高随外部波浪周期和波高变化规律与矩形月池相似。但从图 5.46 也可明显看出,同一工况下阶梯形月池内流体响应幅值略小于矩形月池内流体响应幅值。由于阶梯形月池吃水大于台阶高度,自由液面平静时,月池长度与矩形月池相同,此时钻井船月池内流体的振荡的固有周期仍为 1.25 s;月池内流体剧烈振荡过程中,台阶出水,月池长度由 0.696 m 缩减为 0.474 m,此时月池内流体的振荡固有周期变为 1.13 s。固有周期减小,偏离共振周期,将导致共振程度降低。

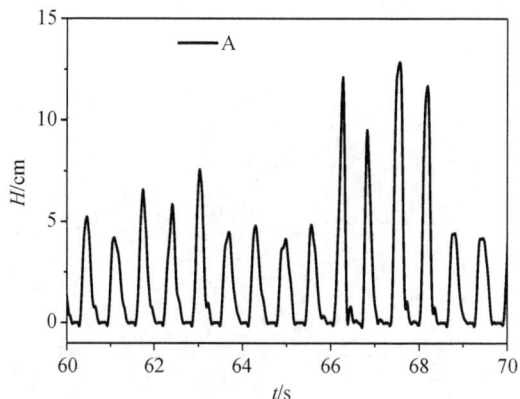

图 5.44　JT05 工况时 A 点波高时历曲线

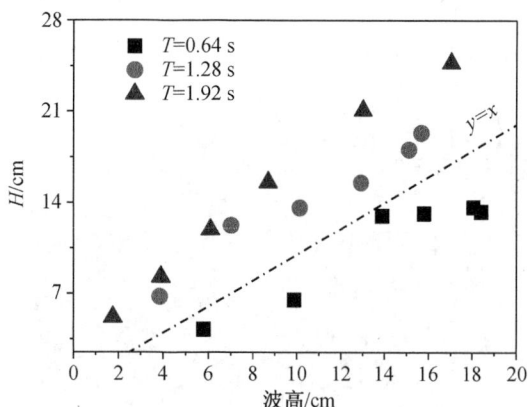

图 5.45　A 点处波高统计值

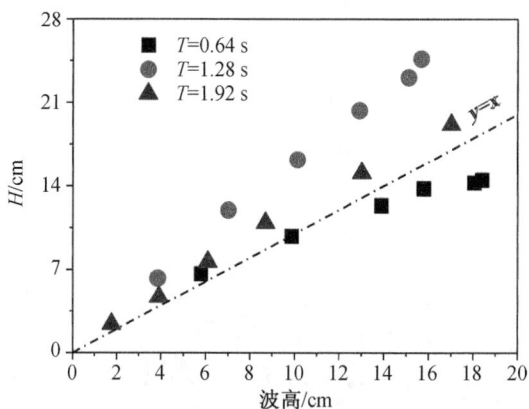

图 5.46　E 点处波高统计值

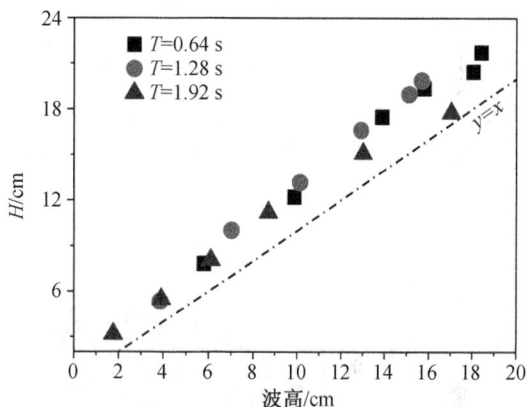

图 5.47　B 点处波高统计值

如图 5.47 所示,当外部波浪周期为 0.64 s 时,B 点处自由液面响应小于外部激励波高,主要包括两个原因:一方面,月池对于外部波浪有屏蔽作用,外部激励波浪能量在传入月池内时受到了削弱;另一方面,"台阶"缩减可运动空间,加速月池内流体运动衰减。外部波浪周期为 1.28 s 和 1.92 s 时,台阶不停处于出水和入水状态。结合图 5.48 可知,在这种情况下台阶上方会形成卷波,造成波浪破碎;如图 5.49 所示,流体下落时,形成瀑布现象,流体从台阶上落下,此时势能转化为动能。流体快速向下冲击,加速流体涌出月池,台阶处流体垂荡运动加剧。

图 5.48　JT13 工况时砰击现象

图 5.49　JT13 工况时瀑布现象

对比 A、B 点处波高统计值,A 点处波高统计值波动明显,B 点处波高统计值相对稳定增加。A 点处台阶的存在将月池内流体运动分割成两个区域,如图 5.50 和图 5.51 所示。台阶处波浪爬升时,月池前部甲板上浪,在月池前壁发生砰击。台阶阻碍了月池前部流体垂荡运动,加剧了晃荡运动。月池中后部则表现出明显的垂荡运动。

图 5.50　JT10 工况月池前部流体运动

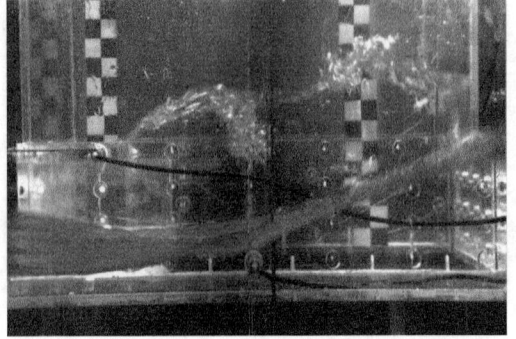

图 5.51　JT10 工况月池中后部流体运动

如图 5.52 所示,月池内的波面升高滞后于外部流场的波面升高,说明月池对于外部波浪有一定的屏蔽作用。矩形月池外部波浪周期偏离共振周期时,月池内波面升高幅值小于外部流场的波高;当外部波浪周期与月池固有活塞振荡周期相近时,月池内波浪受到月池本身激励而运动加剧。

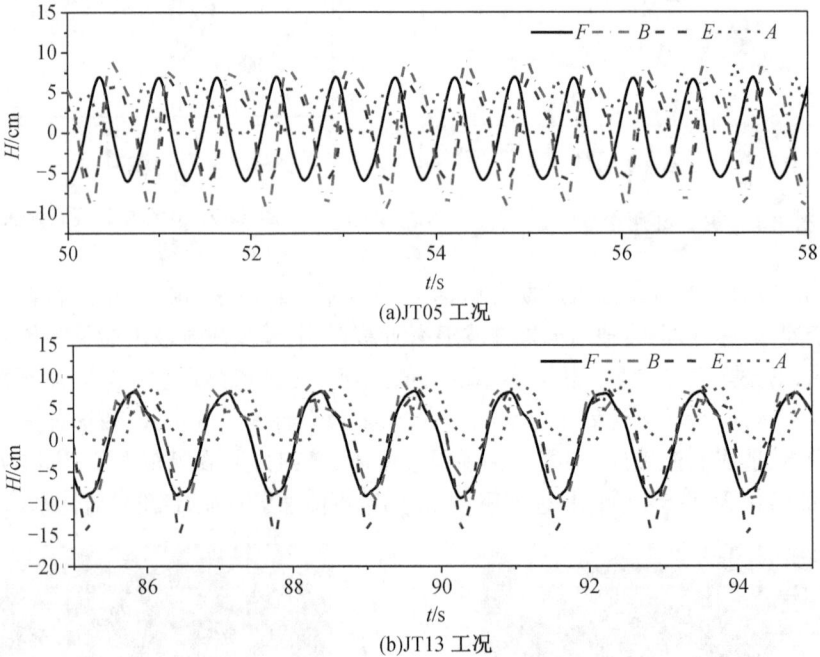

(a)JT05 工况

(b)JT13 工况

图 5.52　典型工况下月池内各点波高时历曲线

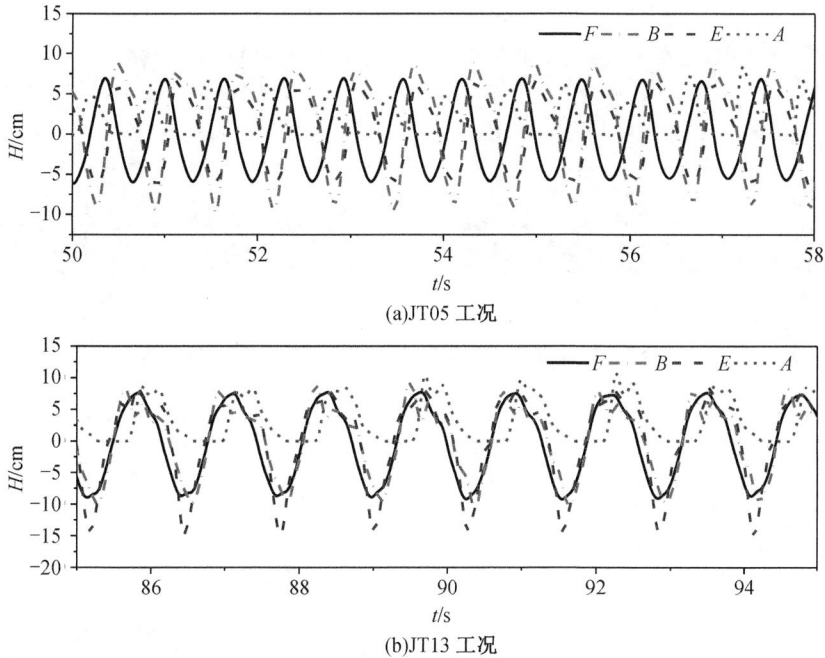

(a)JT05 工况

(b)JT13 工况

图 5.52(续)

与矩形月池不同,阶梯形月池内流体运动规律发生明显变化。当外部激励波浪周期偏离月池固有周期时,月池后部流体运动波高大于外部流场波高,主要是由于台阶扰乱了原本月池内流体的运动,"瀑布"现象迫使流体大幅坠落。当外部激励波浪周期与月池固有周期相近时,月池内流体运动波高大于外部流场波高,这主要是因为台阶处流体存在严重砰击和甲板上浪,催生并加速波浪的破碎。

5.5.4 阶梯形月池内流体的晃荡运动

如图 5.53 和图 5.55 所示,在月池前部"台阶"上方与其后部,完全呈现出两种不同流体运动,即两者之间出现截断。同时月池上方流体晃荡运动剧烈,浪高仪不断出水入水,数据采集不连贯,此时通过 $A-E$ 两点波高差求得晃荡,并不合理。因此,此处单独分析 A 点时历曲线,并将高度差 $B-E$ 作为月池后半部分的 x 方向的晃荡运动。监测点 C、D 的高度差为 y 方向的晃荡运动。通过对数据进行整理,得出不同外部波浪周期作用下月池内流体的晃荡时历曲线(见图 5.54)。

如图 5.54 所示,A 点波高变化时历曲线幅值超过月池后半部分晃荡时历曲线,而由前文分析可知,A 点主要为晃荡运动,所以 x 轴晃荡运动中,台阶上方的流体晃荡运动幅度超过了月池中后部。矩形月池内 y 向容纳不超过 1 个完整波长,故可将 $C-D$ 差值作为 y 向晃荡值。通过观察 JT05 和 JT19 的晃荡时历曲线,不难发现 y 向晃荡曲线和月池后半部分 x 向晃荡曲线幅值接近。矩形月池 y 向晃荡产生原因是靠近月池内壁处的流体剪切层导致,属于微幅振荡,可忽略。但阶梯形月池内 y 向晃荡显然不能忽略,如图 5.55 所示,阶梯形月池 y 向存在明显晃荡运动。造成明显晃荡运动的原因主要包括两点:靠近月池内壁处剪切层的影响;台阶处"瀑布"的冲击作用,冲击导致月池内部形成了破碎波,波面破碎导致月池内波面左右不对称,形成 y 向晃荡。

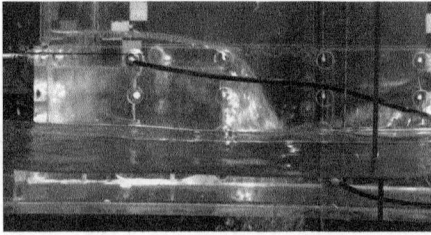
(a) 瀑布现象

(b) 砰击现象

图 5.53　阶梯形月池内台阶上方两种典型流体运动现象

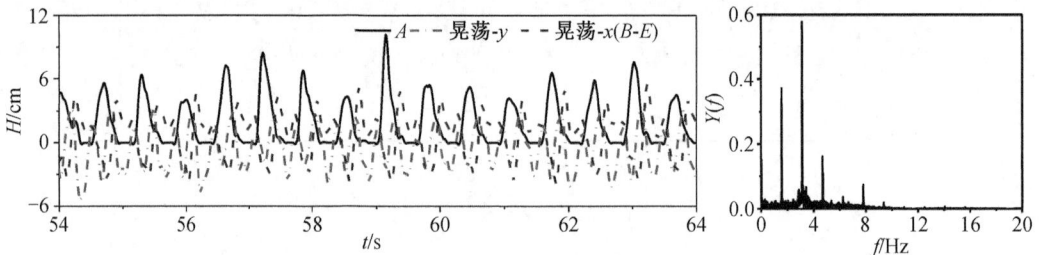
(a)JT05 工况

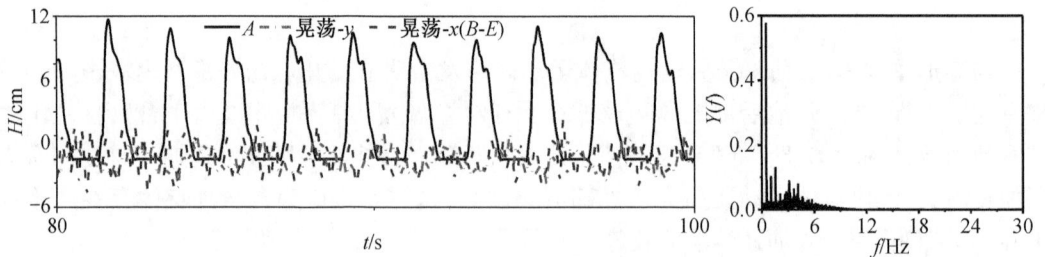
(b)JT19 工况

图 5.54　典型工况下月池内晃荡时历曲线及频谱分析图

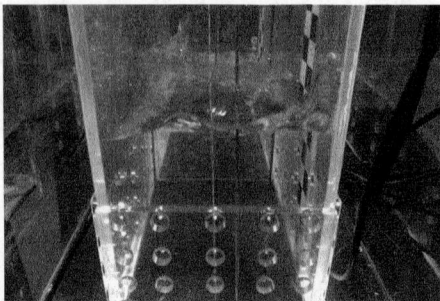
(a)JT05 工况

(b)J05 工况

图 5.55　典型工况下月池中横剖面波面图

对 y 向晃荡曲线进行 FFT,可知:工况 JT05 功率谱密度函数曲线的主峰频率为 1.57 Hz,外部激励波浪频率为 1.56 Hz;工况 JT19 功率谱密度函数曲线的主峰频率为 0.52 Hz,外部激励波浪频率为 0.52 Hz。对 x 向晃荡曲线进行 FFT，可知：工况 JT05 功率谱密度函数曲线的主峰频率为 1.56 Hz，外部激励波浪频率为 1.56 Hz；工况 JT19 功率谱密度函数曲线的主峰频率为 0.51 Hz，外部激励波浪频率为 0.52 Hz。从以上结果不难发现，晃荡运动表现出强迫振荡的运动特性。同一工况下，x 向和 y 向功率谱密度函数主峰频率相近，说明此时月池流体晃荡运动，不再是单纯的平面晃荡运动，而转变为空间晃荡运动，这正是台阶造成的结果。换而言之，对于这种阶梯形月池内流体运动特性的研究，y 向晃荡应不可忽略。

由以上分析结果可知，y 向晃荡是月池内流体晃荡的重要组成部分，不可忽略。对于 JT19 工况来说，该工况本身会发生共振，月池流体运动会更剧烈，因此不能只选取 $C-D$ 高度差作为 y 向晃荡。观察图 5.56 中的实验现象，月池内横向亦形成了中垂、中拱波面运动。结合浪高仪的安装情况，以高度差 $D-E$、$E-C$、$C-E$ 为基准，绘制 y 向晃荡时历曲线图，并对幅值最大的晃荡曲线进行 FFT，得到其频谱图。

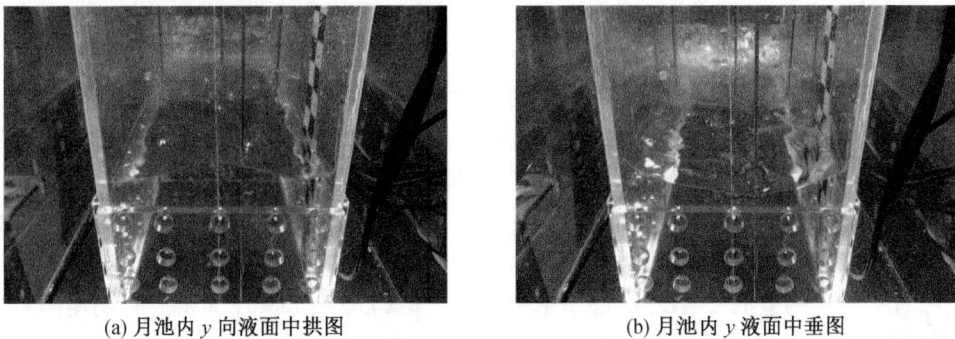

(a) 月池内 y 向液面中拱图　　　　　　　　(b) 月池内 y 液面中垂图

图 5.56　TJ13 工况时月池中横剖面波面图

由图 5.57 分析可知，A 点晃荡幅度超过月池中后部，台阶将活塞运动的能量转换为晃荡能量，台阶上方的晃荡运动受到月池激励后愈加激烈。y 向 $C-E$、$D-E$ 差值曲线幅值相近，大于 $C-D$ 差值曲线幅值。但 $C-E$、$D-E$ 曲线并不完全重合，存在相位差，说明月池沿 y 轴晃荡左右不完全对称。选取 $C-E$、$D-E$ 曲线中任一曲线作为 y 向晃荡曲线进行 FFT。主峰频率为 0.78 Hz，外部激励波浪频率为 0.78 Hz，两者相等，形成"活塞"共振，台阶的存在导致部分活塞运动能量转化为晃荡运动能量，导致月池内的波浪运动受到月池本身的激励而变得更为剧烈。图 5.58 统计了三种典型工况的晃荡值，其中，A 为运动幅值，其他为各点差值曲线波高值。

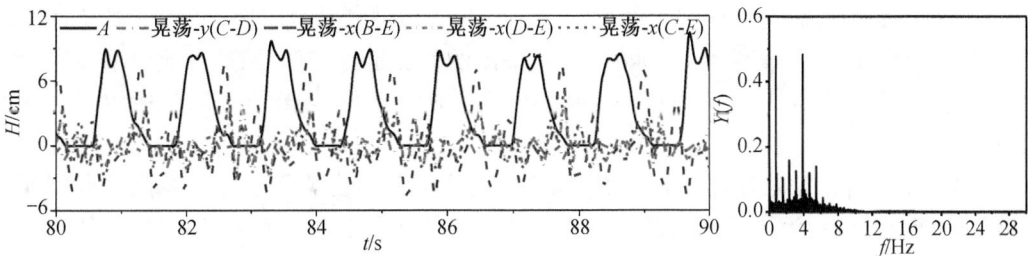

图 5.57　JT13 工况下月池内晃荡时历曲线及频谱分析图

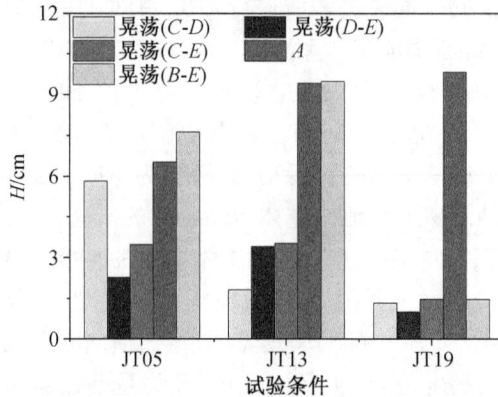

图 5.58　月池内流体运动幅值柱状图

由图 5.58 可知,A 点晃荡值随周期增加而增大,外部波浪周期为 0.64 s 时,A 点晃荡值小于月池中后部晃荡值;当外部波浪周期为 1.28 s 时,A 点晃荡值与月池中后部晃荡值相近;而当外部波浪周期为 1.92 s 时,A 点晃荡值大于月池中后部晃荡值。结合上文分析可知,同等波高时,周期越大,波浪能量越大,台阶处用于垂荡转化为晃荡的能量也越多,A 点的晃荡也就更为激烈。

JT13 工况发生共振时,月池沿 y 向晃荡剧烈,月池 y 向形成复杂波面,且波面超过半个波长,此时 y 向晃荡值取 C − E 或 B − E 差值。工况 JT05 和 JT19 外部波浪周期偏离月池固有振荡周期,月池内流体受月池限制,波面运动以活塞运动为主,月池 y 向未包含多个波长,此时可选取 C − D 点差值作为 y 向晃荡值。

5.6　本章小结

本章采用模型试验法,研究矩形月池和阶梯形月池在规则波激励下月池水体的运动规律。以矩形和阶梯形月池为主要研究对象,自主设计制作钻井船 – 月池试验模型,在扬州大学循环水槽中,对每种月池模型分别进行 20 个规则波工况研究,结果表明:

(1)圆弧型船首较方型船首,对波浪反射小,更有利于波浪在水槽中传播,有助于实验开展。有机玻璃实验模型,利于多角度监测实验现象,成功捕捉到月池内 x 向、y 向波面晃荡现象、阶梯形月池内流体瀑布现象、月池壁面处砰击现象。

(2)对于此类长宽吃水比很大的月池,Faltinsen 活塞振荡周期计算公式不涉及月池主尺度,仅涉及吃水,计算值偏小。Fukuda 公式提出的前提是以方形、圆形月池模型为实验对象,横截面积系数偏小,计算值偏小。赵尚辉公式计算结果与实验验证较好,适用于大尺度长宽吃水比月池。

(3)月池对外部波浪存在屏蔽作用,月池内流体运动相位滞后于外部波浪。当外部激励波浪周期与月池内流体活塞运动固有振荡周期相近时,月池内流体产生共振,月池内流体受到外部波浪和月池本身的激励而运动加剧,波高响应值明显大于外部波高。

(4)外部波浪周期小于共振周期时,由于月池的屏蔽作用,月池内流体波高响应值小于外部波高。外部波浪周期大于共振周期时,月池内流体波高响应值与外部波高相近,呈现受迫运动特性。

（5）月池内流体晃荡月池内流体晃荡运动幅值随外部激励波浪波高增大而增大，小周期遭遇波相比于大周期遭遇波更容易激励起月池内流体晃荡运动。大周期遭遇波作用下，月池内流体活塞运动强于晃荡运动。当外部激励波浪周期与月池内流体晃荡运动固有振荡周期相近时，月池内流体晃荡运动幅度最为剧烈。

（6）矩形月池 y 向晃荡较弱，以 x 向晃荡为主；阶梯形月池中，瀑布造成月池内流体 y 向晃荡加剧，晃荡值小于 x 向，但仍不能忽略，应作为月池内流体晃荡运动研究重要组成部分。

（7）当外部遭遇波浪周期与月池固有振荡周期相近时，月池内流体运动内流体受月池激励运动剧烈。钻井处月池主尺度设计时，应避免月池固有振荡周期与作业海域波浪周期相近。

第6章 矩形月池抑波装置实验研究

6.1 抑波装置设计与加工

6.1.1 减小外部激励式抑波装置

如图6.1所示,第5.5.3和5.5.4节研究的阶梯形月池内的台阶实际上是一种月池抑波结构。图6.1为刘学勤等人曾就该台阶对钻井船运输过程中阻力的影响进行了研究[77]。他们意图通过削斜台阶直角,通过改变月池内外流体交换方式以削弱月池对钻井船运输过程中所受阻力的影响,但并未涉及对月池内流体运动特性研究。由于第4章已经对阶梯形月池水动力特性进行了详细讨论,本章不再重复该抑波装置的研究。

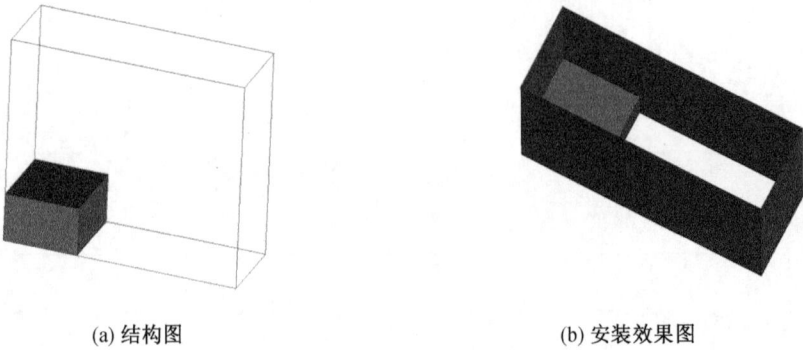

(a) 结构图　　　　　　　　　(b) 安装效果图

图6.1　阶梯式抑波装置

图6.2展示了一种新型导流板抑波结构,这种结构通过一组斜板与一组水平板相连的模式,构成坡状导流板结构,其主要参数如表6.1所示。这种装置可以扰乱月池入口流场,减少月池内外流体交换,减弱月池内流体剪切层的自持振荡。由于坡状具有方向性,故在下面的试验过程中对不同安装方向的抑波效果进行了讨论。规定斜板靠近月池前壁、水平板靠近月池后壁为正向。

(a) 结构图　　　　　　　　　(b) 安装效果图

图6.2　导流板式抑波装置模型

表 6.1　导流板式抑波装置主要参数

项目	尺寸	项目	尺寸
水平板长度	28 cm	斜板倾角	30°
斜板长度	35 cm	开孔率	0.32

表 6.1　导流板式抑波装置主要参数

　　为便于实验现象监测,导流板式抑波装置材料选用蓝色亚克力板,并通过机械车床和圆柱形刀头雕刻而成。本研究没有选择激光雕刻加工的主要原因是亚克力透光性高,激光切边会造成折射,导致模型平整度不够。此外,加工过程中选用圆柱形刀而不是圆锥形刀头,主要是圆锥形刀头会造成切面形成锥角,不利于模型拼装。最终模型如图 6.3 所示。

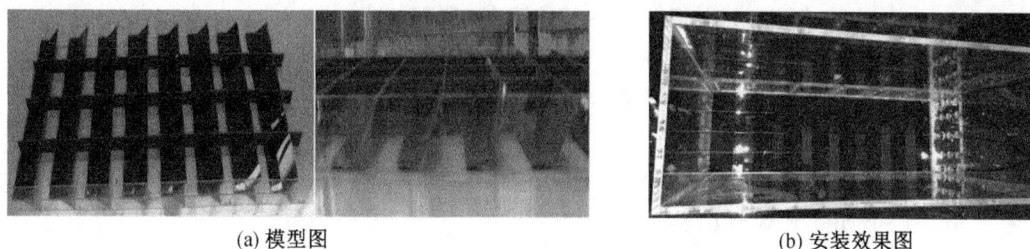

(a) 模型图　　　　　　　　　　　　　　　(b) 安装效果图

图 6.3　导流板式抑波装置模型

　　图 6.4 展示了一种"二分式"抑波结构。由于月池主尺度决定月池固有频率,在无法改变外部波浪激励频率的情况下,通过改变月池固有频率,也可有效避免共振,从而减小月池内流体运动幅度。在安装二分式抑波装置中心垂直隔板时,使用氯仿、704 和热熔胶进行黏合。这种处理方式会导致左右流体会对黏合处不断进行冲击,使模型发生损坏,故最终决定在隔板与月池侧壁之间增加小 L 形肘板进行辅助定位,实践证明这种辅助措施有很好的定位效果,最终模型如图 6.4 所示。考虑隔板在实际建造过程中也需要肘板辅助定位,故后续试验中继续保留肘板。

(a)3D 模型　　　　　　　　　　　　　　　(b) 实验模型

图 6.4　导流板式抑波装置 3D 模型

6.1.2　增加阻尼式抑波装置

　　增加月池内流体运动阻尼,是一种有效便捷、适用范围广的抑波方式。图 6.5 展示了一种格栅式抑波装置,这种结构设计可有效抑制月池内流体沿月池壁面的爬升运动。格栅式抑波板由水平板和竖直板组成,水平板阻碍波浪沿月池壁面垂向爬升,竖直板则将月池内流体进行分割,使月池内波浪破碎,耗散流体动能,达到抑波效果。

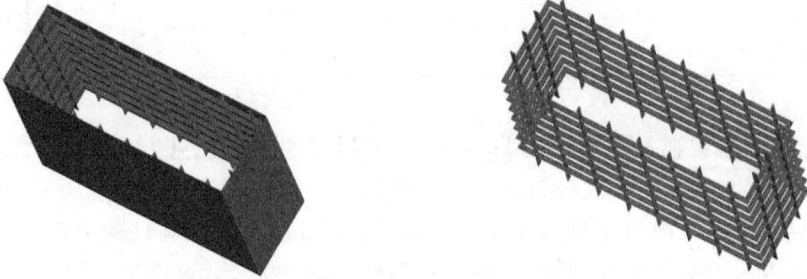

图 6.5　格栅式抑波装置 3D 模型

　　格栅式抑波装置制作过程较为繁杂,其参数如表 6.2 所示。垂向布置 8 层水平格栅条,并采用 22 根垂直条固定,水平格栅条对角切开成 L 型。为降低试验过程中的拍摄难度,该装置采取一半透明亚克力、一半蓝色亚克力对接而成,并利用小钢夹和模型胶带辅助定位安装。最终模型如图 6.6 所示。

表 6.2　格栅式抑波装置主要参数

项目	尺寸/cm	项目	尺寸/cm
格栅板宽度	13	纵向水平间隔	85
垂直间隔	67	横向水平间隔	59

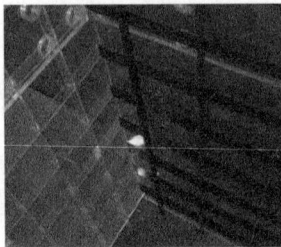

(a) 水平格栅板对接图　　　　(b) 格栅板定位图　　　　(c) 安装效果图

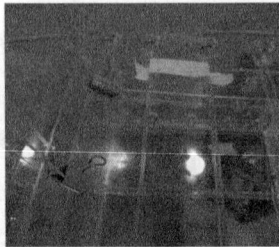

图 6.6　格栅式抑波装置实验模型

6.2　试　验　过　程

　　本章共涉及 4 种抑波装置的规则波试验,目的是测定规则波作用下这 4 种抑波装置的工作性能。每个抑波装置模型实验有 3 种频率 ×6 种波高 +1 种频率 ×2 种波高 =20 种工况,具体如表 6.3 所示。表 6.3 中工况按照抑波装置中文首字母 + 矩形月池首字母 + 数字序号组成的方式编码。

表 6.3　抑波装置－矩形月池模型实验工况

正向导流板式抑波装置－矩形月池实验工况

工况	周期/s	浪高/cm	工况	周期/s	浪高/cm	工况	周期/s	浪高/cm
ZJ01	0.32	3.2	ZJ08	0.64	18.41	ZJ15	1.92	1.76
ZJ02	0.32	5.23	ZJ09	1.28	3.85	ZJ16	1.92	3.9
ZJ03	0.64	5.8	ZJ10	1.28	7.01	ZJ17	1.92	6.09
ZJ04	0.64	9.87	ZJ11	1.28	10.13	ZJ18	1.92	8.7
ZJ05	0.64	13.89	ZJ12	1.28	12.91	ZJ19	1.92	13.01
ZJ06	0.64	15.79	ZJ13	1.28	15.11	ZJ20	1.92	17.02
ZJ07	0.64	18.05	ZJ14	1.28	15.67	——	——	——

逆向导流板式抑波装置－矩形月池实验工况

工况	周期/s	浪高/cm	工况	周期/s	浪高/cm	工况	周期/s	浪高/cm
NJ01	0.32	3.2	NJ08	0.64	18.41	NJ15	1.92	1.76
NJ02	0.32	5.23	NJ09	1.28	3.85	NJ16	1.92	3.9
NJ03	0.64	5.8	NJ10	1.28	7.01	NJ17	1.92	6.09
NJ04	0.64	9.87	NJ11	1.28	10.13	NJ18	1.92	8.7
NJ05	0.64	13.89	NJ12	1.28	12.91	NJ19	1.92	13.01
NJ06	0.64	15.79	NJ13	1.28	15.11	NJ20	1.92	17.02
NJ07	0.64	18.05	NJ14	1.28	15.67	——	——	——

二分式抑波装置－矩形月池实验工况

工况	周期/s	浪高/cm	工况	周期/s	浪高/cm	工况	周期/s	浪高/cm
EJ01	0.32	3.2	EJ08	0.64	18.41	EJ15	1.92	1.76
EJ02	0.32	5.23	EJ09	1.28	3.85	EJ16	1.92	3.9
EJ03	0.64	5.8	EJ10	1.28	7.01	EJ17	1.92	6.09
EJ04	0.64	9.87	EJ11	1.28	10.13	EJ18	1.92	8.7
EJ05	0.64	13.89	EJ12	1.28	12.91	EJ19	1.92	13.01
EJ06	0.64	15.79	EJ13	1.28	15.11	EJ20	1.92	17.02
EJ07	0.64	18.05	EJ14	1.28	15.67	——	——	——

格栅式抑波装置－矩形月池实验工况

工况	周期/s	浪高/cm	工况	周期/s	浪高/cm	工况	周期/s	浪高/cm
GJ01	0.32	3.2	GJ08	0.64	18.41	GJ15	1.92	1.76
GJ02	0.32	5.23	GJ09	1.28	3.85	GJ16	1.92	3.9
GJ03	0.64	5.8	GJ10	1.28	7.01	GJ17	1.92	6.09
GJ04	0.64	9.87	GJ11	1.28	10.13	GJ18	1.92	8.7
GJ05	0.64	13.89	GJ12	1.28	12.91	GJ19	1.92	13.01

表 6.3(续)

正向导流板式抑波装置 – 矩形月池实验工况								
工况	周期/s	浪高/cm	工况	周期/s	浪高/cm	工况	周期/s	浪高/cm
GJ06	0.64	15.79	GJ13	1.28	15.11	GJ20	1.92	17.02
GJ07	0.64	18.05	GJ14	1.28	15.67	——	——	——

6.3　正向导流板式抑波装置实验结果与分析

为方便比较减活塞运动效果,将对应位置处波高进行无因次处理,引入活塞运动抑波系数 C_H,定义如下:

$$C_H = \frac{H_0 - H}{H_0} \tag{6.1}$$

式中　H_0——不安装抑波装置月池 E 点波高统计值;

H——安装抑波装置后月池 E 点波高统计值。

同理引入减水平晃荡抑波系数 C'_H:

$$C'_H = \frac{H'_0 - H'}{H'_0} \tag{6.2}$$

式中　H'_0——不安装抑波装置月池晃荡统计值;

H'——安装抑波装置后月池晃荡统计值。

由式(6.1)和式(6.2)可知,C_H、C'_H 越大说明抑波效果越明显,但是抑波系数大小并非唯一的评判标准。比如有效抑制甲板上浪、流体对月池内壁砰击、月池内噪声等都可以作为抑波装置作用大小的评判标准。

如图 6.7 所示,$t = 1/4T$ 时,月池外侧波浪经过平衡位置,外部流体开始涌入月池内部,月池内流体开始上升。上升时,液面不是整体上升,月池后部较月池前部上升速度慢,月池后壁处形成凹陷;$t = 1/2T$ 时,月池内流体达到最高处,液面破碎不连续且呈现微幅晃荡状;$t = 3/4T$ 时,月池内流体液面开始下降,液面不是整体沉降,前部快于后部,与 $t = 1/4T$ 时,液面上升情况恰好相反;$t = T$ 时,月池内流体下落至最低处,波面呈现微幅中拱状,主要是由于月池壁面剪切层运动导致。

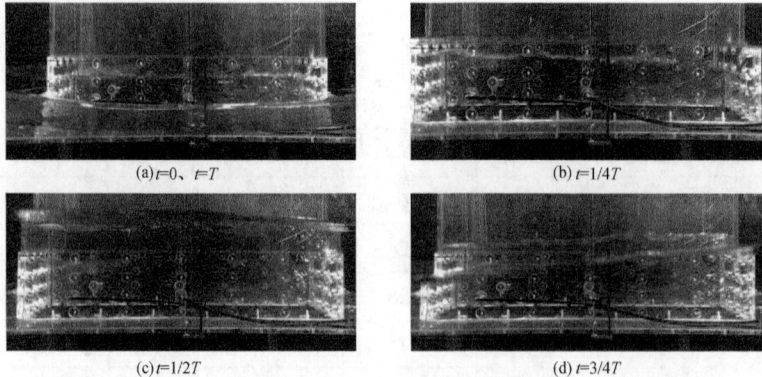

(a) $t = 0$、$t = T$　　　　　　　　　　(b) $t = 1/4T$

(c) $t = 1/2T$　　　　　　　　　　(d) $t = 3/4T$

图 6.7　ZJ13 工况一个周期内,月池中纵剖面处的自由液面形状

6.3.1　正向导流板式抑波装置减活塞运动实验结果分析

图 6.8 展示了月池中心 E 点波高响应值统计,图 6.9 展示了通过式(6.1)无因次化的 E 点波高统计值。从图 6.8 可看出,月池内流体响应波高随外部激励波高增加而增加;当周期为 0.64 s 时,增速较缓;而当周期为 1.28 s 和 1.92 s 时,月池内流体响应值相近,且增速较快。结合图 6.9 可知,当周期为 0.64 s 时,抑波系数在 0.6 ~ 0.75 之间波动,抑波效果较明显,与图 6.8 中增速较缓相对应;而当周期为 1.28 s 时,抑波系数随外部激励波高增加而增加,由 0 增加至 0.4 左右。说明在这种情况下波高越大,抑波效果越明显;但当周期为 1.92 s 时,抑波系数始终维持在 0 ~ 0.1 之间,抑波效果不明显。

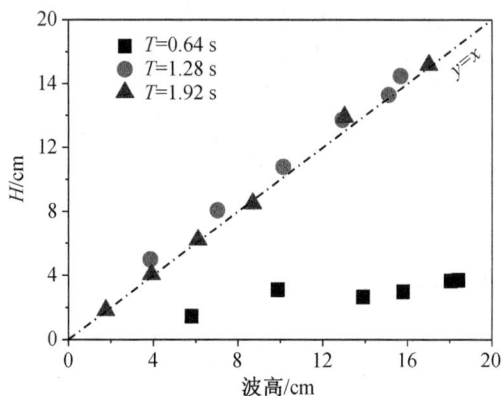

图 6.8　E 点处波高统计值　　　　　　　图 6.9　减活塞振荡系数散点图

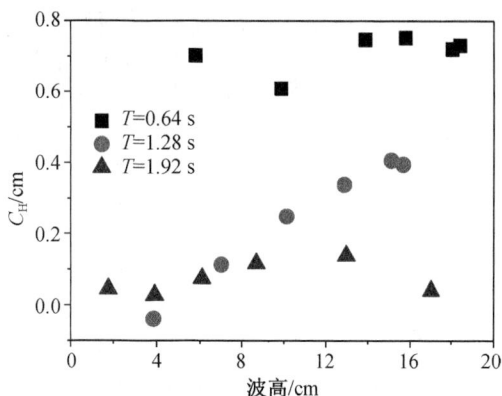

由第 4 章分析可知,当外部激励波浪为小周期 0.64 s 时,月池内流体运动以垂荡运动为主,正向导流板式抑波装置减小了月池底部的透水面积,增强了月池对外部波浪屏蔽作用,减缓月池内外流体交换速度,阻碍月池内流体垂荡运动,取得明显抑波效果。外部激励波浪周期为 1.28 s 时,激励波浪波高增加,抑波系数越大,效果越明显。矩形月池不安装抑波装置时,1.28 s 为共振周期,月池内流体运动受到月池作用而加剧,随着波高增加,月池内流体响应波高越大,大于外部激励波高。安装抑波装置后,矩形月池内流体响应值与外部激励波高相近,表现出受迫运动特性。如图 6.10 所示,安装正向导流板式抑波装置之前,气泡显示月池内外流体连续,交换顺畅;安装正向导流板式抑波装置后,月池内外流体运动相位相反。图 6.11 所示,由于安装正向导流板式抑波装置后,月池内流体与外部波浪之间形成隔板,两者能量无法及时进行交换,导致月池内流体响应滞后于外部激励波浪。此外,当遭遇周期为 1.28 s 时,月池内流体发生共振运动,导流板中的斜板结构,将引导水流沿导流板产生剪切层自持运动。水流在水平板处,容易产生涡,涡破坏原有共振运动。因此正向导流板式抑波装置削减外部流体进入月池时的能量,同时大幅削弱月池本身对流体的激励作用,抑波效果明显。外部激励波浪周期为 1.92 s 时,矩形月池内流体表现为受迫振荡。正向导流板式抑波装置削弱部分外部激励波浪能量,但抑波效果不明显。主要原因在于 1.92 s 对应了外部激励波长较长,长波遇到导流板容易发生绕射作用,导流板对长波阻碍效果弱于对短波阻碍效果。所以当外部激励波浪周期为 1.92 s 时,正向导流板式抑波装置抑波效果稍差一些。

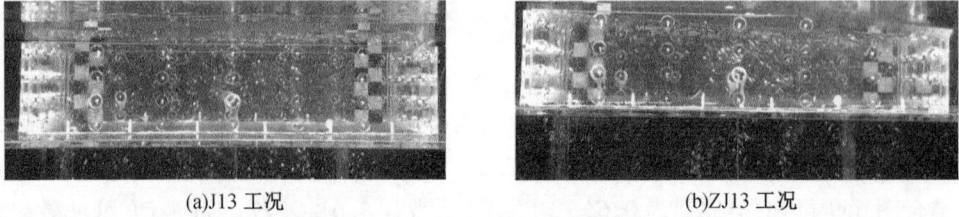

(a)J13 工况　　　　　　　　　　　　　(b)ZJ13 工况

图 6.10　月池内外流场图

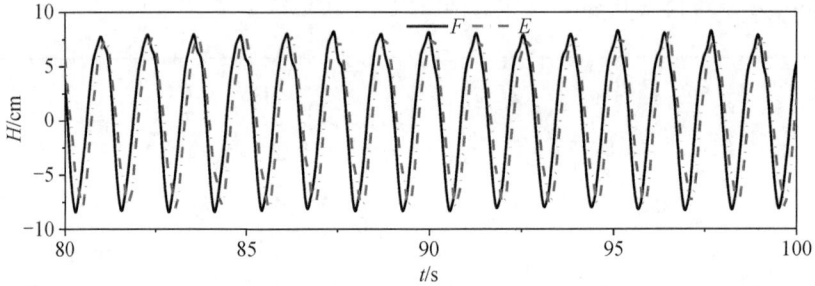

图 6.11　E 点与 F 点波高时历曲线

6.3.2　正向导流板式抑波装置减晃荡运动实验结果分析

根据前文分析可知,在进行月池内流体晃荡运动统计时,应避免直接将月池首尾端点相减求晃荡的方式。因此,为直观反映月池内各部分流体晃荡运动情况,应考虑所有可能情况。

由图 6.12 可知,y 向晃荡值远小于 x 向晃荡值,与图 6.13 所示实验现象一致,y 向波面位于同一水平高度;此时 y 向晃荡值小于 J05 工况下矩形月池内流体 y 向晃荡值,说明正向导流板式抑波装置减小了 y 向晃荡。x 向 $A-E$ 两点间的晃荡值小于 $B-E$ 两点,说明月池后部晃荡较前部严重。x 向 $A-B$ 两点晃荡值最大,波高为 9.499 cm,说明此时月池内形成的波面不足一个波长,与监测到的现象相符(见图 6.14)。不安装抑波装置时月池内流体 x 向 $A-B$ 两点晃荡值为 9.881 cm,两者相接近,说明此时 x 向减晃效果不明显。

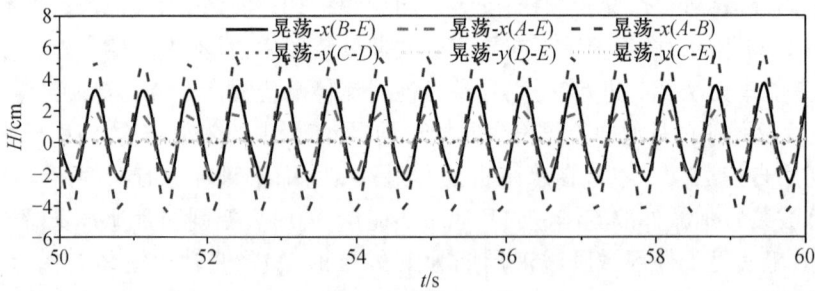

图 6.12　ZJ05 工况月池内流体晃荡波高时历曲线

图 6.13　ZJ05 工况月池中横剖面波面图

图 6.14　ZJ05 工况月池中纵剖面波面图

从图 6.15 可看出,y 向晃荡值远小于 x 向晃荡值,但晃荡幅值较 ZJ13 工况明显增加。结合上节分析可知,外部波浪进入月池时在抑波装置处受到阻碍,在导流板开孔处脱落形成大量的涡(见图 6.16)。如图 6.17 所示,涡扰乱了月池内流体运动,使波面显得破碎而不连续,月池内较月池外气泡密集。此时,x 向 $A-B$ 两点晃荡值达到最大值,波高为 8.768 cm,减晃系数为 0.11。同样正向导流板式抑波装置阻碍月池内外流体交换、破坏月池内流体自持晃荡运动。

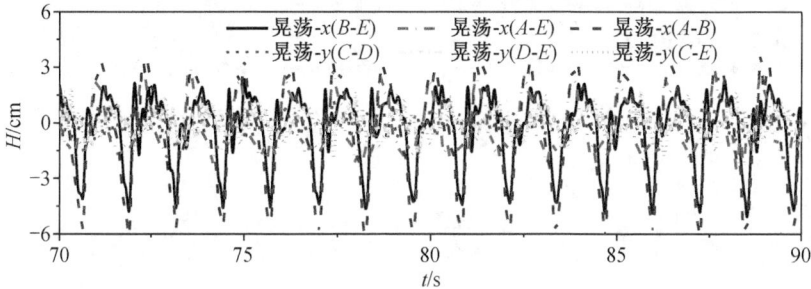

图 6.15　ZJ13 工况月池内流体晃荡波高时历曲线

图 6.16　ZJ13 工况时月池内外流场图

图 6.17　ZJ13 工况时月池中纵剖面波面图

如图 6.18 所示,x 向晃荡值仍大于 y 向晃荡值。但与两个工况相比,ZJ19 工况 y 向晃荡值已与 x 向晃荡值越来越接近。如图 6.19 和图 6.20 所示,结合第 4 章分析可知,此时月池内流体垂荡运动占据主导地位,晃荡运动不明显。根据前文分析,晃荡运动的产生主要是由于月池底部抑波装置的存在。这种抑波装置导致月池内各垂直断面月池内外流体交换速度不同,迫使月池内部分流体产生水平运动。此时,x 向 $A-B$ 两点晃荡值最大,波高为

3.216 cm,减晃系数为 0.675。

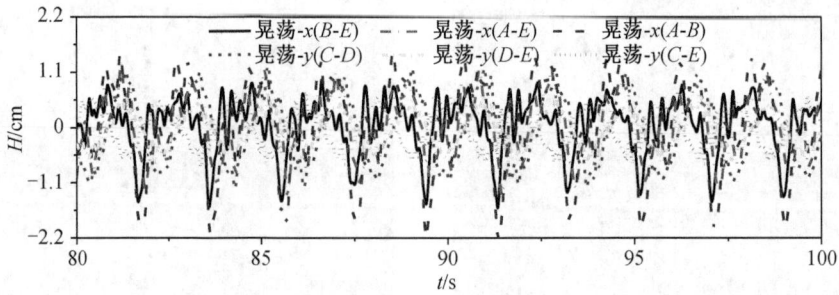

图 6.18　ZJ19 工况月池内流体晃荡波高时历曲线

图 6.19　ZJ19 工况月池内中纵剖面波面图

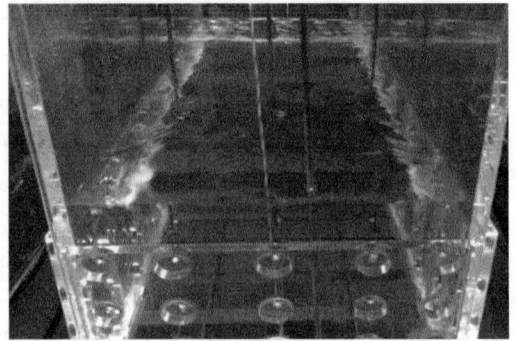

图 6.20　ZJ19 工况月池内中横剖面波面图

6.4　逆向导流板式减垂荡装置实验结果与分析

　　如图 6.21 所示,$t = 1/4T$ 时,月池外侧波浪经过平衡位置,外部流体开始涌入月池内部,月池内流体开始上升。上升时,月池前部较月池后部上升速度慢,且前部波面存在明显凹陷;$t = 1/2T$ 时,月池内流体达到最高处,液面存在微幅振荡,较正向安装导流板式抑波装置时平静;$t = 3/4T$ 时,月池内流体液面开始下降,前部下降速度慢,波面明显高于后部,形成明显凸起;$t = T$ 时,月池内流体下落至最低处,液面呈现轻微中拱。

6.4.1　逆向导流板式抑波装置减活塞运动实验结果分析

　　由图 6.22 可知,月池内流体响应波高随外部激励波高增加而增加。周期为 0.64 s 时,增速较缓;周期为 1.28 s 和 1.92 s 时,月池内流体响应值相近,且增速较快。结合图 6.23,周期为 0.64 s 时,抑波系数在 0.6 ~ 0.65 之间,抑波效果明显。周期为 1.28 s 时,抑波系数随外部激励波高的增加而增加,由 0 增加至 0.35 左右,表明此时波高越大,抑波效果越明显。周期为 1.92 s 时,抑波系数始终维持在 0 左右,说明这种条件下抑波效果不明显。

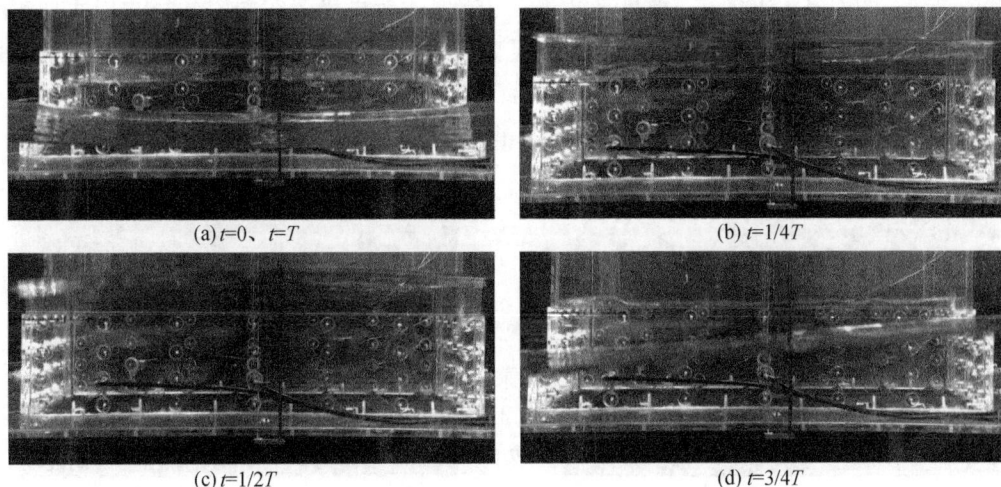

(a) $t=0$、$t=T$

(b) $t=1/4T$

(c) $t=1/2T$

(d) $t=3/4T$

图 6.21　NJ13 工况一个周期内月池中纵剖面处的自由液面形状

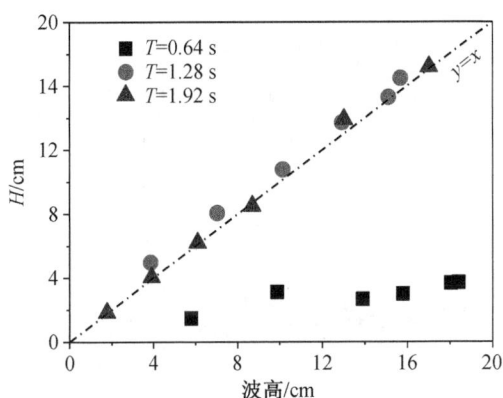

图 6.22　E 点处波高统计值

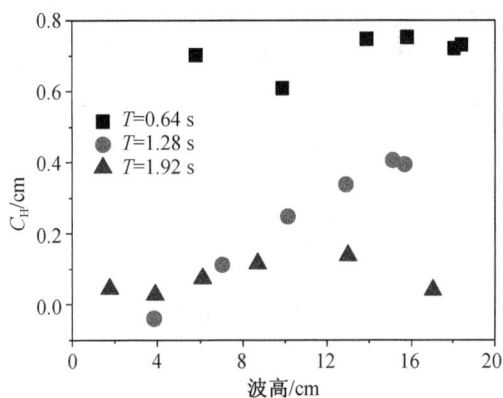

图 6.23　减活塞振荡系数散点图

　　由 E 点波高统计值分析可知,逆向导流板式抑波装置与正向导流板式抑波装置减活塞振荡效果相似。但从图 6.24 和图 6.25 可知,导流板式抑波装置安装方向的不同会导致月池内前、后部波面不同。当正向安装导流式抑波装置时,月池后部形成明显陷落;而当逆向安装导流式抑波装置时,月池前部形成明显陷落。同时结合上节正向导流板式抑波装置抑波系数可知,外部激励波高较大时,逆向导流板式抑波装置抑波效果较正向导流板式抑波装置抑波效果稍弱一些。

6.4.2　逆向导流板式抑波装置减晃荡运动实验结果分析

　　由图 6.26 可知,y 向晃荡值远小于 x 向晃荡值,并小于相同外界激励下不安装抑波装置时月池内流体 y 向晃荡值;x 向 $A-E$ 两点间的晃荡值小于 $B-E$ 两点,说明此时月池后部晃荡较前部更为严重。此外,x 向 $A-B$ 两点晃荡值最大,波高为 8.868 cm,说明此时月池内形成了波面不足一个波长。不安装抑波装置时月池内流体 x 向 $A-B$ 两点晃荡值为 9.881 cm,减晃荡系数为 0.10,减晃荡效果优于 ZJ05 工况。由图 6.27 可知,x 向 $A-B$ 两点晃荡值最大,波高为 6.402 cm,减晃系数为 0.35,抑波效果优于正向安装导流板式抑波装置。如图 6.28 所示,x 向晃荡值仍大于 y 向晃荡值,但与前两个工况相比,NJ19 工况的 x 向晃荡值在减小,y 向晃荡值在增加,y 向晃荡值已与 x 向越来越近。此时,x 向 $A - B$ 两点晃荡值最大,波高为 2.48 cm,减晃系数为 0.75,抑波效果优于正向安装导流板式抑波装置。

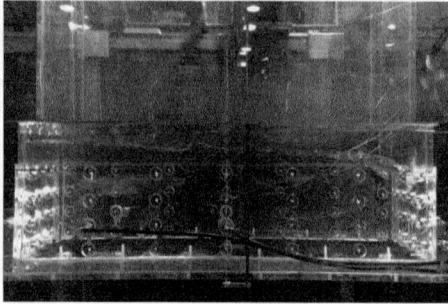

图 6.24　ZJ13 工况月池内中纵剖面波面图

图 6.25　NJ13 工况月池内中纵剖面波面图

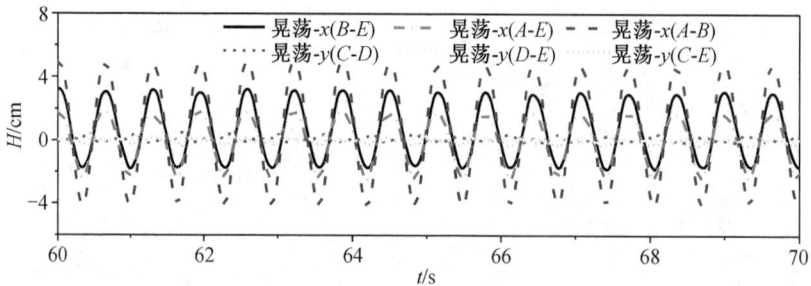

图 6.26　NJ05 工况月池内流体晃荡波高时历曲线

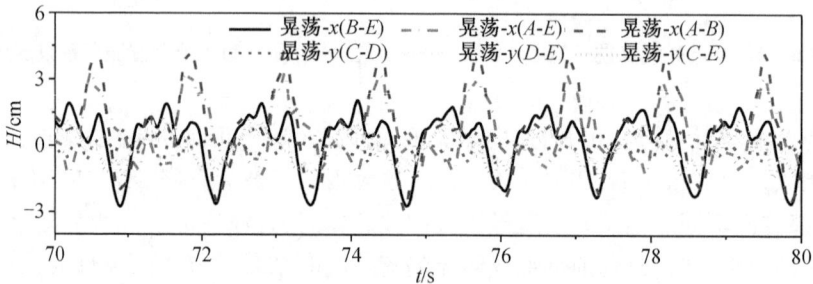

图 6.27　NJ13 工况月池内流体晃荡波高时历曲线

　　区分正向和逆向导流板式抑波装置的关键在于导流斜板的安装方向,正向导流板遭遇来波时,会引导来流向下运动,增强抽吸作用。逆向导流板则相反,将引导流体入月池内,月池内流体在重力作用下自然下落,上升流体与下降流体碰撞后,能量消减。基于以上数据和分析,发现规则波作用下,逆向导流板式抑波装置抑波效果优于正向导流板式抑波装置。

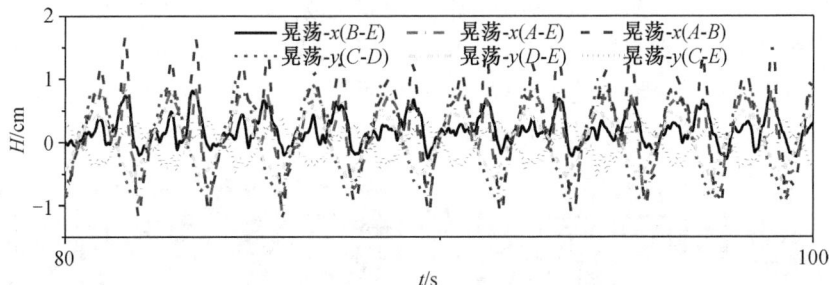

图 6.28　NJ19 工况月池内流体晃荡波高时历曲线

6.5　二分式抑波装置实验结果与分析

基于二分式抑波装置结构特点,试验时,船模和监测设备在水槽按照图 6.29 进行布置。月池中纵剖面一共布置 A、B、C、D、E、F 共 6 根浪高仪,并未横向布置浪高仪。主要是以下两个原因:第一,长方形月池二分后,得到两个小月池,小月池长宽比为 1.5,接近方形月池。参考以往论文研究成果,这种月池形式 y 向晃荡较小,可忽略;第二,小月池内部空间小,横向增加浪高仪,浪高仪数量过多会影响月池内流体运动,不利于月池内流体运动监测。

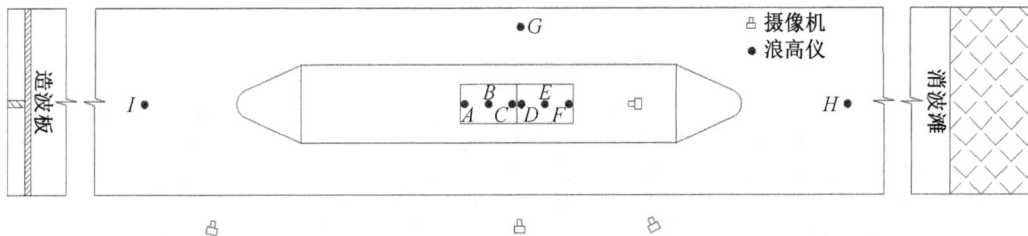

图 6.29　实验模型水槽布置图

如图 6.30 所示,$t = 1/4T$ 时,月池外侧波浪经过平衡位置,外部流体开始涌入月池内部,月池内流体开始上升。上升时,月池后部流体上升速度远快于前部,前后部流体液面形成高度差;$t = 1/2T$ 时,月池前部流体液面高于后部;$t = 3/4T$ 时,月池后部流体液面高于前部,后部流体呈现中垂状态,前部液面虽未见中垂但液面有轻微晃荡;$t = T$ 时,月池后部流体液面高于前部,后部流体靠近月池后壁部分呈现明显波浪爬升现象。

6.5.1　二分式抑波装置减活塞运动实验结果分析

图 6.31 展示了 EJ13 工况月池内各点波高时历曲线。由图 6.31 可知,月池内各点波高时历曲线基本相同,故选取月池中部 B、E 处的自由液面波动进行月池内活塞运动研究,统计结果如图 6.32 和图 6.33 所示。从图 6.32 可看出,同一周期下,月池后部内流体运动波高随外部激励波高增加而增加;同一波高三种不同周期外部波浪激励下,月池内流体响应波高均与外部激励波高相近,呈现受迫运动状态。

结合图 6.33 可知,周期为 0.64 s 时,抑波系数均为负值且随波高增加而增加。这说明垂直隔板不仅没有达到抑波效果,反而加剧了月池内流体垂荡运动,但这种负作用随着波高增加而减小。周期为 1.92 s 时,随着外部激励波浪波高增加,抑波系数略微减小,但也均为负值。同样说明此时垂直隔板加剧了月池内流体活塞运动,且随着外部激励波高增加,越加剧月池内流体运动。周期为 1.28 s 时,抑波系数为正值,说明垂直隔板起到了抑波作用。抑波系数随外部激励波浪波高增加而增加,说明波高越大,抑波效果越好。

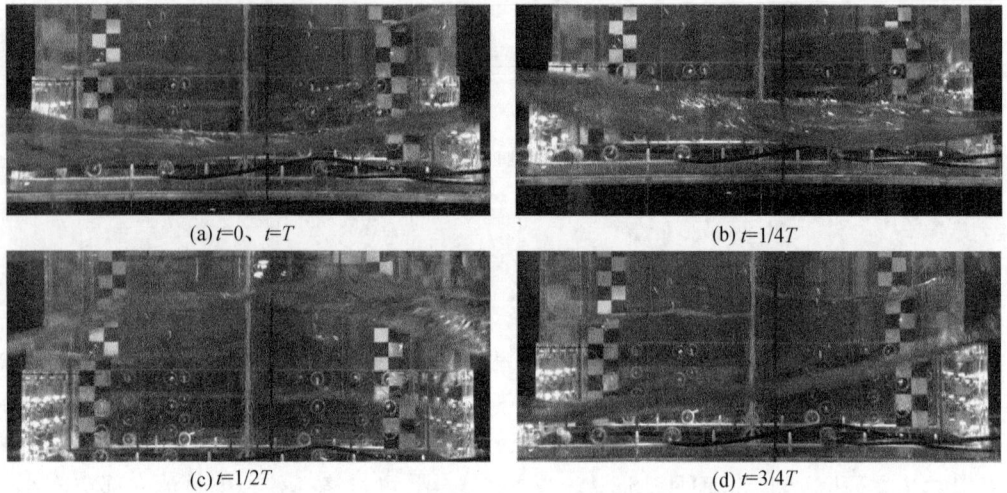

(a) $t=0$、$t=T$　　　(b) $t=1/4T$

(c) $t=1/2T$　　　(d) $t=3/4T$

图 6.30　EJ05 工况一个周期内,月池中纵剖面处的自由液面形状

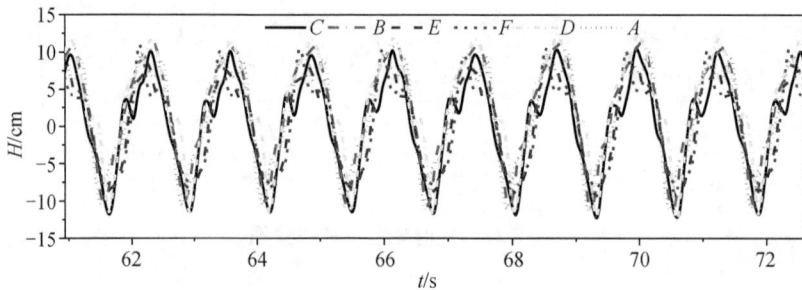

图 6.31　EJ13 工况月池内各点波高时历曲线

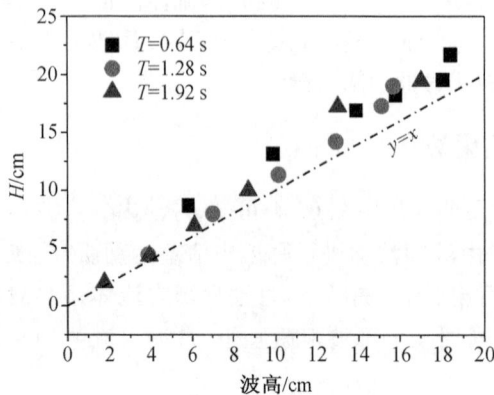

图 6.32　E 点波高统计值

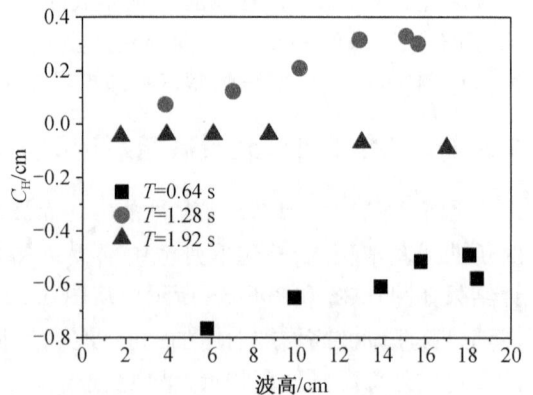

图 6.33　减活塞振荡系数散点图

　　由图 6.34 可知,同一周期,外部激励波高越大,月池内流体响应波高越大。同一外部激励波浪波高下,周期为 1.28 s 时,月池内流体运动响应波高最大,由第 4 章分析可知这是由于共振作用引起,换而言之,垂直隔板并未对月池前部活塞固有周期产生明显影响。结合图 6.35 可知,T 为 0.64 s 时,抑波系数随激励波高增加而减小,由 0.33 降到 0.08,抑波效果变差;T 为 1.92 s 时,抑波系数在 0.05 上下波动;而当 T 为 1.28 s 时,抑波系数随波高增加而增加,由 -0.08 增至 0.16。外部激励波高较小时,抑波系数为接近 0,说明此时垂直隔板并未起到很好的抑波作用。但随着波高增加,垂直隔板抑波效果逐步显现,说明垂直隔板在大波高工况下,有利于削弱共振。

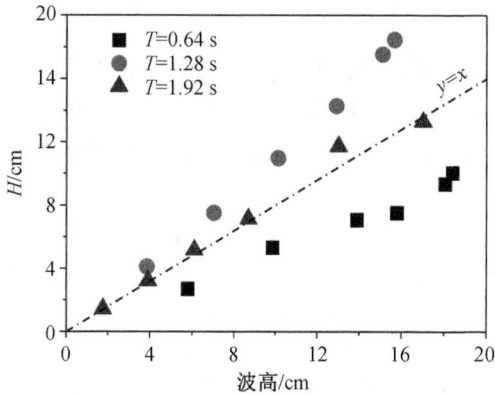

图 6.34　B 点波高时历曲线

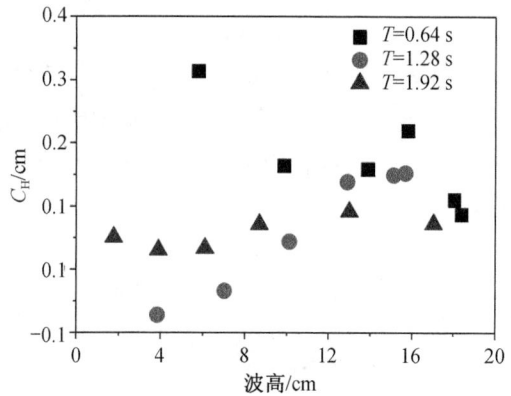

图 6.35　减活塞振荡系数散点图

6.5.1　二分式抑波装置减晃荡运动实验结果分析

　　如图 6.36 所示,在 EJ05 工况中,月池内前后部流体运动相位始终相差 1/4 个周期,月池前后部波面始终存在高度差,呈现错位现象,这种现象会对垂直隔板造成挤压效应。由于高度差始终存在,挤压力度虽小,但长时间的持续作用会使得结构产生疲劳,造成结构破坏。二分式抑波装置结构强度最脆弱的地方是垂直隔板与月池连接处,因此该处应进行结构加强。

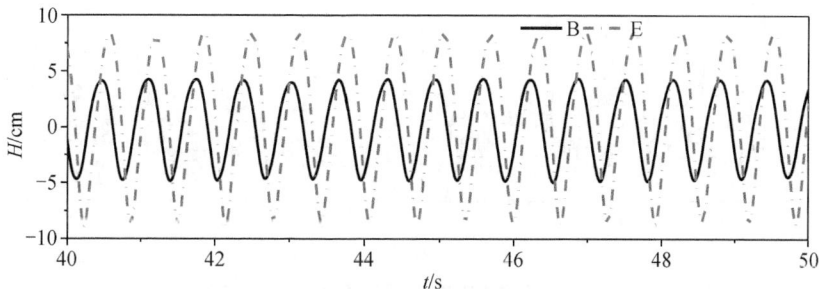

图 6.36　EJ05 工况下月池内 B、E 点波高时历曲线

　　由图 6.37 可知,前部 x 向 $A-C$ 两点的晃荡值最大,波高值为 1.936,抑波系数为 0.80;后部 x 向 $D-E$、$E-F$ 晃荡曲线相近,波高值为 2.799,抑波系数为 0.72。前部抑波系数略大于后部,说明此时前部抑波效果略优于后部。

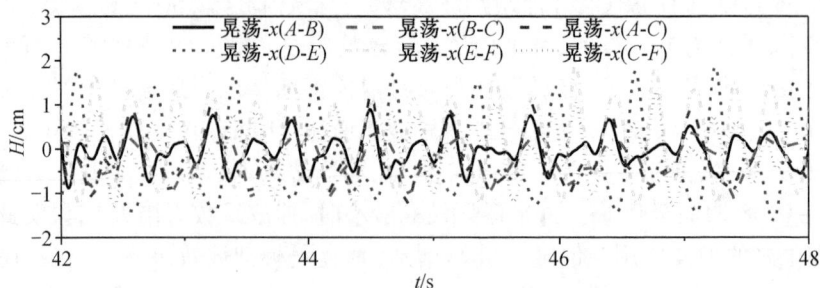

图6.37　EJ06 工况下月池内晃荡时历曲线

由图6.38 可知,前部 x 向 $A-C$ 两点的晃荡值最大,波高值为 10.397,抑波系数为 -0.05;后部 x 向 $D-F$ 两点的晃荡值最大,波高值为 10.053,抑波系数为 -0.02。前后部抑波系数均为负值,这是由于月池内流体进行活塞运动时,流体沿垂直隔板爬升,加剧月池流体晃荡运动。

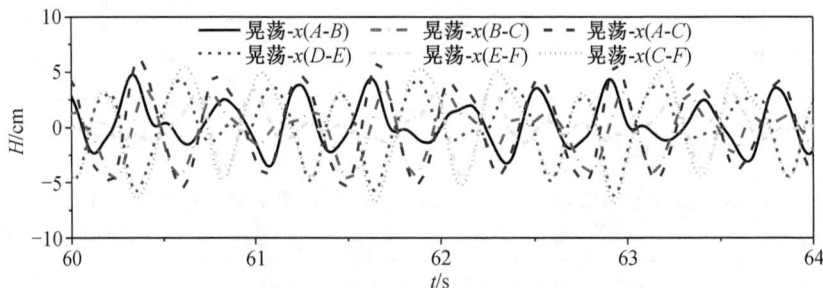

图6.38　EJ13 工况下月池内晃荡时历曲线

由图6.39 可知,前部 x 向 $A-C$ 两点的晃荡值最大,波高值为 3.382,抑波系数为 0.658;后部 x 向 $D-E$ 两点的晃荡值最大,波高值为 1.815,抑波系数为 0.816。月池后部抑波系数大于前部,说明此时垂直隔板对月池后部减晃荡效果明显。

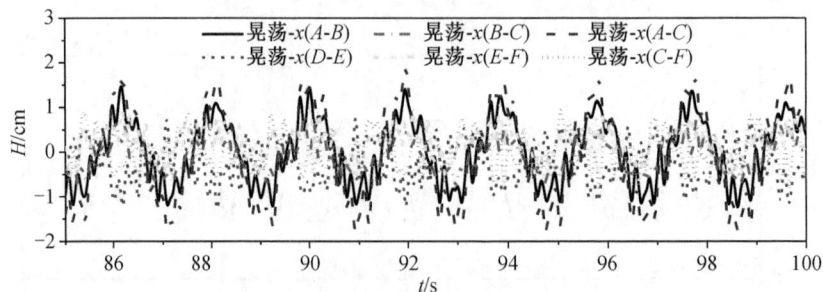

图6.39　EJ19 工况下月池内晃荡时历曲线

6.6　格栅式抑波装置实验结果与分析

如图 6.40 所示, $t = 1/4T$ 时,月池外侧波浪经过平衡位置,流体开始涌入月池内部,月池内流体开始上升。自由液面上升时,月池内流体受到月池壁面处格栅板阻碍作用,导致壁面处流体上升速度小于月池中央流体上升速度。该过程伴随的实验现象是:月池壁处产生大量气泡,此时液面呈现中拱状。 $t = 1/2T$ 时,月池内流体达到最高处,自由液面伴有大量碎波和气泡。 $t = 3/4T$ 时,月池后部流体液面高于前部,与外部激励波浪呈现相似波形,其他时刻也是如此,说明此时月池内流体仍表现出受迫运动特性。 $t = T$ 时,月池内流体到达最低处,流体下降过程中,受到格栅板作用,导致自由液面存在大量破碎的小波。试验过程中还发现,格栅式抑波装置有效抑制了波浪沿月池壁的爬升,减少了甲板上浪情况。

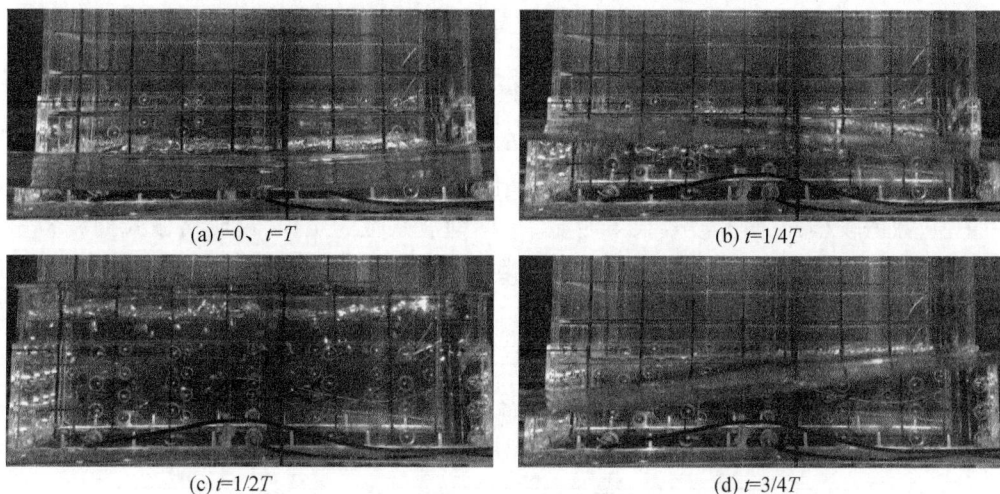

(a) $t=0$、 $t=T$　　　　　　　　　　　　　　　　(b) $t=1/4T$

(c) $t=1/2T$　　　　　　　　　　　　　　　　(d) $t=3/4T$

图 6.40　GJ13 工况一个周期内月池中纵剖面处的自由液面形状

6.6.1　格栅式抑波装置减活塞运动实验结果分析

由图 6.41 可知,月池内流体响应波高随外部激励波高增加而增加:周期为 0.64 s 时,月池内流体波高响应值小于外部激励波高;周期为 1.28 s 和 1.92 s 时,月池内流体响应值相近,均大于外部激励波高,月池内流体运动呈现出自持振荡特性。结合图 6.42 可知:周期为 0.64 s 时,抑波系数在 0.18 ~ 0.37 之间,外部激励波高越高,抑波系数越小,抑波效果越差;周期为 1.28 s 时,抑波系数随外部激励波高增加而增加,由 0 增加至 0.35 左右,表明此时波高越大,抑波效果越明显;周期为 1.92 s 时,抑波系数始终维持在 0 上下,抑波效果不明显。由于栅格式抑波装置的主要功能为抑制水体沿月池壁爬升,削弱月池壁面处流体自持振荡,故对波浪爬升严重的工况效果更好。

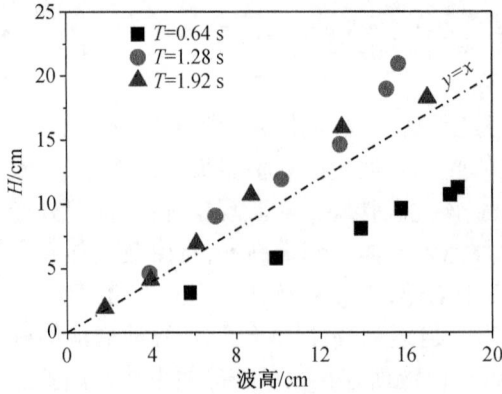

图6.41　月池中心 E 点波高时历曲线　　　　图6.42　减活塞振荡系数散点图

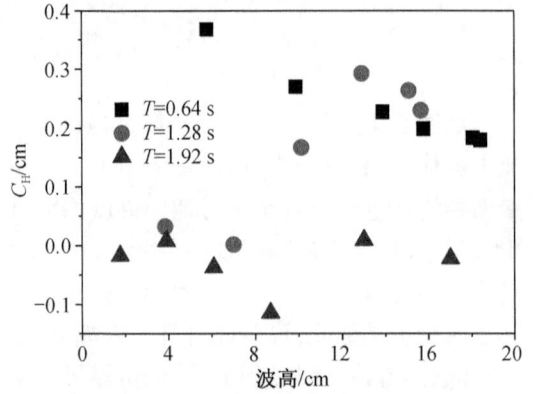

6.6.2　格栅式抑波装置减晃荡运动实验结果分析

从图6.43可看出，GJ05工况下 x 向 $A-B$ 两点的晃荡值最大，波高值为9.691，抑波系数为0.02；y 向 $D-F$ 两点的晃荡值最大，波高值为3.19，抑波系数为 -1.197。x 向抑波系数为正值，数值较小，说明抑波效果不明显。y 向抑波系数为负值，说明格栅式抑波装置加剧了 y 向晃荡。由于 x 向本身就存在晃荡和爬升运动，栅格板的出现会抑制 x 向这两种运动。与图6.44中矩形月池 J05工况时波面连续不同，GJ05工况下，y 向本身不存在明显晃荡和爬升运动，仅存在自持振荡运动。出现这种现象的原因是月池内流体进行活塞运动时，流体受到栅格板阻碍，出现波面破碎，从而产生 y 向晃荡运动，与图6.45试验现象完全相符。

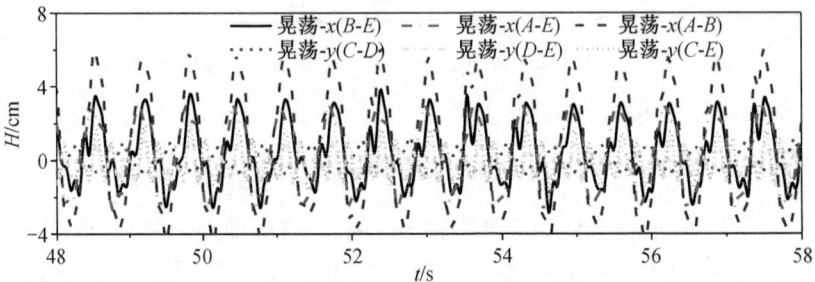

图6.43　GJ05工况下月池内流体晃荡波高时历曲线

从图6.46可看出，GJ13工况下 x 向 $B-E$ 两点的晃荡值最大，波高值为7.294，抑波系数为0.2；y 向 $C-E$ 两点的晃荡值最大，波高值为4.185，抑波系数为0.31。x、y 向抑波系数均为正值。这是由于GJ13工况为共振工况，未安装抑波装置时月池内流体晃荡和爬升运动较剧烈，栅格板有助于削弱这两种运动，所以取得了较好的抑波效果。对于 y 向抑波系数大于 x 向抑波系数，这是由于格栅板宽度占 y 向宽度比例大于占 x 向长度比例，故 y 向抑波效果好。

由图6.47可知，GJ19工况下 x 向 $A-B$ 两点的晃荡值最大，波高值为2.833，抑波系数为 -0.08；y 向 $D-E$ 两点的晃荡值最大，波高值为2.32，抑波系数为 -0.15。x、y 向抑波系数均为负值,说明格栅式抑波装置加剧了月池内流体运动。从图 6.48 可知,未安装格栅式抑波装置前月池内流体运动表现出受迫运动特性,且以垂荡运动为主,故 y 向波面连续、稳定,但安装格栅式阻尼板后,月池内流体运动过程中被格栅切割,波面破碎,故安装格栅式抑波装置后,月池内流体晃荡运动反而愈加剧烈。

图 6.44　J05 工况下月池中纵剖面波面图

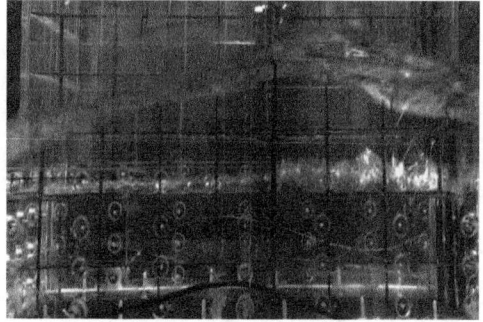

图 6.45　GJ05 工况下月池中纵剖面波面图

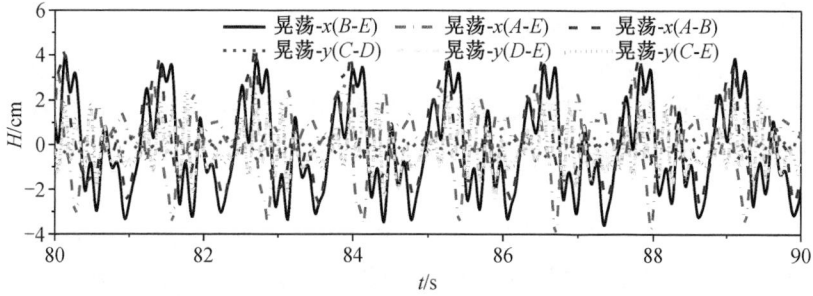

图 6.46　GJ13 工况下月池内流体晃荡波高时历曲线

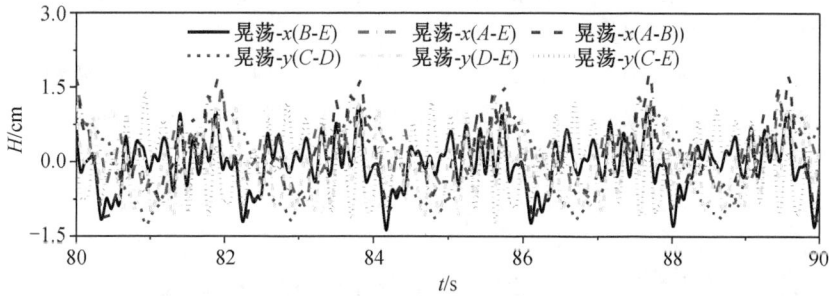

图 6.47　GJ19 工况下月池内流体晃荡波面时历曲线

(a)J19 工况

(b)G19 工况

图 6.48　典型工况月池内中横剖面波面图

6.7　本　章　小　结

本章依据减小外部激励和增加阻尼两种思路,创新设计制作4种矩形月池抑波装置,并运用模型试验法对抑波装置的工作性能进行详细评估。每组抑波装置实验包括20种规则波实验工况,通过建立抑波系数评判准则,结合甲板上浪、月池壁面砰击情况,判定抑波装置抑波效果,研究表明:

(1)正向导流板式抑波装置

①正向导流板式抑波装置在月池内流体与外部波浪之间形成隔板,加强了月池屏蔽作用,导致月池内流体运动滞后于外部激励波浪;

②导流板结构,引导水流沿导流板产生剪切层自持运动,产生漩涡,漩涡扰乱月池内流体运动,破坏月池壁处原有自持振荡,削减外部流体进入月池的能量,同时大幅削弱月池本身对流体的激励作用;

③对于活塞运动,正向导流板式抑波装置对短波抑波效果优于对长波抑波效果;遭遇周期为原共振周期时,外部激励波高越大,减活塞振荡效果越明显。

(2)逆向导流板式抑波装置

①与正向导流板式抑波装置相似,逆向导流板式抑波装置加强了月池屏蔽作用;

②外部激励波高较大时,逆向导流板式抑波装置抑波效果较正向导流板式抑波装置减活塞振荡效果稍弱;

③逆向导流板式抑波装置减晃荡效果总体优于正向导流板式抑波装置,这是由于逆向导流板式抑波装置容易引导水流进入月池内,对月池内原有自持运动破坏程度更高。

(3)二分式抑波装置

①小周期外部波浪激励下,月池前后部呈现"错位"现象,垂直隔板反复受力,垂直隔板与月池接缝处应进行结构加强;

②小周期外部波浪激励下,二分式抑波装置造成负作用;大周期外部波浪激励下,二分式抑波装置有一定减活塞振荡效果,效果不明显;遭遇周期为共振周期时,二分式抑波装置减活塞振荡效果最优,但差于导流板式抑波装置;

③原共振周期下,减晃荡效果不明显;大小周期下,减晃荡效果明显。

(4)格栅式抑波装置研究

①水平格栅式抑波装置可以有效阻止月池内流体沿月池壁向上爬升或下落,破坏原月池内壁处的自持运动;垂直格栅板切割月池内流体,造成波面细碎;

②格栅板宽度对于格栅板式抑波装置抑波效果起到了重要影响,同一宽度格栅板占 y 向宽度比例大于 x 向,故 y 向抑波效果优于 x 向;

③对大周期遭遇波,抑波效果不明显。小周期时,抑波效果随波高增加而减弱,有明显抑波效果。对于遭遇周期为共振周期时,抑波效果随波高增加而愈加明显。

单由抑波系数综合对比4种抑波装置抑波效果,可知减活塞运动中,按照抑波效果由优到次,依次为:正向导流板式抑波装置、逆向导流板式抑波装置、格栅式抑波装置、二分式抑波装置。减晃荡运动中,按照抑波效果由优到次,依次为:逆向导流板式抑波装置、正向导流板式抑波装置、格栅式抑波装置、二分抑波装置。

第7章 阶梯形月池抑波装置实验研究

目前钻井船–月池研究主要包括钻井船阻力和钻井船水动力特性两方面,其中月池多为方形和圆形,针对矩形和阶梯形月池自身水动力特性的研究相对较少。原因主要为以下几方面:

(1)国内自主建造钻井船数量少,多照搬国外钻井船建造经验,国内缺乏对此类月池研究的动力;

(2)阶梯形月池数学模型相对复杂,理论推导难度大;

(3)阶梯形月池实验仪器要求高,监测难度大,实验周期长,费用昂贵。但阶梯形月池在国内外海洋结构物实际应用中是存在的,所以研究阶梯形月池自身运动特性,探索阶梯形月池抑波十分必要。

本章针对阶梯形月池,创新设计制作3种抑波装置,包括正向导流板式抑波装置、逆向导流板式抑波装置和格栅式抑波装置。采用实验法,研究规则波作用下各类抑波装置作用效果。

7.1 阶梯形月池抑波装置设计及制作

与矩形月池抑波装置设计思路相似,本研究主要设计了三种抑波装置:正向导流板式抑波装置、逆向导流板式抑波装置和栅格式抑波装置。导流板式抑波装置设计思路仍然是阻碍月池内外流体交换、减小外部激励、破坏月池内原有自持振荡。图7.1为导流板式抑波装置安装图,图7.2为导流板式抑波装置仰视图。

图7.1 导流板式抑波装置安装图

图7.2 导流板式抑波装置仰视图

与矩形月池不同,阶梯形月池内的台阶导致月池内流体出现"瀑布"现象。阶梯形月池内的栅格式抑波装置,不仅切割水体、增加月池内流体运动阻尼,还会在台阶处形成"堰",改变"瀑布"落水角度,从而影响抑波效果。格栅式抑波装置如图7.3所示,台阶处格栅板如图7.4所示。

图7.3　格栅式抑波装置月池安装图

图7.4　台阶处格栅式抑波装置特写

7.2　实验内容

本章共涉及 3 种抑波装置规则波试验,目的是测定规则波作用下这 3 种抑波装置的工作性能。结合实验条件,每个抑波装置模型实验 3 种频率 ×6 种波高 +1 种频率 ×2 种波高 =20 种工况,具体工况如表 7.1 所示。

表 7.1　抑波装置 - 阶梯形月池模型实验工况

正向导流板式抑波装置 - 阶梯形月池实验工况								
工况	周期/s	浪高/cm	工况	周期/s	浪高/cm	工况	周期/s	浪高/cm
ZJT01	0.32	3.2	ZJT08	0.64	18.41	ZJT15	1.92	1.76
ZJT02	0.32	5.23	ZJT09	1.28	3.85	ZJT16	1.92	3.9
ZJT03	0.64	5.8	ZJT10	1.28	7.01	ZJT17	1.92	6.09
ZJT04	0.64	9.87	ZJT11	1.28	10.13	ZJT18	1.92	8.7
ZJT05	0.64	13.89	ZJT12	1.28	12.91	ZJT19	1.92	13.01
ZJT06	0.64	15.79	ZJT13	1.28	15.11	ZJT20	1.92	17.02
ZJT07	0.64	18.05	ZJT14	1.28	15.67	——	——	——
逆向导流板式抑波装置 - 阶梯形月池实验工况								
工况	周期/s	浪高/cm	工况	周期/s	浪高/cm	工况	周期/s	浪高/cm
NJT01	0.32	3.2	NJT08	0.64	18.41	NJT15	1.92	1.76
NJT02	0.32	5.23	NJT09	1.28	3.85	NJT16	1.92	3.9
NJT03	0.64	5.8	NJT10	1.28	7.01	NJT17	1.92	6.09
NJT04	0.64	9.87	NJT11	1.28	10.13	NJT18	1.92	8.7
NJT05	0.64	13.89	NJT12	1.28	12.91	NJT19	1.92	13.01
NJT06	0.64	15.79	NJT13	1.28	15.11	NJT20	1.92	17.02
NJT07	0.64	18.05	NJT14	1.28	15.67	——	——	——

表 7.1(续)

格栅式抑波装置 – 阶梯形月池实验工况

工况	周期/s	浪高/cm	工况	周期/s	浪高/cm	工况	周期/s	浪高/cm
GJT01	0.32	3.2	GJT08	0.64	18.41	GJT15	1.92	1.76

格栅式抑波装置 – 阶梯形月池实验工况

工况	周期/s	浪高/cm	工况	周期/s	浪高/cm	工况	周期/s	浪高/cm
GJT02	0.32	5.23	GJT09	1.28	3.85	GJT16	1.92	3.9
GJT03	0.64	5.8	GJT10	1.28	7.01	GJT17	1.92	6.09
GJT04	0.64	9.87	GJT11	1.28	10.13	GJT18	1.92	8.7
GJT05	0.64	13.89	GJT12	1.28	12.91	GJT19	1.92	13.01
GJT06	0.64	15.79	GJT13	1.28	15.11	GJT20	1.92	17.02
GJT07	0.64	18.05	GJT14	1.28	15.67	——	——	——

7.3　正向导流板式抑波装置实验结果与分析

区别于矩形月池,阶梯形月池内部存在台阶,将月池划分为台阶部分和月池中后部两大部分。由第 4 章分析可知,两部分流体运动不连续,故校验抑波装置抑波效果时,需对月池前、中、后三部分流体垂荡运动进行独立比较分析。

如图 7.5 所示,$t = 1/4T$ 时,月池外侧波浪经过平衡位置,外部流体开始涌入月池内部,月池内流体开始上升。此时,流体受到月池前部台阶阻碍,后部上升速度快于前部。当后部流体液面高度超过阶梯高度时,后部流体开始向台阶上方滑落,冲击到月池前壁上,形成明显砰击。$t = 1/2T$ 时,月池后部流体液面升至最高处,月池前部流体受到月池前壁反射,形成卷波,液面高度高于月池中后部。$t = 3/4T$ 时,月池内流体开始下落,中后部下降速度快于前部,月池前后形成明显高度差,台阶上方形成明显水坡,水流由台阶上方向月池中后部滑落。$t = T$ 时,由于受到月池台阶的阻碍,月池前部流体不能及时下落,月池后部流体下降速度快于月池前部。待后部流体下落低于台阶高度后,台阶上的流体开始向月池中后部坠落,形成瀑布现象,并产生大量气泡。

7.3.1　正向导流板式抑波装置减活塞运动实验结果分析

由图 7.6 和图 7.7 可知,月池内流体响应波高随外部激励波高增加而增加。其中周期为 0.64 s 时,月池内流体响应波高较小,波高值在 1.83 ~ 3.2 cm 之间,抑波系数在 0.75 左右,抑波效果明显,与图 7.8 和图 7.9 相呼应。周期为 1.28 s 时,随外部激励波高增加,月池内波高值由 4.951 cm 增加为 15.372 cm,抑波系数由 0.21 增加至 0.38,说明该周期下,外部激励波高越高,正向导流板式抑波装置抑波效果越好。周期为 1.92 s 时,随外部激励波高增加,月池内波高值由 1.933 cm 增加至 14.747 cm,抑波系数在 0.15 上下波动。两者对比可发现,抑波装置对大周期波浪抑波效果比小周期波浪差一些。

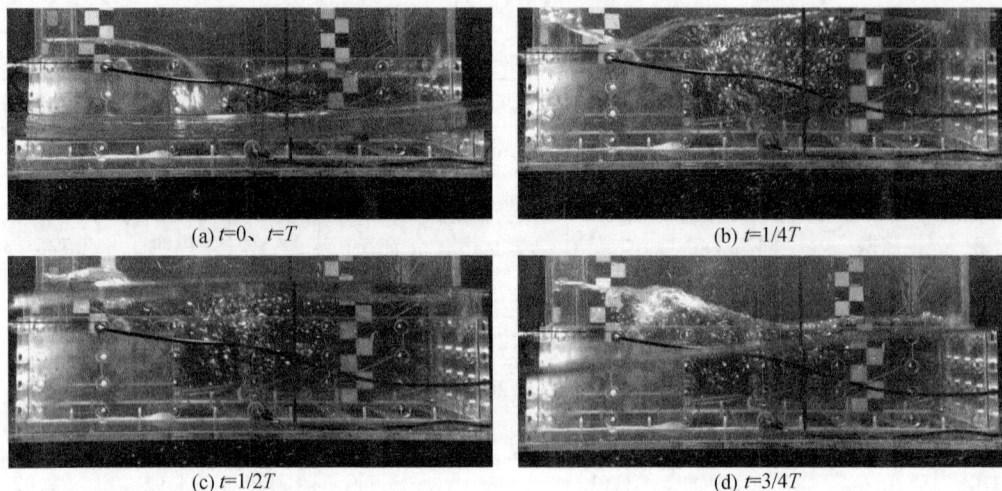

(a) $t=0$、$t=T$　　　　　　　　　　　　　　(b) $t=1/4T$

(c) $t=1/2T$　　　　　　　　　　　　　　(d) $t=3/4T$

图 7.5　ZJT13 工况一个周期内月池中纵剖面处的自由液面形状

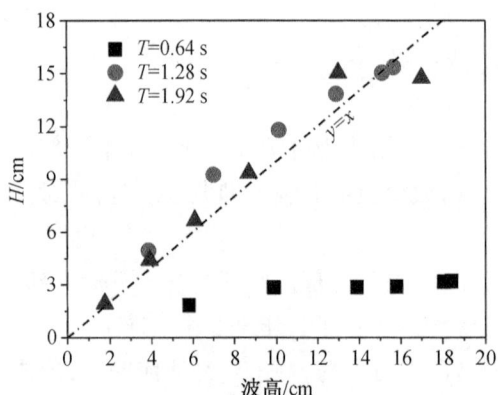

图 7.6　E 点处波高统计值

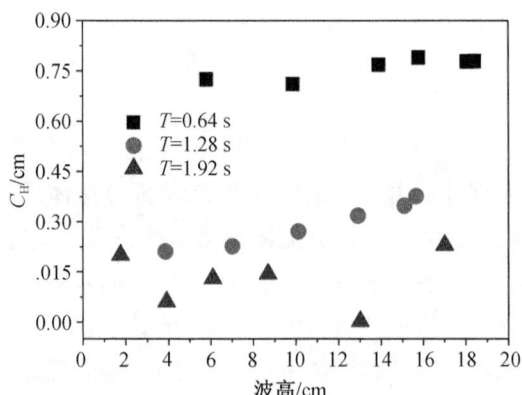

图 7.7　减活塞振荡系数散点图

图 7.8　JT05 工况中纵剖面典型波面图

图 7.9　ZJT05 工况中纵剖面典型波面图

　　由图 7.10 和图 7.11 可知,周期为 1.28 s 和 1.92 s 时,月池内流体响应波高随外部激励波高增加而增加。周期为 0.64 s 时,月池内流体响应波高较小,波高值在 1.23 cm ~ 1.788 cm 之间。该周期下,抑波系数随外部激励波高增加,由 0.71 增加至 0.9;说明正向导流板式抑波装置的工作性能随外部激励波高增加而提高。而周期为 1.28 s 和 1.92 s 时,抑波系数随外部激励波高增加而减小,说明此时有一定抑波效果,但抑波效果较弱。结合图

7.12 和图 7.13 可知,月池前部流体沿月池前壁爬升严重,A 点垂荡值不仅仅反映出该处垂荡运动,还呈现了该处的砰击现象。此外,自由液面爬升过程中砰击运动增强活塞运动,故减活塞振荡效果不明显。

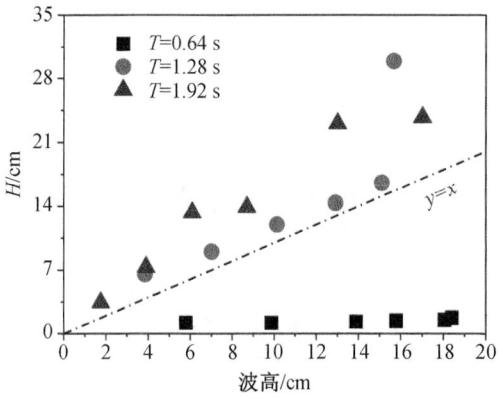

图 7.10　A 点处波高统计值

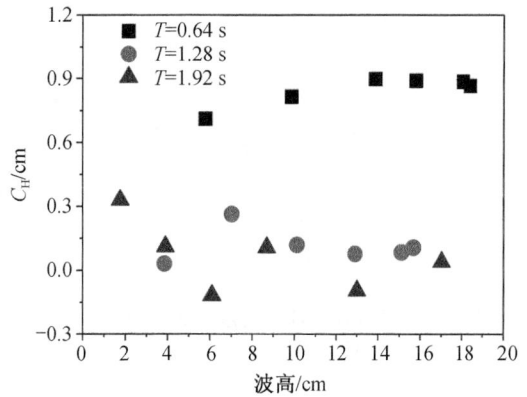

图 7.11　减活塞振荡系数散点图

图 7.12　JT13 工况时月池中纵剖面波面图

图 7.13　ZJT13 工况时月池中纵剖面波面图

由图 7.14 和图 7.15 可知,月池内流体响应波高随外部激励波高增加而增加。周期为 0.64 s 时,月池内流体响应波高小于外部激励波高,抑波系数在 0.65 左右,抑波效果明显;周期为 1.28 s 时,抑波系数在 0.2 左右;周期为 1.92 s 时,抑波系数在 0.1 左右,抑波效果为三个周期中最弱。周期为 1.28 s 时,抑波装置改变了月池底部透水面积,月池结构发生改变,外部波浪对月池内流体的激励削弱,抑波取得一定效果。周期为 1.92 s 时,抑波效果较弱一些,这是由于抑波装置虽然削弱了外部波浪对月池内流体的激励,随着外部波浪波长增加,外部能量持续增加,但绕射现象也越明显,故大周期波浪对月池内流体作用比小周期波浪更容易、更明显,抑波效果较差一些。

7.3.2　正向导流板式抑波装置减晃荡运动试验结果分析

由图 7.16 可知,x 向 $E-B$ 两点的晃荡波高值为 3.348 cm,抑波系数为 0.54;y 向 $C-E$ 两点的晃荡值最大,波高值为 0.564 cm,抑波系数为 0.92。y 向抑波系数大于 x 向抑波系数,y 向抑波效果好。

由图 7.17 可知,x 向 $E-B$ 两点的晃荡值波高值为 9.841 cm,抑波系数为 0.17;y 向 $C-E$ 两点的晃荡值最大,波高值为 3.868 cm,抑波系数为 0.31。y 向抑波系数大于 x 向抑波系数,y 向抑波效果好。ZJT13 抑波效果差于 ZJT05 工况,同样说明抑波板对于短波抑波效果好。

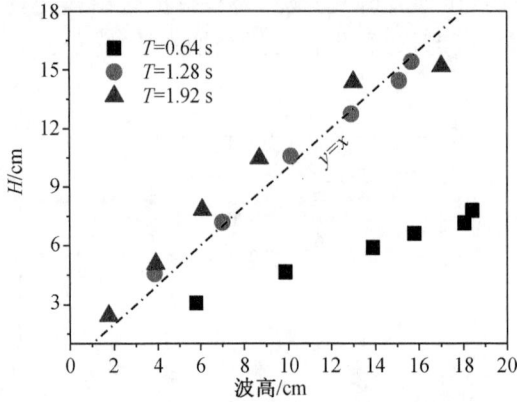

图 7.14   *B* 点处波高统计值

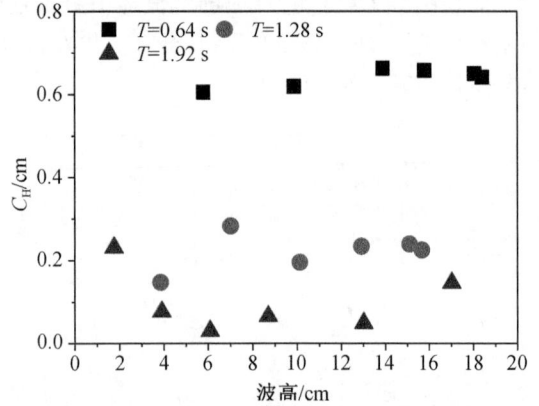

图 7.15   减垂荡系数散点图

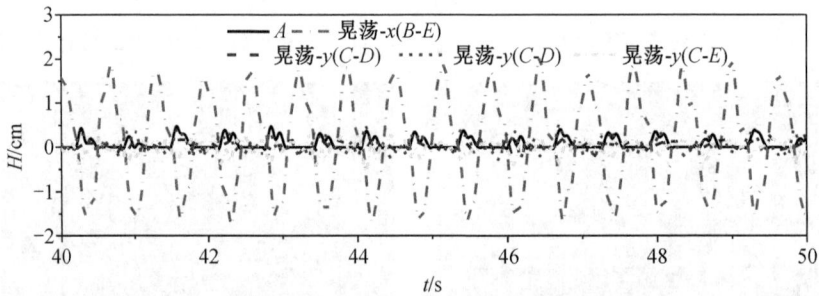

图 7.16   ZJT05 工况月池内流体晃荡波高时历曲线

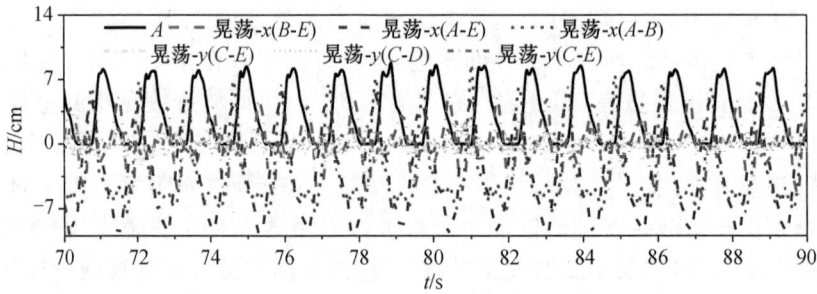

图 7.17   ZJT13 工况月池内流体晃荡波高时历曲线

由图 7.18 可知, x 向 $E-B$ 两点的晃荡值波高值为 8.193 cm, 抑波系数为 -1.12; y 向 $C-E$ 两点的晃荡值最大, 波高值为 2.628 cm, 抑波系数为 0.12。 x 向抑波系数为负, 说明抑波装置反而起到了负面作用, y 向抑波系数为正, 原因如前分析, 不再赘述。三种工况下, ZJT19 工况抑波系数最小, 抑波效果最弱, 验证了抑波板对短波型遭遇波抑波效果好。

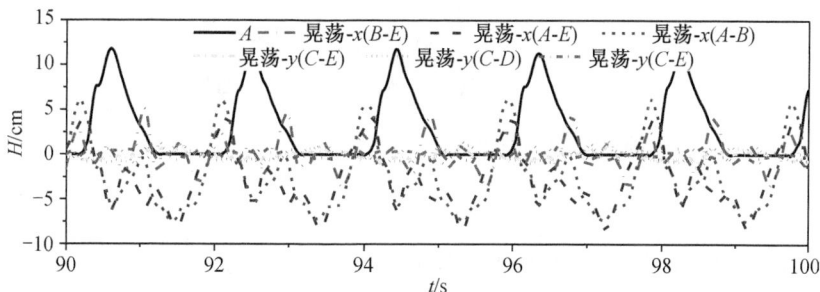

图 7.18　ZJT19 工况月池内流体晃荡波高时历曲线

7.4　逆向导流板式抑波装置实验结果与分析

如图 7.19 所示,以外部波浪波谷经过月池外侧时为 $t=0$ 和 $t=1/4T$。当月池外侧波浪经过平衡位置时,外部流体开始涌入月池内部,月池内流体开始上升;流体受到月池前部台阶阻碍,后部上升速度快于前部。安装正向导流板式抑波装置时,月池中后部液面高度相对一致;安装逆向导流板式抑波装置时,月池后部流体存在明显爬升现象,波面存在明显波动。当后部流体液面高度超过阶梯高度,后部流体开始向台阶上方滑落,冲击到月池前壁上,形成明显砰击,砰击力度小于导流板式抑波装置正向安装时。$t=1/2T$ 时,月池后部流体液面升至最高处,月池前部流体受到月池前壁反射,流体沿月池前壁爬升高度大于月池后壁处流体爬升高度。$t=3/4T$ 时,月池内流体开始下落,同样,中后部下降速度快于前部,月池前后形成明显高度差,台阶中后方形成三阶水质台阶。台阶坡度小,冲击能量小于卷波,产生气泡量少。$t=T$ 时,受到月池前部阶梯阻碍,月池前部流体不能及时下落,月池后部流体下降速度快于月池前部;待后部流体低于台阶高度,台阶上的流体开始向月池中后部坠落,形成瀑布现象。与正向导流板式抑波装置不同,逆向导流板式抑波装置工况下,瀑布入水角相对较小,冲击形成的气泡相对少,说明瀑布落水冲量小,能量相对弱。

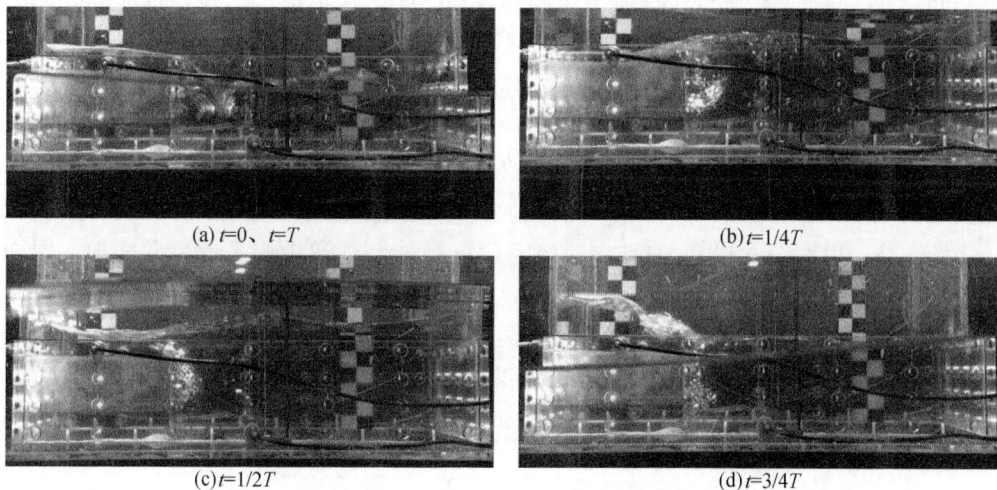

(a) $t=0$、$t=T$　　(b) $t=1/4T$　　(c) $t=1/2T$　　(d) $t=3/4T$

图 7.19　NJT13 工况一个周期内月池中纵剖面处的自由液面形状

7.5　逆向导流板式抑波装置
减活塞运动实验结果与分析

　　由图 7.20 和图 7.21 可知,月池内流体响应波高随外部激励波高增加而增加。其中周期为 0.64 s 时,月池内流体响应波高较小,波高值在 2.189 ~ 5.074 cm 之间,抑波系数在 0.65左右,抑波效果明显。周期为 1.28 s 时,随外部激励波高增加,月池内波高值由 4.707 cm 增加为 18.105 cm,抑波系数在 0.25 左右。周期为 1.92 s 时,随外部激励波高增加,月池内波高值由 2.084 cm 增加至 16.740 cm,抑波系数约为 0.1。从以上讨论可看出,抑波装置对于大周期遭遇波抑波效果比小周期工况差。

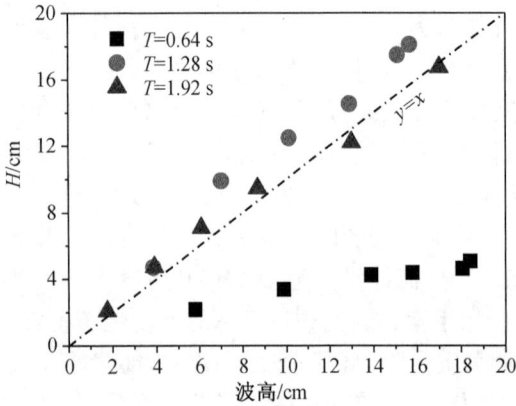

图 7.20　E 点处波高统计值　　　　　　图 7.21　减活塞振荡系数散点图

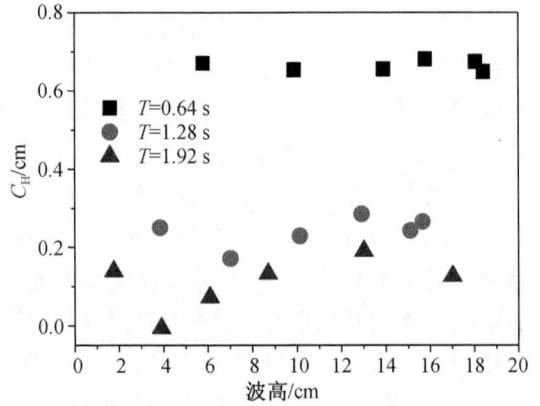

　　由图 7.22 和图 7.23 可知,周期为 0.64 s 时,月池内流体响应波高较小,波高值在 1.354 ~ 3.025 cm 之间;抑波系数随外部激励波高增加,由 0.68 增加至 0.84。说明此时随外部激励波高增加,逆向导流板式抑波装置抑波效果越好。周期为 1.28 s 和 1.92 s 时,月池内流体响应波高随外部激励波高增加而增加。周期为 1.28 s 时,随外部激励波高增加,月池内波高值由 5.258 cm 增加至 25.021 cm。小波高时,抑波系数为正值,有一定的抑波效果;大波高时,抑波系数为负值,且随着波高增加,抑波系数增加。周期为 1.92 s 时,抑波系数随外部激励波高增加而减小,说明此时有一定抑波效果,但抑波效果较弱,原因前文的分析相类似。由图 7.24 和图 7.25 可知,月池内流体响应波高随外部激励波高增加而增加。周期为 0.64 s 时,月池内流体波高值在 2.975 ~ 9.264 cm 之间,抑波系数在 0.6 左右,相比正向导流板式抑波装置效果稍差一些。周期为 1.28 s 时,随外部激励波高增加,月池内波高值由 4.066 cm 增加至 13.121 cm,抑波系数在 0.3 左右。周期为 1.92 s 时,随着外部激励波高增加,月池内波高值由 1.76 cm 增加至 17.018 cm,抑波系数在 0.1 上下波动。

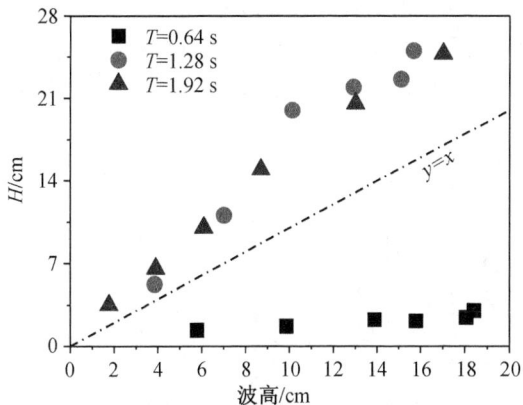

图 7.22　A 点处波高统计值

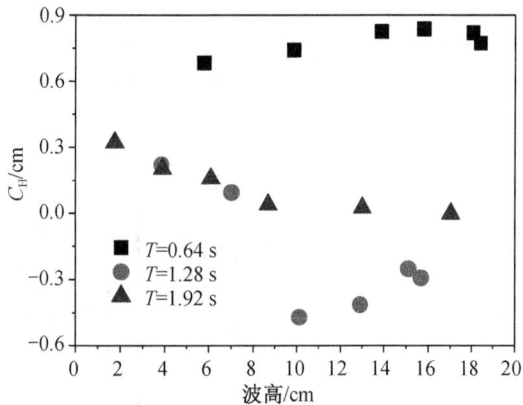

图 7.23　减活塞振荡系数散点图

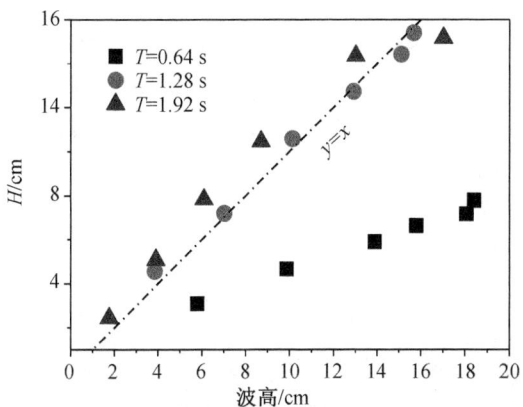

图 7.24　B 点处波高统计值

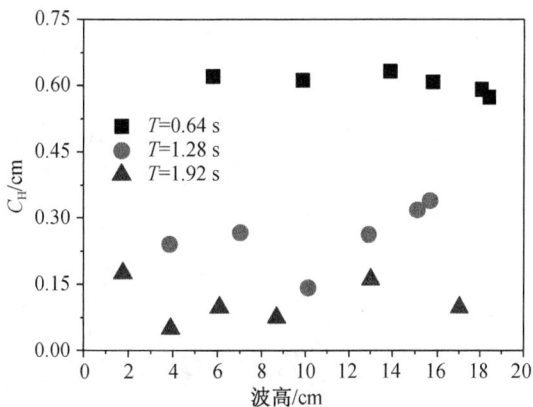

图 7.25　减活塞振荡系数散点图

7.4.2　逆向导流板式抑波装置减晃荡运动实验结果分析

由图 7.26 可知，x 向 $E-B$ 两点的晃荡值波高值为 4.597cm，抑波系数为 0.37；y 向 $C-E$ 两点的晃荡值最大，波高值为 0.944 cm，抑波系数为 0.86。y 向抑波系数大于 x 向抑波系数，y 向抑波效果好，原因见前文分析。

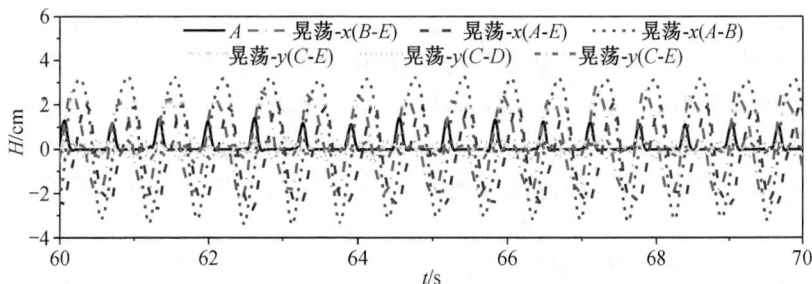

图 7.26　NJT05 工况月池内流体晃荡波高时历曲线

由图 7.27 可知,x 向 $E - B$ 两点的晃荡值波高值为 13.208 cm,抑波系数为 -0.12;y 向 $C - E$ 两点的晃荡值最大,波高值为 4.231 cm,抑波系数为 0.25。此时 x 向抑波系数为负,说明抑波装置对 x 向晃荡起到了负面作用。y 向抑波系数为正,但远小于 JT05 工况,说明波长对抑波效果影响很大。

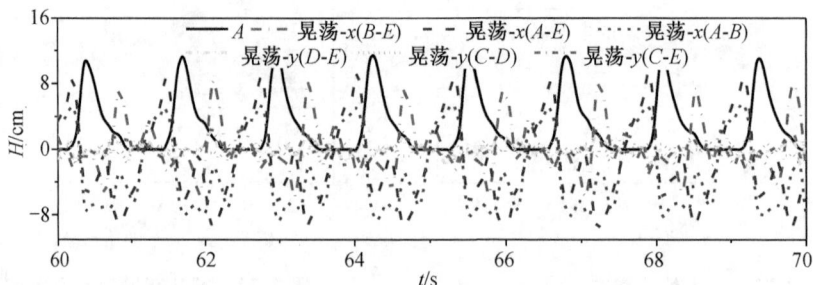

图 7.27　NJT13 工况月池内流体晃荡波高时历曲线

由图 7.28 可知,x 向 $E - B$ 两点的晃荡值波高值为 8.333 cm,抑波系数为 -1.16;y 向 $C - E$ 两点的晃荡值最大,波高值为 2.922 cm,抑波系数为 0.02。x 向抑波系数为负,且系数绝对值超过 1,说明抑波装置反而起到了负面作用。y 向抑波系数为正,但三种工况下,NJT19 工况抑波系数最小,抑波效果最弱,验证了抑波板对短波削减效果最好。

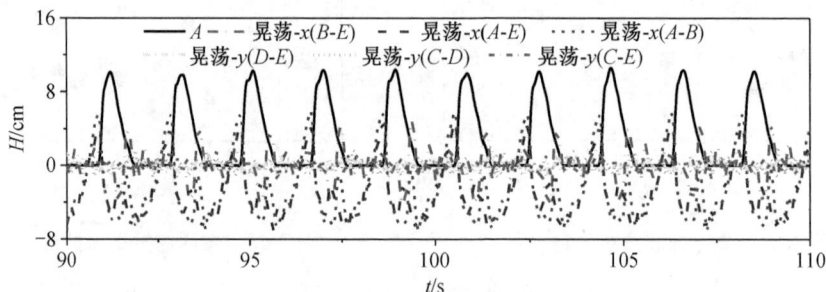

图 7.28　NJT19 工况月池内流体晃荡波高时历曲线

7.6　格栅式抑波装置实验结果与分析

如图 7.29 所示,$t = 1/4T$ 时,月池外侧波浪经过平衡位置,外部流体开始涌入月池内部,月池内流体开始上升。上升过程中,月池内流体受到月池壁面处格栅板阻碍作用,导致壁面处流体上升速度小于月池中央流体上升速度。伴随的实验现象是:月池壁处产生大量气泡,此时月池中后部液面呈现微幅中拱状。月池中后部液面高于台阶,中后部流体向台阶上方滑落。$t = 1/2T$ 时,月池内流体达到最高处,月池前部流体对月池前壁形成砰击,液面形成爬升。$t = 3/4T$ 时,月池中后部流体下落速度快于台阶上方流体,台阶上方流体运动滞后,导致台阶上方流体高度高于月池中后部。$t = T$ 时,月池中后部流体到达最低处,台阶上流体由高处坠落,形成瀑布现象,对月池中后部流体形成冲击。

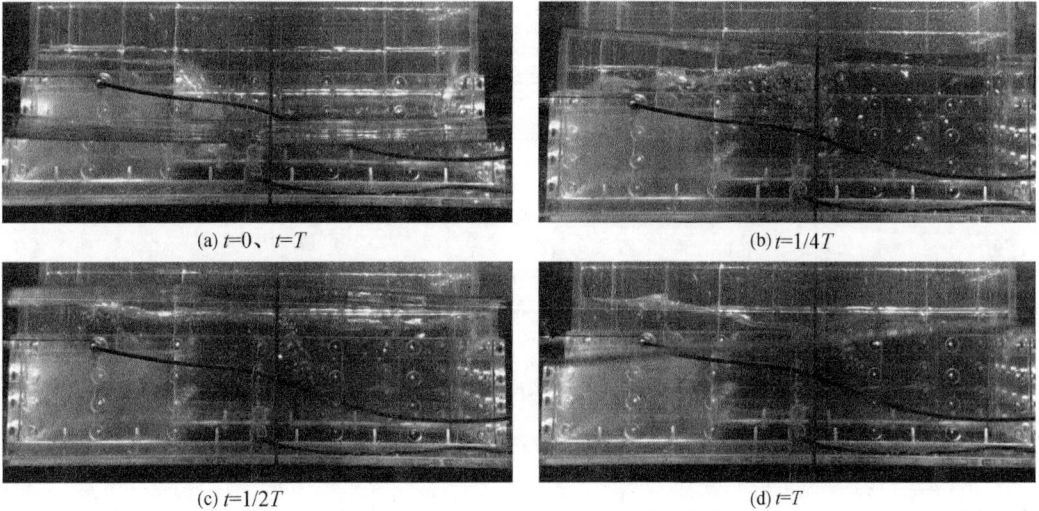

(a) t=0、t=T　　　　　　　　(b) t=1/4T

(c) t=1/2T　　　　　　　　(d) t=T

图 7.29　GJT13 工况一个周期内月池中纵剖面处的自由液面形状

7.5.1　格栅式抑波装置减活塞运动实验结果分析

由图 7.30 可知,月池内流体响应波高随外部激励波高增加而增加;周期为 0.64 s 时,月池内流体波高响应值小于外部激励波高;周期为 1.28 s,月池内流体响应值均大于外部激励波高;周期为 1.92 s 时,月池内流体响应值与外部激励波高相接近,表现出受迫运动特性。从 3 种周期波高统计值可看出,格栅式抑波装置改变的是流体运动阻尼,而未改变共振周期。

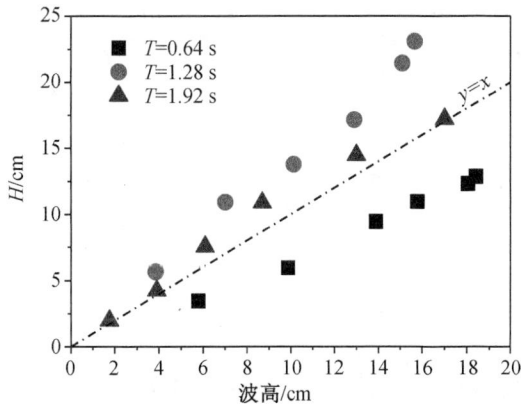

图 7.30　E 点处波高统计值

结合图 7.31 可看出,周期为 0.64 s 时,抑波系数在 0.48 ~ 0.11 之间,外部激励波高越高,抑波系数越小,抑波效果越差;周期为 1.28 s 时,抑波系数随外部激励波高增加,先增加后减小,在 0.1 左右变化,表明抑波效果受波高影响较明显;周期为 1.92 s 时,抑波系数随波高增加先减小,后增加,恰好与周期为 1.28 s 时相反。大波高工况下,3 种周期抑波系数均接近 0.1。

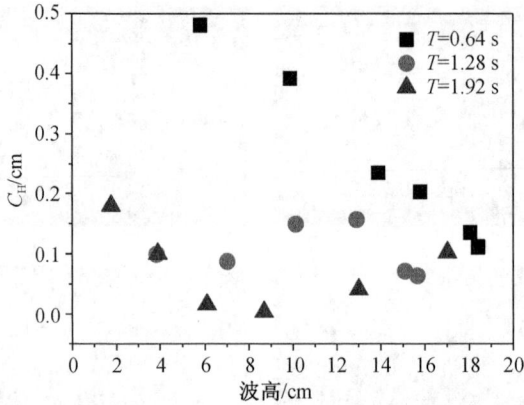

图 7.31　E 点减活塞振荡系数散点图

　　由图 7.32 和图 7.33 可知,周期为 1.28 s 和 1.92 s 时,月池内流体响应波高随外部激励波高增加而增加。外部激励波高较小时,月池内流体响应波高与外部激励波高幅值相近。外部激励波高超过 8 cm 时,月池内流体响应波高大于外部激励波高。周期为 0.64 s 时,月池内流体响应波高较小,波高值在 2.383~7.848 cm 之间;抑波系数随外部激励波高增加先增加后减小。周期为 1.28 s 时,随外部激励波高增加,月池内波高值由 3.799 cm 增加为 17.828 cm。抑波系数随外部激励波高增加,先减小后增加。从整体上看,外部激励波高较小时,抑波系数最高,抑波效果最好。周期为 1.92 s 时,抑波系数随外部激励波高增加而减小,同样是小波高激励时,抑波效果最好。

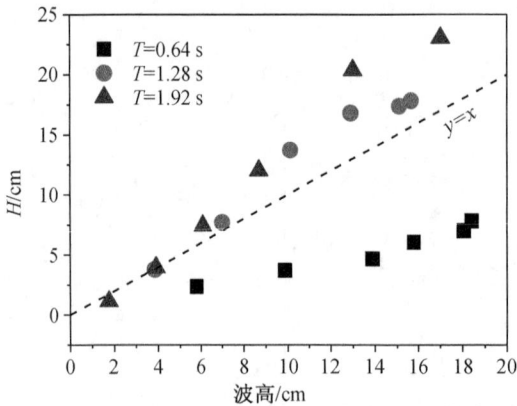

图 7.32　A 点处波高统计值

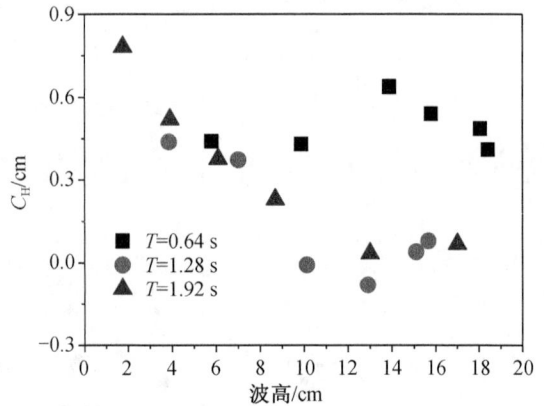

图 7.33　A 点减活塞振荡系数散点图

　　由图 7.34 和图 7.35 可知,月池内流体响应波高随外部激励波高增加而增加,波高响应与外部激励波高相近,呈现受迫运动特性。周期为 0.64 s 时,月池内流体波高值在 4.581~17.361 cm 之间。外部激励波高为 5.8 cm 时,抑波系数为 0.416,其他外部激励波高下,抑波系数为 0.22 左右。周期为 1.28 s 时,随外部激励波高增加,月池内波高值由 4.343 cm 增加为 15.943 cm。外部激励波高较小时,抑波系数为 0.2 左右;外部激励波高为 10.19 cm 时,抑波系数约为 0;外部激励波高由 12.91 cm 增加至 15.67 cm 时,抑波系数由 0.10 增加至 0.20。周期为 1.92 s 时,随外部激励波高增加,月池内波高值由 2.089 cm 增加至 17.106 cm;抑波系数随波高增加而减小,同样表明抑波装置对大周期波浪抑波效果较差。

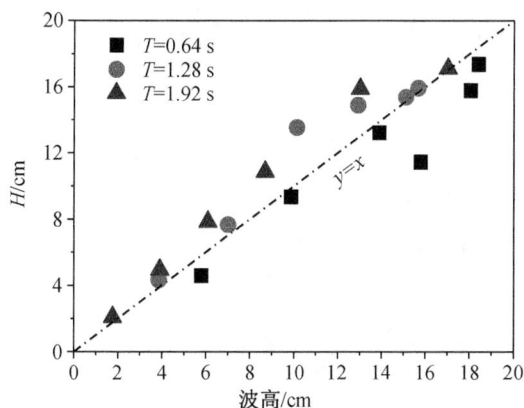

图 7.34　*B* 点处波高统计值

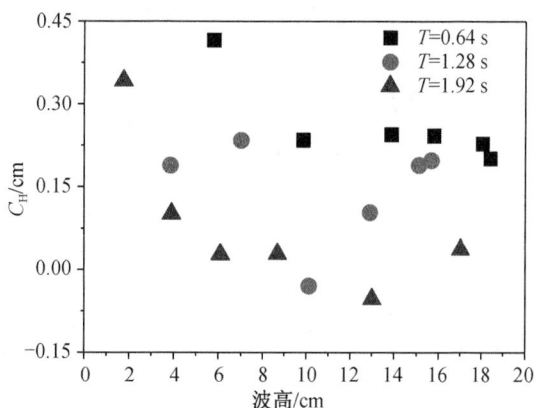

图 7.35　*B* 点减活塞振荡系数散点图

7.5.2　格栅式抑波装置减晃荡运动实验结果分析

由图 7.36 可知,x 向 $E - B$ 两点的晃荡值波高值为 4.923 cm,抑波系数为 0.32;y 向 $C - E$ 两点的晃荡值最大,波高值为 2.517 cm,抑波系数为 0.62。y 向抑波系数大于 x 向抑波系数,y 向抑波效果好,如前分析,这是由于抑波板占据 y 向宽度比例大。

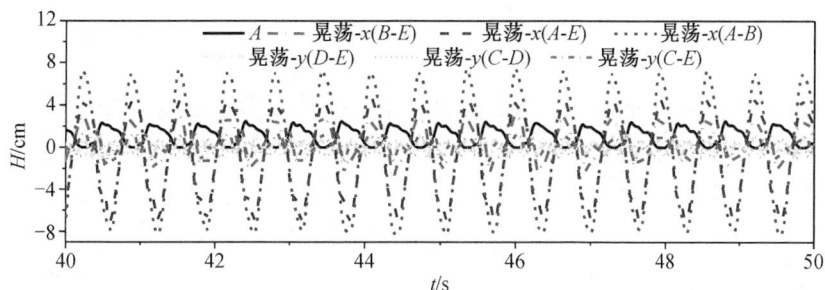

图 7.36　GJT05 工况下月池内流体晃荡波高时历曲线

由图 7.37 可知,x 向 $E - B$ 两点的晃荡值波高值为 8.841 cm,抑波系数为 0.25;y 向 $C - E$ 两点的晃荡值最大,波高值为 5.883 cm,抑波系数为 -0.05。y 向抑波系数为负,但是数值较小,说明此时抑波板对于共振工况作用较小。此外,x 向抑波系数小于 GJT05 工况,说明大周期波浪工况下抑波板抑波效果弱于小周期波浪工况。

由图 7.38 可知,x 向 $E - B$ 两点的晃荡值波高值为 4.162 cm,抑波系数为 -0.08;y 向 $C - E$ 两点的晃荡值最大,波高值为 2.584 cm,抑波系数为 0.136。虽然 x 向抑波系数为负,但是数值较小。此外,y 向抑波系数小于 GJT05 工况。

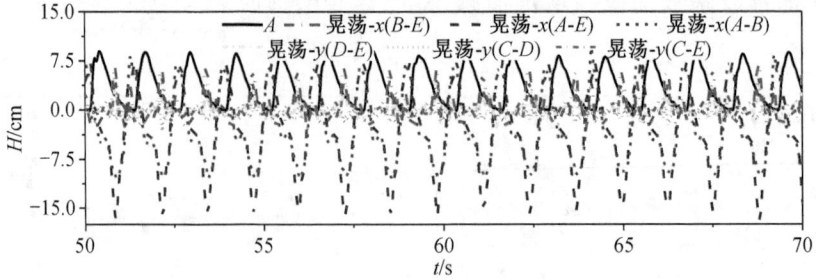

图 7.37　GJT13 工况下月池内流体晃荡波高时历曲线

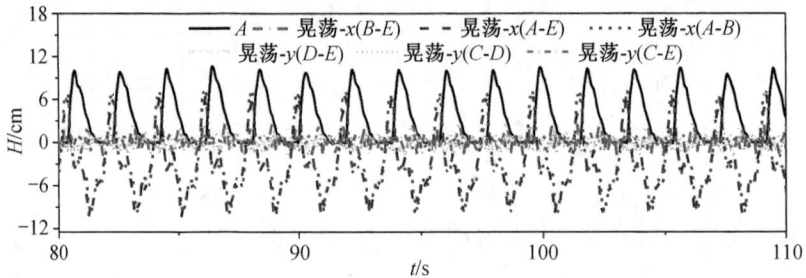

图 7.38　GJT19 工况下月池内流体晃荡波高时历曲线

7.7　本章小结

本章延续减小外部激励和增加阻尼两种思路,针对阶梯形月池自身特点,考虑月池内台阶的存在,创新设计制作 3 种矩形月池抑波装置,运用模型试验法对抑波装置抑波效果进行研究。每组抑波装置实验包括 20 种规则波试验工况,通过建立抑波系数评判准则,结合甲板上浪、月池壁面砰击情况,判定抑波装置抑波效果。研究表明:

(1)正向导流板式抑波装置

①阶梯形月池中,正向导流板式抑波装置不仅加强了月池的屏蔽作用,还承受"瀑布"冲击,削减月池中后部流体活塞运动能量;

②正向导流板式抑波装置对小周期遭遇波减活塞振荡效果最好,共振周期次之,大周期最差;

③外部激励波浪周期为小周期时,月池由前部到后部,减活塞运动效果依次减弱;

④随着外部激励波浪周期增加,正向导流板式抑波装置减晃荡效果越弱。

(2)逆向导流板式抑波装置

①小周期遭遇波作用下,月池由前部到后部,减活塞运动效果依次减弱;

②中、大周期遭遇波作用下,月池中后部减活塞运动效果相似;此时月池前部减活塞运动效果不明显;

③减晃荡系数随遭遇波浪周期增加而减小,说明逆向导流板式抑波装置对短波减晃荡效果优于中长波;

（3）格栅式抑波装置

①小周期遭遇波作用下,月池由前部到后部,减活塞运动效果依次减弱;

②中、大周期遭遇波作用下,月池壁附近区域减活塞运动效果优于月池中间区域,这是由于格栅板直接作用于靠近月池壁处的流体;

③小周遭遇波作用下,减活塞运动效果优于大中周期遭遇波。这是由于小周期遭遇波作用下,台阶上方格栅板可有效阻滞流体流动;当遭遇波周期变大,能量变大,月池内流体响应幅值变大,格栅板无法有效阻碍流体运动,同时格栅板形成"堰"结构,提高"瀑布"下落高度,改变"瀑布"下落角度,对月池中部冲击增大,中部流体运动加剧;

④格栅式抑波装置对小周期遭遇波减晃荡效果最优;

总的来看,阶梯形月池内台阶的存在,将月池分为前部(台阶处)、中部、后部,台阶处活塞运动和晃荡运动相互转化。

参 考 文 献

［1］刘占鏖. 深水海洋石油钻井装备发展现状［J］. 石化技术,2020,27(07):48 - 50.

［2］靳建涛,历超,叶镝. 全球海洋石油工程市场现状及发展趋势分析［J］. 石化技术,2020, 27(07):263 - 264.

［3］李博. 论我国海洋石油工程技术的现状与发展［J］. 科技创新导报,2020,17(19):23 - 25.

［4］王东. 我国海洋石油勘探开发装备现状及发展趋势［J］. 设备管理与维修,2019(18): 130 - 131.

［5］Veer R V,Tholen H J. Added resistance of moonpools in calm water American Society of Mechanical Engineers:OMAE 2008:27th International Conference on Offshore Mechanics and Arctic Engineering,June 9 - 13,2008［C］. Berlin:ASME,2008.

［6］Lyu H,Gu J,Tao Y,et al. Research on Resonant Fluid Behaviors and Induced Violent slamming Effects in a Stepped Moonpool under Wave Excitations with Ship Forward Speed: ASME 2020:39th International Conference on Ocean,Offshore and Arctic Engineering,June 28 - July 3,2020［C］. Berlin:ASME,2020.

［7］Huang X H,Xiao W,Yao X L,et al. An experimental investigation of reduction effect of damping devices in the rectangular moonpool［J］. Ocean Engineering,2020,196:106767.

［8］Bellotti G. Transient response of harbours to long waves under resonance conditions［J］. Coastal Engineering,2007,54(9):680 - 693.

［9］孙忠顺. 港池对不同初始扰动响应的数值模拟研究［D］. 大连:大连理工大学,2013.

［10］殷学成. 港口共振的能量演变研究［D］. 大连:大连理工大学,2014.

［11］高俊亮. 孤立波或波群诱发的港湾振荡研究［D］. 大连:大连理工大学,2015.

［12］Gao J,Ji C,Gaidai O,et al. Numerical study of infragravity waves amplification during harbor resonance［J］. Ocean Engineering,2016,116:90 - 100.

［13］Gao J,Ma X,Dong G,et al. Effects of offshore fringing reefs on the transient harbor resonance excited by solitary waves［J］. Ocean Engineering,2019,190:106422.

［14］郑振钧. 多港池耦合振荡的本征频率和振荡模态研究［D］. 大连:大连理工大学,2019.

［15］Dong G,Zheng Z,Gao J,et al. Experimental investigation on special modes with narrow amplification diagrams in harbor oscillations［J］. Coastal Engineering,2020,159:103720.

［16］Gao J,Ma X,Zang J,et al. Numerical investigation of harbor oscillations induced by focused transient wave groups［J］. Coastal Engineering,2020,158:103670.

［17］Zhao W,Wolgamot H A,Taylor P H,et al. Gap resonance and higher harmonics driven by focused transient wave groups［J］. Journal of Fluid Mechanics,2017,812:905 - 939.

［18］Kristiansen T,Faltinsen O M. A two - dimensional numerical and experimental study of resonant coupled ship and piston - mode motion［J］. Applied Ocean Research,2010,32 (2):158 - 176.

［19］Kristiansen T,Faltinsen O M. Gap resonance analyzed by a new domain decomposition method combining potential and viscous flow DRAFT[J]. Applied Ocean Research,2012, 34:198 – 208.

[20] Feng X,Bai W. Wave resonances in a narrow gap between two barges using fully nonlinear numerical simulation[J]. Applied Ocean Research,2015,50:119 – 129.

[21] Feng X, Bai W, Chen X B, et al. Numerical investigation of viscous effects on the gap resonance between side by side barges[J]. Ocean Engineering,2017,145:44 – 58.

[22] Zhao W,Taylor P H,Wolgamot H A,et al. Linear viscous damping in random wave excited gap resonance at laboratory scale – NewWave analysis and reciprocity[J]. Journal of Fluids and Structures,2018,80:59 – 76.

[23] Zhao W,Pan Z,Lin F,et al. Estimation of gap resonance relevant to side by side offloading [J]. Ocean Engineering,2018,153:1 – 9.

[24] Gao J , He Z , Huang X , et al. Effects of free heave motion on wave resonance inside a narrow gap between two boxes under wave actions [J]. Ocean Engineering, 2021, 224:108753.

[25] Li Y. Fully nonlinear analysis of second order gap resonance between two floating barges [J]. Engineering Analysis with Boundary Elements,2019,106:1 – 19.

[26] Liu Y,Falzarano J. A wall damping method to estimate the gap resonance in side by side offloading problems[J]. Ocean Engineering,2019,173:510 – 518.

[27] 张灏宇.浮式载液平台外输/转驳作业中窄缝振荡特性分析[D]. 镇江:江苏科技大学,2019.

[28] 朱祎. 吃水对双箱体窄缝间水体共振特性影响研究[D]. 大连:大连理工大学,2017.

[29] 张德贺. 自由双浮体间狭缝水动力共振的强非线性分析[D]. 哈尔滨:哈尔滨工业大学,2016.

[30] 谭雷. 多体海洋结构间窄缝内流体共振的试验和数值研究[D]. 大连:大连理工大学,2014.

[31] Molin B. On the piston and sloshing modes in moonpools[J]. Journal of Fluid Mechanics, 2001,430:27 – 50.

[32] Liu L,Zhou B,Zhang Y. The coupled motion of hull heave and moonpool water of Spar platform: ASME 2013 32nd International Conference on Ocean, Offshore and Arctic Engineering, OMAE 2013, June 9, 2013 – June 14, 2013, Nantes, France, 2013 [C]. American Society of Mechanical Engineers (ASME).

[33] Liu L,Incecik A,Zhang Y,et al. Analysis of heave motions of a truss spar platform with semi-closed moon pool[J]. Ocean Engineering,2014,92:162 – 174.

[34] Liu L,Zhou H,Tang Y. Coupling response of heave and moonpool water motion of a truss Spar platform in random waves[J]. China Ocean Engineering,2015,29(2):169 – 182.

[35] Liu L,Man J,Qiu Y. The added mass and viscous damping of a spar platform with semi-closed moon pool:ASME 2015:34th International Conference on Ocean,Offshore and Arctic Engineering,OMAE 2015,May 31 – June 5,2015[C]. Canada:St. John's NL,2015.

[36] Liu L,Li Y,Huang L,et al. Study of the natural vibration characteristics of water motion in the moon pool by the semi-analytical method[J]. Journal of Hydrodynamics,2017,29(1):

124 – 134.

[37] 黄磊. 开口式月池水动力特性研究[D]. 天津:天津大学,2014.

[38] Zhang Z Y, Liu H X, Zhang L, et al. Study on the performance analysis and optimization of funnel concept in wave energy conversion[J]. Journal of Marine Science and Technology, 2018,23(3):696 – 705.

[39] Kong, Liu, Su, et al. Analytical and numerical analysis of the dynamics of a moonpool platform wave energy buoy (MP – WEB)[J]. Energies (Basel),2019,12(21):4083.

[40] Liu H, Yan F, Jing F, et al. Numerical and experimental investigation on a Moonpool – Buoy wave energy converter[J]. Energies,2020,13(9):2364.

[41] Molin B. On natural modes in moonpools with recesses[J]. Applied Ocean Research,2017, 67:1 – 8.

[42] Newman J N. Resonant response of a moonpool with a recess[J]. Applied Ocean Research, 2018,76:98 – 109.

[43] Molin B, Zhang X, Huang H, et al. On natural modes in moonpools and gaps in finite depth [J]. Journal of Fluid Mechanics,2018,840:530 – 554.

[44] Guo X, Lu H, Yang J, et al. Resonant water motions within a recessing type moonpool in a drilling vessel[J]. Ocean Engineering,2017,129:228 – 239.

[45] Faltinsen O M, Rognebakke O F, Timokha A N. Two-dimensional resonant piston – like sloshing in a moonpool[J]. Journal of Fluid Mechanics,2007,575:359 – 397.

[46] Graham J M R. The forces on sharp-edged cylinders in oscillatory flow at low Keulegan – Carpenter numbers[J]. Journal of Fluid Mechanics,2006,97(02):331 – 346.

[47] Kristiansen T, Faltinsen O M. Application of a vortex tracking method to the piston-like behaviour in a semi-entrained vertical gap[J]. Applied Ocean Research,2008,30(1):1 – 16.

[48] Kristiansen T, Sauder T, Firoozkoohi R. Validation of a hybrid code combining potential and viscous flow with application to 3D moonpool: ASME 2013:32nd International Conference on Ocean, Offshore and Arctic Engineering, June 9 – June 14, 2013 [C] France: ASME, 2013.

[49] Fredriksen A G, Kristiansen T, Faltinsen O M. Investigation of gap resonance in moonpools at forward speed using a Non – Linear Domain – Decomposition method:27th International Workshop on Water Waves and Floating Bodies,2012[C]. 缺出版者,出版地,出版时间.

[50] Fredriksen A G, Kristiansen T, Faltinsen O M. Experimental and numerical investigation of wave resonance in moonpools at low forward speed[J]. Applied Ocean Research,2014,47: 28 – 46.

[51] Shao Y L, Faltinsen O M. Solutions of nonlinear free Surface-body interaction with a harmonic polynomial cell method:27th International Workshop on Water Waves and Floating Bodies, 2012[C]. 缺出版者,出版地,出版时间.

[52] Shao Y, Faltinsen O M. A harmonic polynomial cell (HPC) method for 3D Laplace equation with application in marine hydrodynamics[J]. Journal of Computational Physics,2014,274: 312 – 332.

[53] Faltinsen O M, Timokha A N. On damping of two-dimensional piston-mode sloshing in a

rectangular moonpool under forced heave motions[J]. Journal of fluid mechanics,2015,772 (R1).

[54] Molin B,Remy F,Kimmoun O,et al. Experimental study of the wave propagation and decay in a channel through a rigid ice-sheet[J]. Applied Ocean Research,2002,24(5):247 − 260.

[55] Ravinthrakumar S,Kristiansen T,Molin B,et al. A two-dimensional numerical and experimental study of piston and sloshing resonance in moonpools with recess [J]. Journal of Fluid Mechanics,2019,877:142 − 166.

[56] Tan L,Lu L,Tang G Q,et al. A viscous damping model for piston mode resonance[J]. Journal of Fluid Mechanics,2019,871:510 − 533.

[57] Fukuda K. Behavior of water in vertical well with bottom opening of ship,and its effects on Ship − Motion[J]. Journal of the Society of Naval Architects of Japan,1977.

[58] Kang Zhuang,Yao Xiongliang. Experimental research on flow induced oscillations in moon pool encountered through waves, OMAE 2007 − 29370[R]. San Diego, California, USA, June 10 − 15,2007.

[59] Yang S,Lee S,Park J,et al. Experimental study on piston-and sloshing-mode moonpool resonances[J]. Journal of Marine Science and Technology,2016,21(4):715 − 728.

[60] Abeil B. Experimental determination of water motions inside a moonpool:OMAE 2017:36th International Conference on Ocean, Offshore and Arctic Engineering, June 25 − June 30, 2017[C]. Trondheim,Norway,2017.

[61] Aalbers A B. The water motions in a moonpool[J]. Ocean Engineering,1984,11(6):557 − 579.

[62] Sphaier S H,Torres F G S,Masetti I Q,et al. Monocolumn behavior in waves:Experimental analysis[J]. Ocean Engineering,2007,34(11 − 12):1724 − 1733.

[63] Ravinthrakumar S,Kristiansen T,Molin B,et al. Coupled vessel and moonpool responses in regular and irregular waves[J]. Applied Ocean Research,2020,96:102010.

[64] Krijger J W, Chalkias D. CFD driven drillship design:ASME 2016:35th International Conference on Ocean, Offshore and Arctic Engineering, OMAE 2016,June 19 − 24,2016 [C]. Busan:ASME,2016.

[65] Chalkias D,Krijger J W. Moonpool behavior of a stationary vessel in waves and a method to increase operability:ASME 2017:36th International Conference on Ocean, Offshore and Arctic Engineering,June 25 − June 30,2017[C]. Trondheim,Norway,2017.

[66] Lohrmann J,Carrica P M,Cura − Hochbaum A. Numerical and experimental damping of piston and sloshing motions in moonpools:ASME 2017:36th International Conference on Ocean,Offshore and Arctic Engineering, June 25 − June 30, 2017, [C]. Trondheim, Norway,2017.

[67] Peregrine D H. Water − wave impact on walls[J]. Annual Review of Fluid Mechanics, 2003,35(1):23 −43.

[68] Kapsenberg G K. Slamming of ships:Where are we now? [J]. Philosophical Transactions of the Royal Society A:Mathematical,Physical and Engineering Sciences,2011.

[69] Dias F,Ghidaglia J. Slamming:Recent progress in the evaluation of impact pressures[J].

Annual Review of Fluid Mechanics,2018,50(1):243 - 273.

[70] Hunt J C R,Wray A,Moin P. Eddies,stream,and convergence zones in turbulence:the Summer Program 1988,1988[C]. Center for Turbulence Research.

[71] Chong M S,Perry A E,Cantwell B J. A general classification of three-dimensional flow fields [J]. Physics of Fluids A:Fluid Dynamics,1990,2(5):765 - 777.

[72] Jeong J,Hussain F. On the identification of a vortex[J]. Journal of Fluid Mechanics,1995, 285(1):69.

[73] 李震,张锡文,何枫.基于速度梯度张量的四元分解对若干涡判据的评价[J].物理学报,2014,63(05):259 - 265.

[74] Bullock G N,Obhrai C,Peregrine D H,et al. Violent breaking wave impacts. Part 1:Results from large-scale regular wave tests on vertical and sloping walls[J]. Coastal Engineering, 2007,54(8):602 - 617.

[75] Kisacik D,Troch P,Van Bogaert P. Experimental study of violent wave impact on a vertical structure with an overhanging horizontal cantilever slab[J]. Ocean Engineering,2012,49:1 - 15.

[76] 康庄.月池流噪声及水动力特性的实验研究[D].哈尔滨:哈尔滨工程大学,2006.

[77] 刘学勤,张海彬.深水钻井船阻力性能研究及月池改进措施探索[C]// 中国造船工程学会船舶力学学术委员会第八次全体会议文集.大连:[出版者不详],2014.